スイスで話されるドイツ語の方言「スイスドイツ語」。
我が国のドイツ語学では、その名はよく知られているが、研究対象として語られることはほとんどない。
標準ドイツ語とは大きく異なる響きをもつという側面と、話者にとって非常に大切な存在であるという側面。
本書は、この両面からスイスドイツ語を概説する「スイスドイツ語への招待状」である。

Iifüerig i s Schwiizertüütsch
Uusspraach, Woortbildig, Wokabulaar, Satzbou, Spraachbruuch und Dialäktpflääg

北海道大学大学院文学研究科
研究叢書

スイスドイツ語
言語構造と社会的地位

熊坂 亮

北海道大学出版会

研究叢書刊行にあたって
　北海道大学大学院文学研究科は，その組織の中でおこなわれている，極めて多岐にわたる研究の成果を，より広範囲に公表することを義務と判断し，ここに研究叢書を刊行することとした。

平成 14 年 3 月

目　次

第 1 章　スイスドイツ語研究と本書について …………………… 1
1.1　スイスドイツ語とは ………………………………………… 1
1.2　本書の目的 …………………………………………………… 4
1.3　スイスドイツ語の表記について …………………………… 7

第 2 章　スイスドイツ語の多様性 ………………………………… 13
2.1　導　入 ………………………………………………………… 13
2.2　スイスドイツ語の方言系統 ………………………………… 15
2.3　スイスドイツ語の方言区分 ………………………………… 17
2.3.1　低地アレマン方言と南アレマン方言の区分　17
2.3.2　南アレマン方言の分類　20
2.3.3　スイスドイツ語諸方言の名称　28
2.4　スイスドイツ語チューリヒ方言について ………………… 29
2.4.1　チューリヒ州で話される方言の分類　30
2.4.2　チューリヒ方言の扱いについて　35
2.5　ま と め ……………………………………………………… 36

第 3 章　スイスドイツ語の音韻と表記①──チューリヒ方言の母音── …… 39
3.1　導　入 ………………………………………………………… 39
3.2　全体的な特徴 ………………………………………………… 40
3.3　標準ドイツ語には存在しないもの ………………………… 43
3.3.1　短母音 ä [æ]　43
3.3.2　短母音 a [ɒ]　44

3.3.3　長母音 ää [æː]　44
3.3.4　長母音 aa [ɒː]　44
3.3.5　長母音 ìi [ɪː]　45
3.3.6　長母音 ǜü [ʏː]　45
3.3.7　長母音 ùu [ʊː]　45
3.3.8　長母音 ðð [œː]　46
3.3.9　二重母音 ie [ɪə]　46
3.3.10　二重母音 üe [ʏə]　47
3.3.11　二重母音 ue [ʊə]　47
3.3.12　二重母音 ei [eɪ]　47
3.3.13　二重母音 öi [øɪ]　48
3.3.14　二重母音 ou [oʊ]　49
3.3.15　二重母音 ði [œɪ]　49
3.3.16　二重母音 äi [æɪ]　49
3.3.17　二重母音 au [æʊ]　50

3.4　標準ドイツ語では非アクセント位置にのみ出現するもの ……………50
3.4.1　短母音 i [i]　51
3.4.2　短母音 ü [y]　51
3.4.3　短母音 u [u]　51
3.4.4　短母音 e [e]　51
3.4.5　短母音 ö [ø]　52
3.4.6　短母音 o [o]　52

3.5　標準ドイツ語と共通するもの ……………52
3.5.1　短母音 i [ɪ]　53
3.5.2　短母音 ü [ʏ]　53
3.5.3　短母音 u [ʊ]　54
3.5.4　短母音 e [ə]　54
3.5.5　短母音 è [ɛ]　55
3.5.6　短母音 ð [œ]　55
3.5.7　長母音 ii [iː]　55
3.5.8　長母音 üü [yː]　56
3.5.9　長母音 uu [uː]　56
3.5.10　長母音 ee [eː]　56
3.5.11　長母音 èè [ɛː]　57
3.5.12　長母音 öö [øː]　57

3.5.13　長母音 oo [oː] 　57
　3.6　語中と文中の音韻現象：連音 …………………………………………58
　3.7　ま と め ……………………………………………………………………59

第4章　スイスドイツ語の音韻と表記②――チューリヒ方言の子音―― ……63

　4.1　導　　入 ……………………………………………………………………63
　4.2　全体的な特徴 ………………………………………………………………63
　4.3　標準ドイツ語には存在しないもの ………………………………………66
　　4.3.1　閉鎖音 b [b]　67
　　4.3.2　閉鎖音 p [p(ː)]　67
　　4.3.3　閉鎖音 d [d]　68
　　4.3.4　閉鎖音 t [t(ː)]　69
　　4.3.5　閉鎖音 g [ɡ]　69
　　4.3.6　閉鎖音 gg [k(ː)]　70
　　4.3.7　摩擦音 f/v [v]　70
　　4.3.8　摩擦音 s [z]　71
　　4.3.9　破擦音 k/ck [kx]　71
　　4.3.10　接近音 w [ʋ]　72
　　4.3.11　接近音 j [j]　72
　4.4　標準ドイツ語と部分的に共通するもの …………………………………72
　　4.4.1　摩擦音 ff [f(ː)]　73
　　4.4.2　摩擦音 ss [s(ː)]　73
　　4.4.3　摩擦音 sch [ʒ, ʃ(ː)]　74
　　4.4.4　摩擦音 ch [ɣ, x(ː)]　74
　　4.4.5　鼻音 m [m(ː)]　75
　　4.4.6　鼻音 n [n(ː)]　75
　　4.4.7　鼻音 ng [ŋ(ː)]　76
　　4.4.8　側面接近音 l [l(ː)]　76
　4.5　標準ドイツ語と共通するもの ……………………………………………76
　　4.5.1　摩擦音 h [h]　77
　　4.5.2　破擦音 pf [pf]　77
　　4.5.3　破擦音 z/tz/ts [ts]　77
　　4.5.4　破擦音 tsch [tʃ]　78
　　4.5.5　震え音 r [r]　78

4.6　語中と文中の音韻現象：同化 …………………………………………78
　　4.6.1　歯茎閉鎖音の同化　79
　　4.6.2　歯茎鼻音の同化　80
　　4.6.3　歯茎破擦音の同化　82
　　4.6.4　歯茎摩擦音の同化　82
　　4.6.5　語彙として定着したもの　82
　4.7　ま と め ………………………………………………………………83

第5章　スイスドイツ語の形態とスイス式標準ドイツ語 ……………87
　5.1　導　　入 ………………………………………………………………87
　5.2　スイスドイツ語の形態的特徴 ………………………………………89
　　5.2.1　属格の消失　89
　　5.2.2　過去形の消失　95
　5.3　スイスドイツ語とスイス式標準ドイツ語の形態的特徴 …………99
　　5.3.1　独自の要素による語形成　100
　　　5.3.1.1　接尾辞 -et　100
　　　5.3.1.2　接尾辞 -ete　101
　　　5.3.1.3　接尾辞 -(e)li　101
　　5.3.2　ドイツの標準ドイツ語と共通の要素による語形成　103
　　　5.3.2.1　名詞から動詞への品詞転換　103
　　　5.3.2.2　接尾辞 -el(n)　106
　　　5.3.2.3　接尾辞 -ler, -er　107
　5.4　ま と め ………………………………………………………………108

第6章　スイスドイツ語の語彙とスイス式標準ドイツ語 ……………111
　6.1　導　　入 ………………………………………………………………111
　6.2　スイス式標準ドイツ語の語彙とスイス語法 ………………………111
　　6.2.1　使用される地域による分類　112
　　6.2.2　意味の独自性という観点からの分類　119
　6.3　名 詞 の 性 ……………………………………………………………120
　6.4　母音の長短とアクセント ……………………………………………122
　6.5　正　書　法 ……………………………………………………………124
　6.6　ま と め ………………………………………………………………126

第7章　スイスドイツ語の統語現象①——zum 構文—— ……………129

- 7.1　導　　入 ……………………………………………………………129
- 7.2　zum 構文の構造的特徴 ……………………………………………131
  - 7.2.1　補足成分と添加成分の種類　131
  - 7.2.2　zum 構文の変種としての「zum ... z 構文」　134
- 7.3　zum 構文の意味的特徴 ……………………………………………135
  - 7.3.1　標準ドイツ語の um ... zu 構文との比較　135
  - 7.3.2　標準ドイツ語の zu 不定詞句との比較　137
  - 7.3.3　zum の使用頻度における差異　138
- 7.4　チューリヒ方言における zum 構文の位置付け …………………140
- 7.5　zum 構文の歴史的発達に関する考察 ……………………………142
  - 7.5.1　不定詞の名詞的性質と統語的な二面性　142
  - 7.5.2　チューリヒ方言における不定詞の二面性　145
- 7.6　ま と め ……………………………………………………………148

第8章　スイスドイツ語の統語現象②——wo 関係節—— ……………155

- 8.1　導　　入 ……………………………………………………………155
- 8.2　wo 関係節の形式 ……………………………………………………156
  - 8.2.1　格の明示における相違　156
  - 8.2.2　再述成分の特徴　160
    - 8.2.2.1　音韻的性質　160
    - 8.2.2.2　統語的性質　164
- 8.3　「関係詞」wo の統語的性質 ………………………………………167
- 8.4　wo 関係節の歴史的経緯 ……………………………………………169
  - 8.4.1　der wo 型の発達　169
  - 8.4.2　「da(r)＋前置詞」型の再述成分の発達　173
- 8.5　ま と め ……………………………………………………………177

第9章　スイスドイツ語の社会的位置付け①——方言使用—— ……183

- 9.1　導　　入 ……………………………………………………………183
- 9.2　ドイツ語圏スイスにおける「二言語」の共存 …………………183

9.3　現代のドイツ語圏スイスにおける方言使用 …………………………… 186
　　9.3.1　方言に対する意識　187
　　9.3.2　方言使用の現状　189
　　　9.3.2.1　学校における方言使用　189
　　　9.3.2.2　放送における方言使用　190
　　　9.3.2.3　教会における方言使用　191
　　　9.3.2.4　議会における方言使用　191
　　　9.3.2.5　軍隊における方言使用　192
　　9.3.3　方言使用の増加に至る社会的背景　192
　　9.3.4　方言使用の増加に対する批判と現場の問題点　194
　　　9.3.4.1　学校教育と標準ドイツ語に対する態度　194
　　　9.3.4.2　公共放送と言語選択の基準　196
9.4　ま と め …………………………………………………………………… 198

第10章　スイスドイツ語の社会的位置付け②──方言保護── …203

10.1　導　　入 ………………………………………………………………… 203
10.2　方言の危機 ……………………………………………………………… 203
10.3　組織的な方言保護 ……………………………………………………… 205
　　10.3.1　ドイツ語圏スイス言語協会（DSSV）　205
　　10.3.2　スイス言語活動家連盟（SSB）　206
　　10.3.3　スイスドイツ語同盟（BST）　208
10.4　方 言 研 究 ……………………………………………………………… 210
　　10.4.1　方 言 辞 典　210
　　10.4.2　方 言 地 図　211
　　10.4.3　個別方言の記述　212
　　10.4.4　音 声 記 録　213
10.5　公的な方言保護 ………………………………………………………… 214
10.6　ま と め ………………………………………………………………… 214

第11章　スイスドイツ語は「言語」か？ ………………………………… 219

　参 考 文 献　225
　あ と が き　235

略 号 表

文法事項

1./2./3. Sg.	1/2/3 人称・単数	m.	男性
1./2./3. Pl.	1/2/3 人称・複数	n.	中性
Akk.	対格	Nom.	主格
Dat.	与格	Part. Perf.	過去分詞
Dim.	縮小形	Pl.	複数形
f.	女性	Präp.	前置詞
Gen.	属格	Präs.	現在形
Ind.	直説法	Sg.	単数形
Komp.	比較級	Subj.	接続法第1式
Kond.	接続法第2式		

言語名

afrz.	古フランス語
ahd.	古高ドイツ語
bdt.	ドイツの標準ドイツ語
fnhd.	初期新高ドイツ語
frz.	フランス語
germ.	ゲルマン祖語
gr.	ギリシャ語
hd.	(方言に対する)標準ドイツ語
it.	イタリア語
lat.	ラテン語
mhd.	中高ドイツ語
nhd.	(古い時代のドイツ語に対する)新高ドイツ語，あるいは現代の標準ドイツ語
shd.	スイス式標準ドイツ語
slat.	後期ラテン語
span.	スペイン語
zd.	スイスドイツ語チューリヒ方言

ドイツ語圏スイスの州名またはその方言

(下線付きは『ドイツ語圏スイス言語地図(SDS)』が独自に使用している略号，それ以外は公的な略号)

AG	アールガウ(Aargau)
AI	アッペンツェル・インナーローデン(Appenzell Innerrhoden)
<u>AP</u>	アッペンツェル・インナーローデン(AI)とアッペンツェル・アウサーローデン(AR)の総称
AR	アッペンツェル・アウサーローデン(Appenzell Ausserrhoden)
BE	ベルン(Bern)
<u>BA</u>	バーゼル・シュタット(BS)とバーゼル・ラントシャフト(BL)の総称
BL	バーゼル・ラントシャフト(Basel-Landschaft)
BS	バーゼル・シュタット(Basel-Stadt)
FR	フリブール(Fribourg)
GL	グラールス(Glarus)
GR	グラウビュンデン(Graubünden)
LU	ルツェルン(Luzern)
NW	ニトヴァルデン(Nidwalden)
OW	オプヴァルデン(Obwalden)
SG	ザンクトガレン(Sankt Gallen)
SH	シャフハウゼン(Schaffhausen)
SO	ソロトゥルン(Solothurn)
SZ	シュヴィーツ(Schwyz)
TG	トゥルガウ(Thurgau)
TI	ティチーノ(Ticino)
UR	ウーリ(Uri)
UW	ウンターヴァルデン：ニトヴァルデン(NW)とオプヴァルデン(OW)の総称
VS	ヴァリス(Wallis)：仏語名はヴァレー(Valais)
<u>WS</u>	ヴァリス(Wallis)
ZG	ツーク(Zug)
ZH	チューリヒ(Zürich)

第1章　スイスドイツ語研究と本書について

1.1　スイスドイツ語とは

　スイスドイツ語(Schweizerdeutsch)とは，スイスで話されるドイツ語の方言のことをいう。よく知られているようにスイスは多言語国家であり，ドイツ語・フランス語・イタリア語・レトロマンス語の4つの言語をスイスの国語としている[1]。また，ドイツ語・フランス語・イタリア語，そして部分的にレトロマンス語が公用語となっており[2]，この中でドイツ語を公用語とする州を一般にスイスのドイツ語使用地域[3]，あるいはドイツ語圏スイス(Deutschschweiz)と呼ぶ(各州の位置については図1を参照)。この地域は，同じくドイツ語を公用語とするドイツ，オーストリア，リヒテンシュタインと隣接しており，これらの国々と同様にドイツ語圏に数え入れられる。ドイツ語圏で公用語として使用されるドイツ語は標準ドイツ語であるが，標準ドイツ語ばかりがドイツ語ではない。ドイツ語には(ドイツ語に限ったことではないが)日常生活などで話される方言が各地に存在し，そのうちスイスで話される方言がスイスドイツ語というものである。

　スイスドイツ語は大きく分けて2つの観点から特徴的であり，研究対象として注目に値するものである。その特徴とは，一つはスイスドイツ語の言語構造に関することで，もう一つはスイスドイツ語の社会的な位置付けに関することである。言語構造に関することというのは，スイスドイツ語は「スイスドイツ語」という名が付いてはいるが，標準ドイツ語との相違点を多く有しているという点である。本書で見ていくように，スイスドイツ語は音韻・

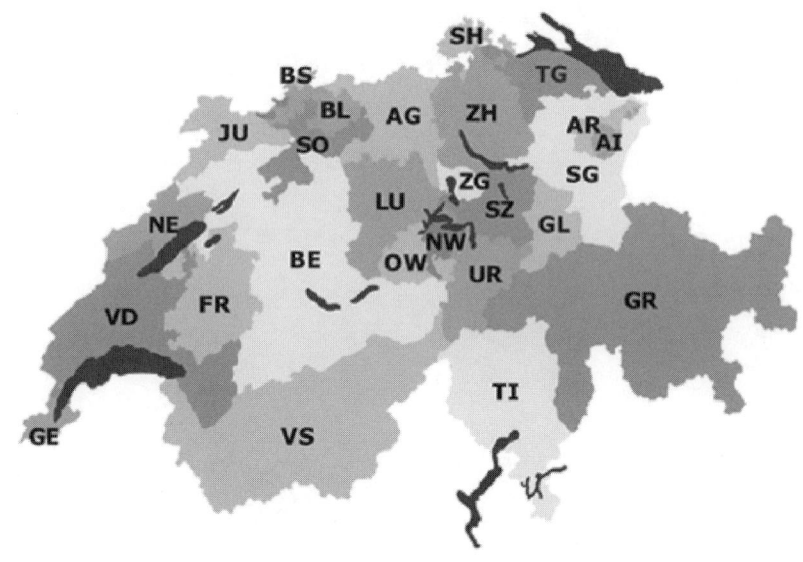

図1　スイスの州[スイス政府の情報ポータルサイト www.ch.ch より転載]

形態・文法・語彙など様々な面で標準ドイツ語との言語的な差異を示しており，ドイツやオーストリアの人々からも理解が困難であるとの声も聞かれるほどである。また，地域ごとの差異をきわめて多様に示しているという点も，注目すべき言語的特徴である。「スイスドイツ語」とは，ドイツ語圏スイスで話されるドイツ語方言の名称であるが，これは「スイスドイツ語」が音韻・形態・文法・語彙などの面で画一的な言語であるということを意味するわけではなく，また，一つの規範化された言語というわけでもない。たとえばチューリヒやベルン，バーゼル，ルツェルン，ヴァリスなど各地域に独自の方言があり，それらの方言はチューリヒ方言あるいはチューリヒ・ドイツ語(Zürichdeutsch)などといった名称で呼ばれる。そしてしかも，こうしたチューリヒ・ドイツ語にしても，その内部での差異というものがある。このようにスイスドイツ語には地域それぞれの方言があるわけで，これらの総称を「スイスドイツ語」というのである。現代では方言どうしの同化や標準ドイツ語による方言への影響も観察されるようになっているが，昔は，村ごと

に言葉が違うなどといわれていた。方言と標準語での言語構造の違いというのはドイツ語圏各国・各地域に多かれ少なかれ存在するものではあるが，スイスにおける両者の差異はことさら大きい。

　社会的な位置付けに関することというのは，ドイツ語圏スイスにおいて方言はきわめて高い地位を得ているということである。このことを示すのは，ドイツ語圏スイスの人々は，口頭によるコミュニケーションの様々な局面で方言，すなわちスイスドイツ語を話すという事実である。あらゆる人間関係の中で（家族や友人との間はもちろん，雇用者と従業員，上司と部下，教師と生徒，店員と顧客などの間でも），日常会話はもちろん，標準ドイツ語を話すべきとされる一部の公的な場（学校や放送，議会，教会など）においても，私的なやりとりが生じた場合や業務を離れた後であれば方言が用いられる。ドイツ語圏スイスにおける方言の地位に関してとりわけ特徴的なのは，あらゆる職業・学歴・社会階層の人々が方言を話すという点である。ドイツ語圏スイスでは，上流階級や知識人であっても方言を話すということが知られており，方言を話すことで教養のない者とみなされることもない。これはドイツ語圏の中でもスイスに特徴的で，他のドイツ語圏諸国では類を見ない状況である。このように，あらゆる身分の人々が，あらゆる場において方言を話すというのがドイツ語圏スイスにおけるスイスドイツ語の社会的位置付けの特徴である。

　以上の言語構造と社会的位置付けの2つの側面が，スイスドイツ語に関して興味深く，また，研究に際しても欠かせない対象である。両者は互いに独立したテーマであるように思われるかもしれないが，実はこれらは表裏一体であると考えることができる。というのは，今日までスイスドイツ語の標準ドイツ語への同化，あるいはスイスドイツ語の諸方言どうしの同化が，完全にではないにせよ強く阻止され続けてきたのは，人々の方言への意識，あるいは方言の地位の高さによるところが非常に大きいといえるからである。

1.2　本書の目的

　わが国のドイツ語学においてスイスドイツ語は，その存在はよく知られていながら，研究対象としてはほとんど注目されていない。たしかに近年のわが国におけるドイツ語学は，ドイツ語圏における研究と肩を並べつつあるほどの成果を上げており，理論言語学への寄与も大きいといえる。しかしながら，その対象は専ら標準ドイツ語であり，方言，特にスイスドイツ語への関心は非常に薄いというのが現状である。1985 年に刊行された田中泰三著『スイスのドイツ語』(田中 1985) は，現在でもわが国で唯一のスイスドイツ語の解説書と位置付けられるが，細部における修正や，理論的側面の補完を要するものと思われる。こうした意味では，わが国のスイスドイツ語研究は事実上未開拓であるし，20 年以上もの間，こうした不備がわが国のドイツ語学において看過されてきたという事実は，標準ドイツ語こそが研究すべき「正統なドイツ語」であり，方言は注目に値しない「周辺的なドイツ語」であるというわが国の研究者の意識の表れといえるかもしれない。

　一方，スイス本国に目を転じると，民族主義的背景や言語保護という動機もあったにせよ，スイスドイツ語研究に対しては早い時期から関心が集まり，様々なアプローチがなされている。古くは各地の音韻・形態・語彙について，『ドイツ語圏スイス言語地図 (*Sprachatlas der deutschen Schweiz; SDS*)』のような方言地図や，『スイスドイツ語文法論集 (*Beiträge zur schweizerdeutschen Grammatik; BSG*)』や『スイスドイツ語方言研究論集 (*Beiträge zur schweizerdeutschen Mundartforschung; BSM*)』に見られるような個々の方言についての記述がある。また，1881 年に第 1 巻が刊行された，全スイスドイツ語の語彙を網羅した辞典『スイス方言辞典／スイスドイツ語辞典 (*Schweizerisches Idiotikon. Wörterbuch der schweizerdeutschen Sprache.*)』の編纂事業は，現在も継続中である。あるいは，チューリヒ方言など個々の方言についても辞書や文法書が出版され，方言記述への寄与が図られている。そして近年では，スイスドイツ語の統語論的側面も研究者の注目を引くよう

になり，理論言語学にも大きく貢献しつつある。統語現象への類型論的アプローチとしては，チューリヒ大学において現在『ドイツ語圏スイス統語論地図（*Syntaktischer Atlas der Deutschen Schweiz; SADS*）』の編纂作業が進行中である。この事業は，上記の *SDS* を補完するという意図のもとで開始されたものである。

　以上を背景に本書が目的とするのは，言語現象の記述を中心としてスイスドイツ語の諸相を包括的に記述し，それによってスイスドイツ語の全体像を明らかにするという学界の取り組みに寄与すること，そしてスイスドイツ語をわが国のドイツ語学ひいては言語学全体に周知し，わが国のスイスドイツ語研究の礎を築くことである。

　本書の構成は，以下のとおりである。まず次の第2章では，スイスドイツ語の多様性という観点からの記述を行う。すでに述べたように，スイスドイツ語とは一つの画一的な言語ではなく，ドイツ語圏スイス各地の諸方言の総称である。この中では，言語構造の観点からドイツ語全体におけるスイスドイツ語の位置付けを探り，さらにスイスドイツ語の多様性とその分類を見ていく。また，チューリヒ方言と呼ばれる，チューリヒ地方で話される方言の内部の区分についても言及する。

　第3章から第8章は，スイスドイツ語と標準ドイツ語の比較という観点からの記述である。まず第3章から第4章にかけては，スイスドイツ語の音韻を扱う。それぞれスイスドイツ語の母音（第3章）および子音（第4章）の特徴について，チューリヒ方言を例に概観する。この中で主眼を置くのは，現代の標準ドイツ語との対応関係であるが，中高ドイツ語のような古い時代のドイツ語との対応関係，あるいは語中や文中の音韻現象として，母音接続を避けるための連音 n や，特定の子音が接続した際の同化現象にも言及する。チューリヒ方言の音韻論的側面に関する記述ではあるが，チューリヒ方言の母音や子音が標準ドイツ語のどれに対応するかという情報は，ドイツ語圏スイス，あるいは隣接する地域の方言で書かれたテクストを読む助けになるかもしれない。それゆえ，本書が方言文学などに親しみたい方々の役に立てればと期待する。これらの内容は，拙稿「スイス=ドイツ語チューリヒ方言の

音韻について」(熊坂 2005)に大幅な加筆修正を施したものである。

　第5章はスイスドイツ語の形態，第6章はスイスドイツ語の語彙についての記述であるが，これらの章で取り入れる観点は，スイスドイツ語とスイスの標準ドイツ語で共有される言語現象である。スイスの標準変種，すなわち「スイス式標準ドイツ語(Schweizerhochdeutsch)」は，ドイツの標準変種では見られない言語的特徴をいくつか有しており，このことは形態と語彙の分野で顕著である。その中で方言的な要素が色濃く現れている言語現象を取り上げることを通じて，スイスの標準変種と方言の接点を探ることがそれぞれの章の目的である。特に語彙の部分は，新聞や看板などでドイツの標準ドイツ語とは異なるものが用いられていることも少なくないことから，スイスでの旅行や生活を計画している人にとって有用であるかもしれない。これらの内容は「スイスのドイツ語——方言と標準変種の接点」(熊坂 2009b)の形態および語彙に関する部分に相当し，大幅な加筆修正を施したものである。

　第7章と第8章では，スイスドイツ語に特徴的な統語現象について論じる。いずれも構造的および意味的特徴，スイスドイツ語の構造全体における位置付け，そして発達の歴史的経緯という観点からのもので，第7章では，標準ドイツ語と異なり，「目的」の意味を表す前置詞と与格の定冠詞の融合形である zum が不定詞句を補部として支配し，「目的」の意味を表現する zum 構文の特徴を明らかにする。この論考は，「チューリヒ方言の zum 構文について(Zur „*zum*-Konstruktion" im Zürchdeutschen)」(Kumasaka 2008)に基づく。この論文は「第49回財団法人ドイツ語学文学振興会奨励賞」の授賞対象となったが，これは「日本においては研究者の数が多いとは言えない方言学の分野に果敢に挑んだ点」や，「標準ドイツ語とは異なるスイス方言のひとつの独自性を明確に示した点」が評価されてのことである[4]。第8章は wo 関係節について論じるものである。これは，本来は「場所」を表す疑問詞である wo が，標準ドイツ語の定関係代名詞と同等の機能を担うという構文である。この内容は，「スイスドイツ語の wo 関係節の構造について」(熊坂 2009a)として発表済みである。

　第9章から第11章は，スイスドイツ語の社会的位置付けに関する記述で

ある。第2章から第8章で扱う言語現象に関する事柄をスイスドイツ語の「内面」と呼ぶならば，第9章から第11章で扱うのはスイスドイツ語の「外面」である。上で述べたように，スイスドイツ語が社会的にどう位置付けられてきたかも興味深い点である。そこで本書は，こうした観点から公共放送や学校教育における方言使用の状況とその諸問題(第9章)，そして方言の危機を背景に生じた言語保護(第10章)というテーマに着目した。これらはいずれもドイツ語圏スイスにおける方言の地位の高さを出発点とするものである。そして最後に第11章ではまとめに代えて，スイスドイツ語は一つの独立した「言語」といえるのかという議論を展開する。この中では，仮にスイスドイツ語を「言語」とした場合，どのような問題が生じうるかということについての考察を加えている。第9章および第10章の内容は，「ドイツ語圏スイスの言語状況——方言意識と言語使用」(熊坂 2004)の該当部分に大幅な加筆修正を施したものである。

　以上のように，本書では各章ごとに独立したテーマを扱う方針である。そして，本書全体および各章は，特定の言語現象についての詳細な論究というよりはむしろ包括的，概説的な性格のものとなっている。これは，上述のようにスイスドイツ語の研究がわが国ではきわめて手薄であることから，まずはこれを周知すべきという意図による。

1.3　スイスドイツ語の表記について

　スイスドイツ語について，とりわけスイスドイツ語の言語構造について記述する際にまず断っておかねばならないのは，スイスドイツ語の語形をどのように表記するかである。標準ドイツ語には規範となる正書法が存在するが，方言には規範となる正書法はなく，また，標準ドイツ語の正書法に準拠して表記しなくてはならないわけでもない。そのため，様々なドイツ語の方言の辞書や文法書，教材などを見てみると，たいていの場合は表記についての説明があることがわかる。

　そうした説明はスイスドイツ語の各方言の辞書や文法書，教材にも同じく

記載されているが，スイスドイツ語の表記に関して特筆すべきなのは，スイスドイツ語の様々な方言を包括する，一つの表記体系が広く用いられているという点である。それが音声学者オイゲーン・ディート[5]（Eugen Dieth, 1893-1956)の考案した表記法で，「ディート表記法(Dieth-Schreibung)」と呼ばれるものである。もちろん，これはあくまでディートによる一つの提案であり，決して規範ではなく，拘束力もない。「正書法」という表現が標準ドイツ語のように規範的なもの，あるいは拘束力をもつものを連想させるという理由から，本書ではこれを「表記法」と表現している。以下では，ディート表記法の趣旨および特徴について見ていく。チューリヒ方言を例とした，個々の母音と子音の表記のしかたについては第3章および第4章で扱う。

　1938年，チューリヒ大学の教員であったディートは，スイスドイツ語を表記する原則を記した手引き書『スイスドイツ語の方言表記――全方言の統一的表記法の手引き（*Schwyzertütschi Dialäktschrift. Leitfaden einer einheitlichen Schreibweise für alle Dialekte*)』(Dieth 1938)を発表した[6]。このディート表記法は「話すように書きましょう，聞いたり感じたりするように書きましょう」という基本理念が示すように，それぞれの方言の音声に忠実にその語形を尊重する方針をとっている。

> 自分が話すままに書きましょう。自分が聞いたり感じたりするままに書きましょう。どの方言にも，その独自の言葉のかたちがあります。標準ドイツ語の字面とかけ離れているということを不満に思わないでください。スイスドイツ語は独自の規則に従っており，この枠組みの中で個々の方言が自分の道を行くのです。(Dieth 1938: 13)

つまり，ディート表記法はある音(素)に対して特定の記号をあてるという音声学的原則に基づくものである。したがって，表記は各地の方言の発音に従うものであり，同じ意味の語であっても方言ごとに表記が異なるということになる。たとえば「考える」(*hd.* denken)という意味の語は，チューリヒ方

言では tänke [ˈtænkxə]/ˈtænkxə/，ベルン方言では dänke [ˈd̥ænkxə]/ˈd̥ænkxə/ というように，それぞれの発音に即して表記される。

　ディート表記法が各地の方言の発音を表記に反映させる意義は，これによってスイスドイツ語の多様性を表現することができるという点にある。では，なぜそれが必要であったのか。その背景にあったのは，ドイツで国家社会主義が台頭した時代に訪れた，方言の危機である。いわゆる「精神的国土防衛 (geistige Landesverteidigung)」[7] が叫ばれた時代，人々が守ろうとしたスイス的なものの一つが，ドイツ人の言葉とは大きく異なるスイスドイツ語とその多様性であった。ディートは，方言を書くという習慣を広めるだけでなく，方言の多様性を守ることを目指していたのである (10.3.3 を参照)。こうした意思は上述の手引書の序文で表明されており[8]，書かれたかたちのものを実際に使い視覚的に受容することで，各地の方言の語形に対する感覚が研ぎ澄まされるという考え，そして，すべての方言をできるだけ忠実に再現し，互いに際立たせることで方言の連帯と多様性を守りたいという考えが述べられている。

　スイスドイツ語の包括的な表記を目的とするディート表記法が使用するアルファベットは，標準ドイツ語で用いられるものよりも多彩である。以下に示すのは，スイスドイツ語に出現する主要な母音および子音とディート表記法での綴りの対応関係である。大きな特徴として挙げられるのは，母音の重複によって長母音であることを示すという点と，アクサングラーヴを用いて開母音であることを示すという点である。これを見ると，音素と書記素の関係が標準ドイツ語のそれと異なる点が少なくないということがわかる。

母音

i	/i, ɪ/	ii	/iː, ɪː/	ì	/ɪ/	ìì	/ɪː/
ü	/y, ʏ/	üü	/yː, ʏː/	ǜ	/ʏ/	ǜǜ	/ʏː/
u	/u, ʊ/	uu	/uː, ʊː/	ù	/ʊ/	ùù	/ʊː/
e	/e, ɛ, ə/	ee	/eː, ɛː/	è	/ɛ/	èè	/ɛː/
ö	/ø, œ/	öö	/øː, œː/	ȍ	/œ/	ȍȍ	/œː/

o	/o, ɔ/	oo	/oː, ɔː/	ò	/ɔ/	òò	/ɔː/
ä	/æ/	ää	/æː/	a	/a, ɑ, ɒ/	aa	/aː, ɒː/

ie	/iə, ɪə/	ìe	/ɪə/	üe	/yə, ʏə/	ǜe	/ʏə/
ue	/uə, ʊə/	ùe	/ʊə/	ei	/eɪ, ɛɪ/	èi	/ɛɪ/
öi	/øɪ, œɪ/	òi	/œɪ/	öü	/øʏ, œʏ/	òü	/œʏ/
ou	/oʊ, ɔʊ/	òu	/ɔʊ/	äi	/æɪ/	äü	/æʏ/
ai	/aɪ, ɑɪ/	au	/æʊ/				

子音

b	/b̥/	p	/p/	d	/d̥/	t	/t/
g	/g̊/	gg	/k/	f (v)	/ɣ/	ff	/f/
s	/z̥/	ss	/s/	sch	/ʃ/	ch	/x/
pf	/pf/	z (tz)	/ts/	tsch	/tʃ/	k (ck)	/kx/
m	/m/	n	/n/	ng	/ŋ/	r	/r/
l	/l/	w	/ʋ/	j	/j/	h	/h/

　もう一つ認識できるのは，音韻と表記の関係は必ずしも厳密ではないということである。たとえばaという綴りで示せるものが /a/，/ɒ/，/ɑ/ と複数であったり，/ʊ/ を表現する手段がuとùの2種類であったりと，一対一の対応でない部分もある。また，各方言の音韻体系の違いが表記による方言どうしの比較を難しくすることもある。たとえば，チューリヒ方言の root [roːt]/roːt/（hd. rot「赤い」）とベルン方言の root [rɔːt]/rɔːt/ は表記も意味も同じであるが，実際には oo の発音が異なる。チューリヒ方言では閉音であり，ベルン方言では開音である。本来であればベルン方言の oo は開音であるので òò と綴られるのであるが，ベルン方言には閉音の o(o) [o(ː)]が存在しないため，ディート表記法は oo による代用を許容している。それゆえ，チューリヒ方言とベルン方言の音韻体系を知らなければ，チューリヒ方言の root とベルン方言の root が，綴りが同じでありながら異なる発音であると

第1章 スイスドイツ語研究と本書について　11

図2　チューリヒ市街で見かけたゴミ箱

いうことが判断できなくなる。逆に，チューリヒ方言の R̂êêd [rɛːd̯]/rɛːd̯/（hd. Rede「スピーチ」）とベルン方言の Reed [rɛːd̯]/rɛːd̯/ のように，綴りは異なるが発音は（全くというわけではないが）同じで，意味も同じであると認識できないケースも生じる。これは，ベルン方言が閉音の e(e) [e(ː)] をもたないためである。

　こうして見ると，ディート表記法が目指す発音の忠実な再現にも限界があるといえるかもしれないが，これは方言の多様性を表現しつつ，かつ誰でも使えるように，という二方向の要求に同時に応えた結果ともいえる。つまり，ディート表記法が音韻特徴の再現だけを重視していたのであれば，これは規則や記号の厳密化を伴うことになり，一般市民に普及しないであろう。また逆に，読み書きの容易さだけを重視したとすれば，表記は画一的なもの，あるいは標準ドイツ語に近い表記となり，方言の多様性が認識されないかもしれない。つまり，スイスドイツ語の多様性を守るには，忠実な再現と使いやすさの両方を可能な限り満たすことが重要であったというわけである。

　現在，方言で書かれたものは，街中やインターネット上など様々な場面で目にすることがある。上の図2は，筆者がチューリヒの市街地で見かけたものである。写っているのはゴミ箱で，Für e suubers Züri (hd. Für ein sauberes Züri「清潔なチューリヒのために」）と記されている。

1) スイス連邦憲法第 4 条において「国語はドイツ語，フランス語，イタリア語，レトロマンス語である。」と規定されている。以下，特に断りのない場合，スイス連邦憲法は 2011 年 1 月 1 日現在のものである。
2) 憲法第 70 条第 1 項において「連邦の公用語はドイツ語，フランス語，イタリア語である。レトロマンス語の話者との交渉の際には，レトロマンス語も連邦の公用語である。」と規定されている。
3) 各州の公用語として使用される言語については，その州が決定権をもつ。これについては，憲法第 70 条第 2 項で「各州がその公用語を決定する。各言語地域間の協調を保つべく，各州は地域の伝統的な言語構成に留意し，古来の少数言語を考慮に入れるものとする。」と規定されている。ドイツ語を公用語とする州が最も多く（各州の位置については図 1 を参照），アールガウ (Aargau; AG)，アッペンツェル・インナーローデン (Appenzell Innerrhoden; AI)，アッペンツェル・アウサーローデン (Appenzell Ausserrhoden; AR)，バーゼル・ラントシャフト (Basel-Landschaft; BL)，バーゼル・シュタット (Basel-Stadt; BS)，グラールス (Glarus; GL)，ルツェルン (Luzern; LU)，ニトヴァルデン (Nidwalden; NW)，オプヴァルデン (Obwalden; OW)，ザンクトガレン (Sankt Gallen; SG)，シャフハウゼン (Schaffhausen; SH)，シュヴィーツ (Schwyz; SZ)，ソロトゥルン (Solothurn; SO)，トゥルガウ (Thurgau; TG)，ウーリ (Uri; UR)，ツーク (Zug; ZG)，チューリヒ (Zürich; ZH) はドイツ語のみを公用語としている。また，ベルン (Bern; BE)，フリブール (Fribourg; FR)，ヴァリス (Wallis; VS) はドイツ語とフランス語，グラウビュンデン (Graubünden; GR) はドイツ語・イタリア語・レトロマンス語を公用語としている。それ以外はドイツ語を公用語に含んでおらず，ジュネーヴ (Genevè; GE)，ジュラ (Jura; JU)，ヌーシャテル (Neuchâtel; NE)，ヴォー (Vaud; VD) はフランス語のみ，ティチーノ (Ticino; TI) はイタリア語のみを公用語としている。レトロマンス語のみを公用語とする州は存在しない。
4) 財団法人ドイツ語学文学振興会機関紙『ひろの』第 49 号 (2009)，「第 49 回授賞論文審査経過報告」より。
5) 本書では，人名はドイツ語圏における社会史および研究史に関連する人物に限りカタカナで表記する。
6) 第 2 版 (Dieth ²1986) が 1986 年に出版された。
7) 国家社会主義・全体主義勢力からの軍事的な国土防衛に対し，国民のスイス人としての意識を高めることを目的とした文化振興運動のことをさす。1930 年代から本格化し，1938 年に連邦政府が公式に表明した。
8) Dieth (1938: 5).

第 2 章　スイスドイツ語の多様性

2.1　導　入

　スイスドイツ語の話者数は，2000 年の国勢調査によればスイス国民 579 万 2484 人の約 72.5％（約 420 万人）に相当し[1]，スイスの国語であるドイツ語・フランス語・イタリア語・レトロマンス語の中で多数を占めている。また，ドイツ語はスイスの大部分の地域で話されている。図 3 はスイスにおいてドイツ語が話される範囲を示しており，ドイツ語使用地域は，スイス西部ではフランス語圏，南部ではフランス語圏およびイタリア語圏と接している。また，南東部ではレトロマンス語話者の居住地域が点在している[2]。図に示されるドイツ語使用地域の形成は，3 世紀に当時ローマ帝国の領内にあった現在のスイスに相当する地域にアレマン人が進出したことに始まり，19 世紀までに西部や南部のいくつかの都市にドイツ語圏が拡張するまで続いていたとされる[3]。この領域の中で，スイスドイツ語は地域的な多様性を今日まで示しているのである。

　この章の目的は，スイスドイツ語の多様性について概観することである。まず 2.2 では，ドイツ語圏における位置付けとして，スイスドイツ語の方言系統を概説する。スイスドイツ語は，方言系統としてはアレマン方言（Alemannisch）に属するが，そのアレマン方言自体もいくつかの言語的特徴に基づき，さらなる下位区分がなされる。次に 2.3 でスイスドイツ語の多様性について，それを端的に表す言語現象を取り上げながら観察する。スイスドイツ語の多様性を示す言語現象は，大きく分けて北部と南部，東部と西部

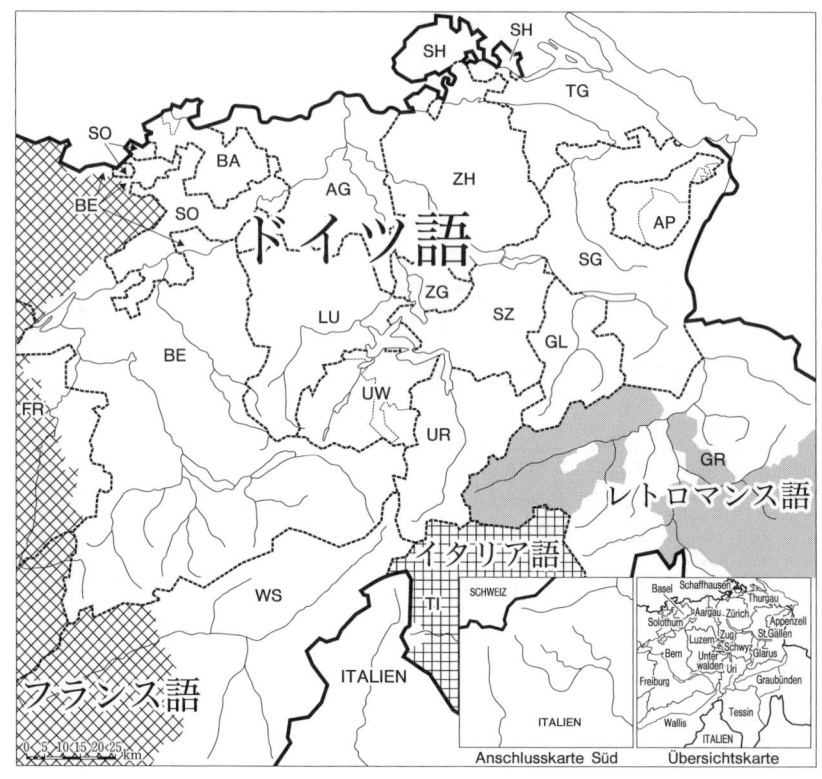

図 3　スイスの言語分布[SDS (I: 3) に基づく]

という地域分布を見せており，それぞれの地域の方言が様々な度合いで古いドイツ語の特徴を保っている。そして 2.4 では，本書での中心的な考察対象であるチューリヒ方言の特徴について述べる。チューリヒ方言とは，一般にチューリヒ州で話される方言もしくはチューリヒ都市部で話される方言をさすものではあるが，実際には地域ごとの言語的な特徴に沿った下位区分が可能である。そしてそれゆえに，本書で扱うチューリヒ方言とは何であるのかということを定義付ける必要性も浮上してくる。

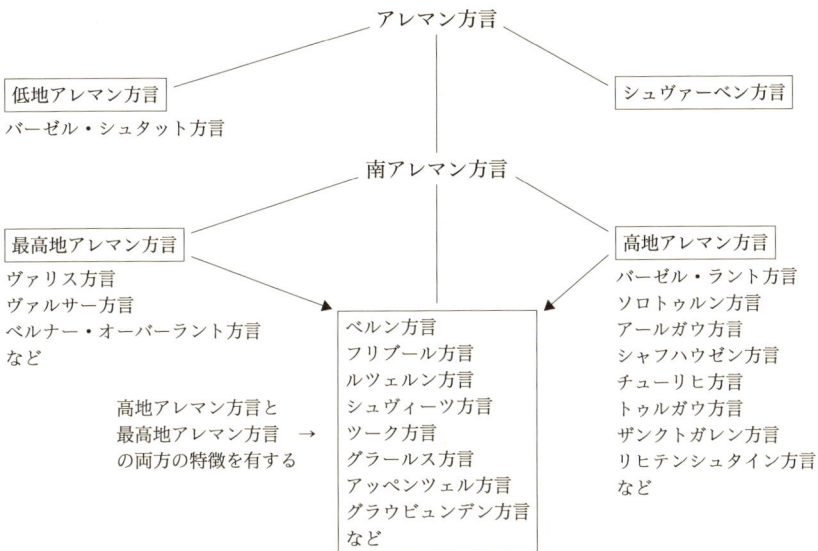

図4　アレマン方言の分類[Sonderegger (1985: 1888) に基づく]

2.2　スイスドイツ語の方言系統

　ドイツ語の方言全体におけるスイスドイツ語の位置付けを捉える上で重要なのは，「スイスドイツ語」という名が示すとおり，スイス国内で話されるドイツ語方言であるという点である。ドイツ語の方言は，一般に北部・中部・南部の3つに大別されるが，スイスドイツ語は南部の方言に分類されるアレマン方言に属する。図4が示すように，アレマン方言は低地アレマン方言[4] (Niederalemannisch)やシュヴァーベン方言(Schwäbisch)といった北側の方言と，南アレマン方言(Südalemannisch)に区分される。その中でスイスドイツ語を構成するのが，スイスでは主にバーゼル・シュタット(BS)の方言が該当する低地アレマン方言と，南アレマン方言全体である[5]。南アレマン方言はさらに高地アレマン方言(Hochalemannisch)と最高地アレマン方言(Höchstalemannisch)に区分され，この両者の方言地域がドイツ語

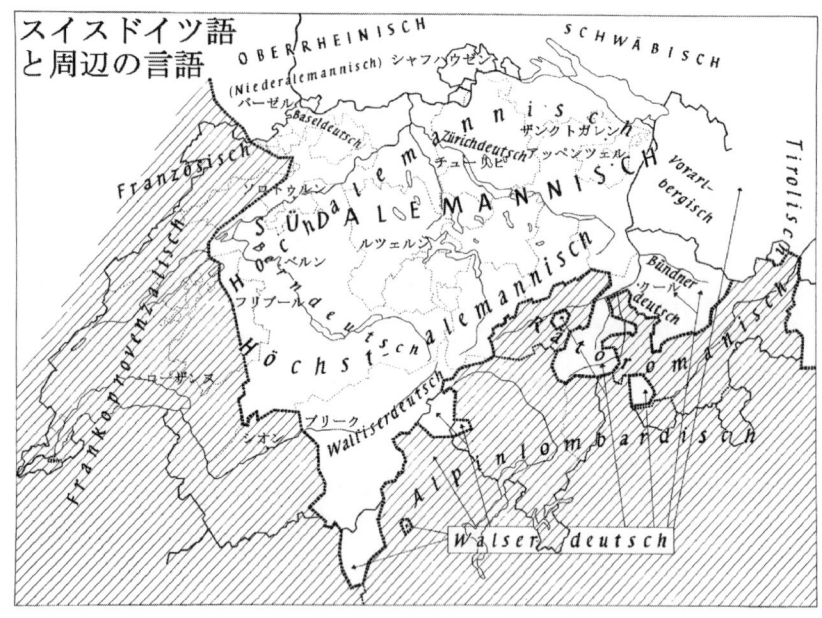

図5　スイスの方言分布[Sonderegger (1985: 1876)から転載，一部を加工]

圏スイスの大半を占めている。図5はアレマン方言の分布を示すものであるが，高地アレマン方言はスイス中部のほぼ全域で話される。そこには主要都市であるチューリヒやベルンの方言も含まれるため，話者人口は多い。最高地アレマン方言は主にヴァリス(WS)やベルナー・オーバーラント(ベルン州南部の山岳地帯)で話され，古高ドイツ語や中高ドイツ語の特徴を今もなお多く保っている。また，このヴァリス方言は，12世紀から一部の話者の移住により，現在のイタリア北部やスイスのイタリア語使用地域であるティチーノ(TI)の山村ボスコ・グリン(Bosco Gurin)，および現在はドイツ語・イタリア語・レトロマンス語の3言語を公用語とするグラウビュンデン(GR)にも定着した[6]。こうしたヴァリスからの移住者であるヴァルサー(Walser)の話す方言はヴァルサー・ドイツ語(Walserdeutsch)と呼ばれる。

　以上のようにスイスドイツ語はスイスという国の内側で話されるドイツ語の方言ではあるが，一つの同じ方言として分類されるわけではない。むしろ，

スイスドイツ語は様々な言語現象に関して地域的な差異を示すという多様性を有しているのであり，そのことがスイスドイツ語の一つの特徴と捉えられる。よく引き合いに出される例であるが，「ドイツ語(Deutsch)」という言葉一つをとってみても，バーゼル方言は Baaseldiitsch (*hd.* Baseldeutsch)，ベルン方言は Bärndüütsch (*hd.* Berndeutsch)，チューリヒ方言は Züritüütsch (*hd.* Zürichdeutsch)などと地域ごとに違いを見せているとか，かつては隣どうしの村の間でも言葉が微妙に違っていたといわれるように，スイスドイツ語はアレマン方言という大きな枠の中で多様に展開しているのである。

2.3 スイスドイツ語の方言区分

2.2 では，アレマン方言の中でも低地アレマン方言，高地アレマン方言，最高地アレマン方言がスイスドイツ語を構成するということを見た。ここでは，この 3 つを特徴付ける言語現象を取り上げ，さらにそれぞれの内部での区分に着目し，スイスドイツ語の多様性を観察する。その際に有用なのは，『ドイツ語圏スイス言語地図(*Sprachatlas der deutschen Schweiz; SDS*)』のデータである[7]。SDS では，主に音韻・形態・語彙に関するスイスドイツ語の様々な現象が網羅されており，各々の地域的な差異が詳細に記述されている。以下では，まず低地アレマン方言と南アレマン方言の区分，次に南アレマン方言内部の分類について述べる。

2.3.1 低地アレマン方言と南アレマン方言の区分

低地アレマン方言と南アレマン方言は，まず第一に，語頭の k の差異で区分される[8]。ここでいう k とは，標準ドイツ語の k に相当する部分のことである。図 6 が示すのは Khind, Kind, Chind (*hd.* Kind「子供」)の分布である[9]。ドイツ語圏スイス北西部のごく一部で話される低地アレマン方言では，語頭の k は気音を伴って発音される[10]。図の kh という表記は，[k^h]という発音を表すものである。他方，ドイツ語圏スイスの大部分で話される南

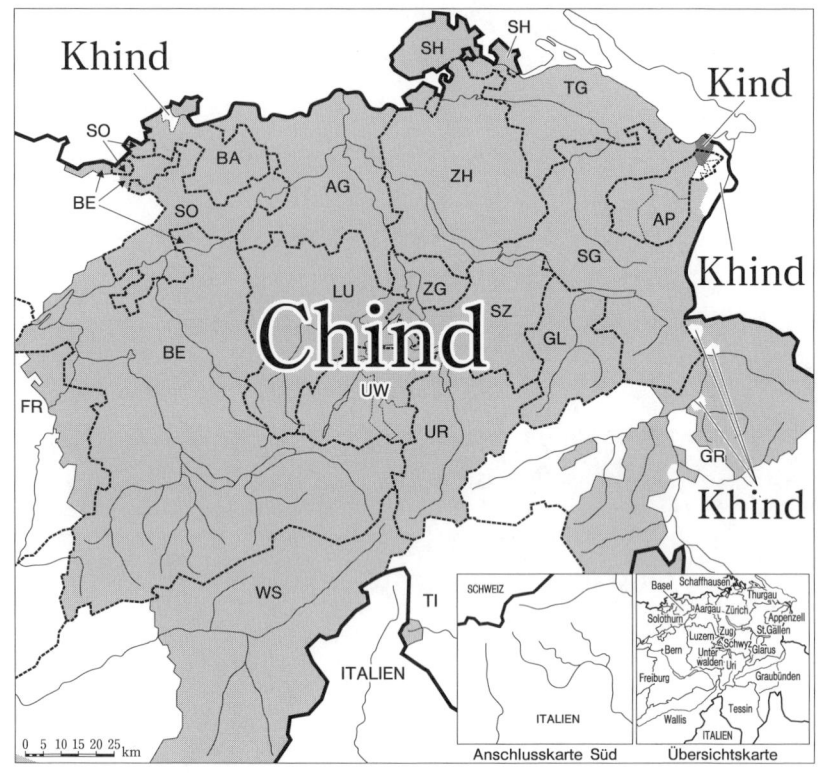

図6 Kind/Chind の分布［SDS (II: 94) に基づく］

アレマン方言では，語頭の k は軟口蓋摩擦音として発音される。図の ch という表記は，[ɣ̊] という発音を表す。

両者の違いとしてもう一つ挙げられるのは，南アレマン方言とは異なり，低地アレマン方言が前舌の円唇母音を有していないということである[11]。Öpfel と Epfel (*hd. Apfel*「りんご」)の分布を示す図7では，高地アレマン方言が話される地域の大部分では Öpfel という前舌の母音が円唇化した語形をとっているが，低地アレマン方言地域では Epfel というように円唇化を伴わない語形になっている[12]。表1は，その他のいろいろな前舌母音に関してバーゼル方言[13]とチューリヒ方言[14]を比較したものである。

第 2 章　スイスドイツ語の多様性　19

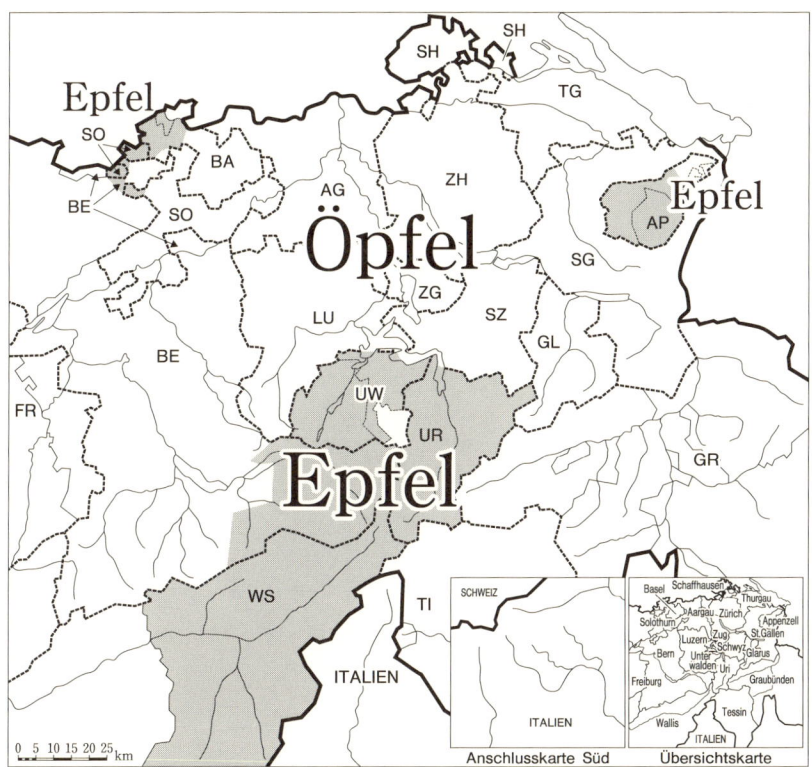

図 7　Öpfel/Epfel の分布［SDS (I: 160) に基づく］

表 1　バーゼル方言とチューリヒ方言の前舌母音

BS	ZH	nhd.	
Baim (Pl.)	Böim	Bäume	「木」
diitsch	tüütsch	deutsch	「ドイツ(人，語)の」
Èpfel	Öpfel	Apfel	「りんご」
scheen	schöön	schön	「美しい」
iber	über	über	「……の上に」
miese	müese	müssen	「……しなければならない」
nei	nöi	neu	「新しい」

スイスではバーゼル・シュタット(BS)を中心に話される低地アレマン方言は，以上のような特徴から南アレマン方言と区別される。低地アレマン方言がドイツ南西部にも広がっていることから，低地アレマン方言の使用地域はスイスとドイツにまたがっているということになる。これに対し高地アレマン方言と最高地アレマン方言，すなわち南アレマン方言は専らスイスに存在するドイツ語方言である。

2.3.2 南アレマン方言の分類

南アレマン方言は，まず北部と南部に分けることができ，それぞれの中で東部と西部という観点からの区分が可能である。概ね北部の方言が高地アレマン方言，南部の方言が最高地アレマン方言に該当する。南アレマン方言を南北に分ける標識として最も典型的であるのは，母音接続における二重母音化の有無と，規則動詞複数形の屈折語尾の種類である。両者の等語線は一致するものではなく，後者はヴァリス(WS)とベルン(BE)の境界線とほぼ一致するのに対し，前者はそれよりも北側に位置している。図8は，schneieと schniie (*hd.* schneien「雪が降る」)の分布を示している。中高ドイツ語のsnîen，すなわち現代の標準ドイツ語における schneien のように母音接続が生じている場合，北側ではこの長母音が二重母音化しているのに対し，南側では長母音と短母音の接続が保持されている[15]。これは，等語線の南側では中高ドイツ語の語形が保たれているということを示している。図の ei という表記は二重母音[eɪ]を表すもので，標準ドイツ語のように[aɪ]と発音するものではない。また，ii という表記は，長母音[iː]を表す。

表2は，チューリヒ方言とヴァリス方言[16]の比較に加え，中高ドイツ語および現代の標準ドイツ語の語形を記載したものである。この中では高地アレマン方言と最高地アレマン方言を区別する，その他の指標を付け加えている。その主なものとしては，中高ドイツ語および現代の標準ドイツ語の -nk-, -rn- と対応する部分に見られる差異を挙げることができる[17]。-nk-については，チューリヒ方言では[n]の直後に位置する閉鎖音[k]が破擦音[kx]と変化しているのに対し，ヴァリス方言では[n]が脱落し，直前の母音

第 2 章　スイスドイツ語の多様性　21

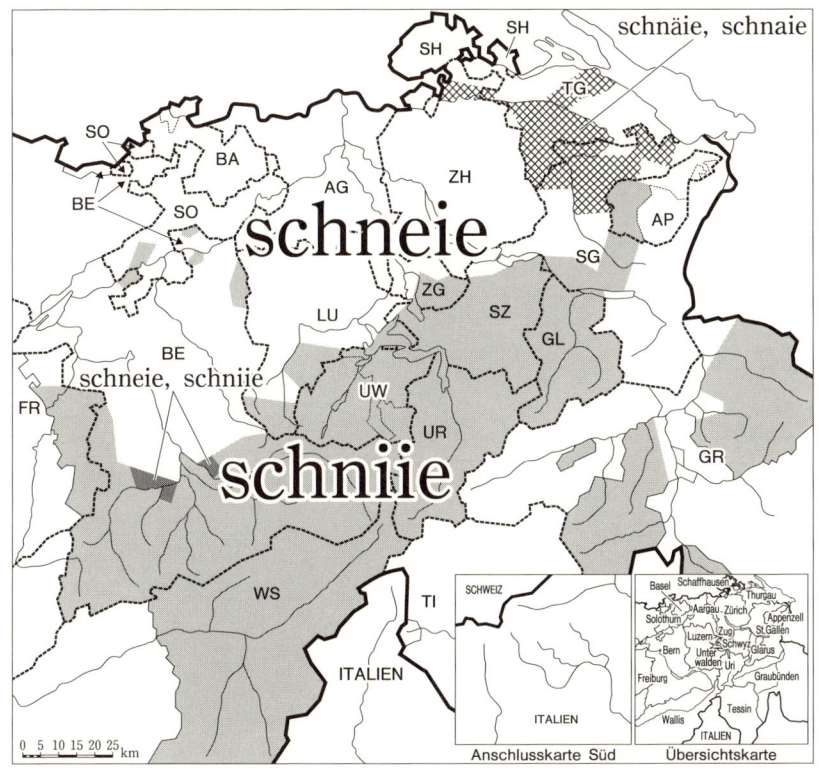

図 8　schneie/schniie の分布 [SDS (I: 148) に基づく]

表 2　高地アレマン方言と最高地アレマン方言を区別する指標

ZH	WS	mhd.	nhd.	
schneie	schniie	snîen	schneien	「雪が降る」
trinke	triiche	trinken	trinke	「飲む」
gäärn	gääre	gern, gerne, geren	gern, gerne	「よろこんで」

が [iː] へと長音化している。-rn- については，ヴァリス方言では [r] と [n] の間に位置する母音 [ə] が保たれ，末尾の [n] が脱落している。これに対しチューリヒ方言では母音 [ə] の方が脱落し，[n] が保たれている。

　図 9 が示すのは，規則動詞複数形の屈折語尾の種類における地域差である。

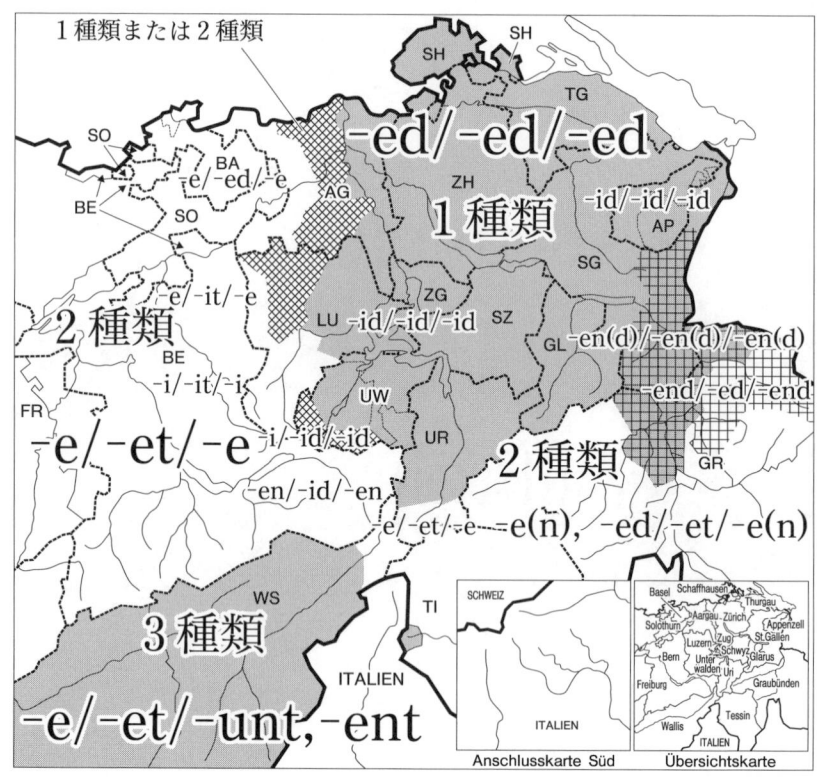

図9 規則動詞複数形の屈折語尾の分布[SDS (III: 34) に基づく]

表3 規則動詞複数形

	WS	mhd.	ahd.	nhd.	
1. Pl.	mache	machen	machômês	machen	「作る」
2. Pl.	machet	machet	machôt	macht	
3. Pl.	machent	machent	machônt	machen	

注目すべきは，規則動詞複数形の語形が1人称・2人称・3人称ですべて異なる地域があるという点である。3種類の語形を有するのは専らヴァリス(WS)で話される方言で，表3に示したように中高ドイツ語や古高ドイツ語のような区別が現在も保たれている[18]。この現象は，ヴァリス方言が他のス

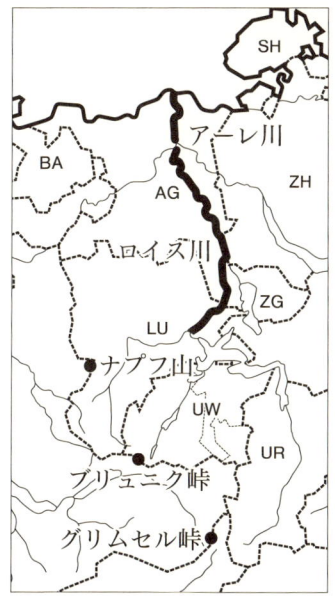
図10　グリムセル峠〜アーレ川

イスドイツ語方言よりも，古い時期のドイツ語の特徴を色濃く残していることを如実に表している。

　規則動詞複数形の屈折語尾の種類における地域的差異は，スイスドイツ語を東西に分ける代表的な基準でもある[19]。図9に示されるように，規則動詞複数形の屈折語尾は高地アレマン方言の東部では1種類，西部では2種類である。また，グラウビュンデン(GR)を中心としたスイス南東部では，屈折語尾は2種類である。1種類の地域と2種類の地域の境界は，おおよそグリムセル峠からブリュニク峠，ナプフ山を結んでロイス川，アーレ川へと続く線(図10)に沿っているが[20]，アールガウ(AG)からルツェルン(LU)にかけて，両者が混在する地域が広範囲に見られる。

　表4は，規則動詞複数形の語形について，東西の代表としてチューリヒ方言とベルン方言[21]を比較したものである。語形はチューリヒ方言では1種類，ベルン方言は現代の標準ドイツ語と同じく2種類となっている。チューリヒ方言など東部の方言で複数形が一律であるのは，中世後期にスイス東部

表4　チューリヒ方言とベルン方言の規則動詞複数形

	ZH	BE	nhd.	
1. Pl.	mached	mache	machen	「作る」
2. Pl.	mached	machet	macht	
3. Pl.	mached	mache	machen	

に流入したシュヴァーベン方言の影響によるといわれている[22]。シュヴァーベン方言からの影響を示す現象は他にも，西部の Zibele（hd. Zwiebel「玉ねぎ」）に対する Böl(l)e や規則動詞複数形の屈折語尾である -ed という語形が挙げられる[23]。また，西部の Matte に対する Wise（hd. Wiese「草原」）のように，標準ドイツ語からの影響で定着したケースもある[24]。

　スイスドイツ語の東部の方言と西部の方言を特徴付ける様々な言語現象は，概ね上述のグリムセル峠からアーレ川に続く線を境界とするが，それに該当しない例もいくつかある。図11は，Bett と Bètt（hd. Bett「ベッド」）の分布を表すものである。これは中高ドイツ語の閉音の短母音に由来する e の発音の違いを反映するもので，ドイツ語圏スイスの東側では [e] と閉音で発音されるのに対し，西側では [ɛ] という開音で発音される[25]。この境界線は，グリムセル峠からアーレ川への線よりも少し東に寄っている。そして図12は di ganz Nacht と di ganzi Nacht（hd. die ganze Nacht「一晩中」）の分布を記したものである。これは形容詞の弱変化語尾の有無を示すもので，東部の方言では -i という語尾を伴わず di ganz Nacht となるのに対し，西部では di ganzi Nacht というように語尾 -i が生じる[26]。この境界線はアールガウ（AG）とルツェルン（LU）の西側にまで達している。表5は，以上の東部方言と西部方言の相違点について，チューリヒ方言とベルン方言を例にまとめたものである。

　このように，スイスドイツ語はその言語的特徴から，北部と南部，東部と西部に大きく分けることができる。そして，すべての等語線が一致するわけではないにせよ，これらの組み合わせにより，ドイツ語圏スイスの方言地図は大まかに4つの領域に区切られる。すなわち，チューリヒ(ZH)を含む北東部，ベルン(BE)を含む北西部，ヴァリス(WS)を中心とする南西部，グ

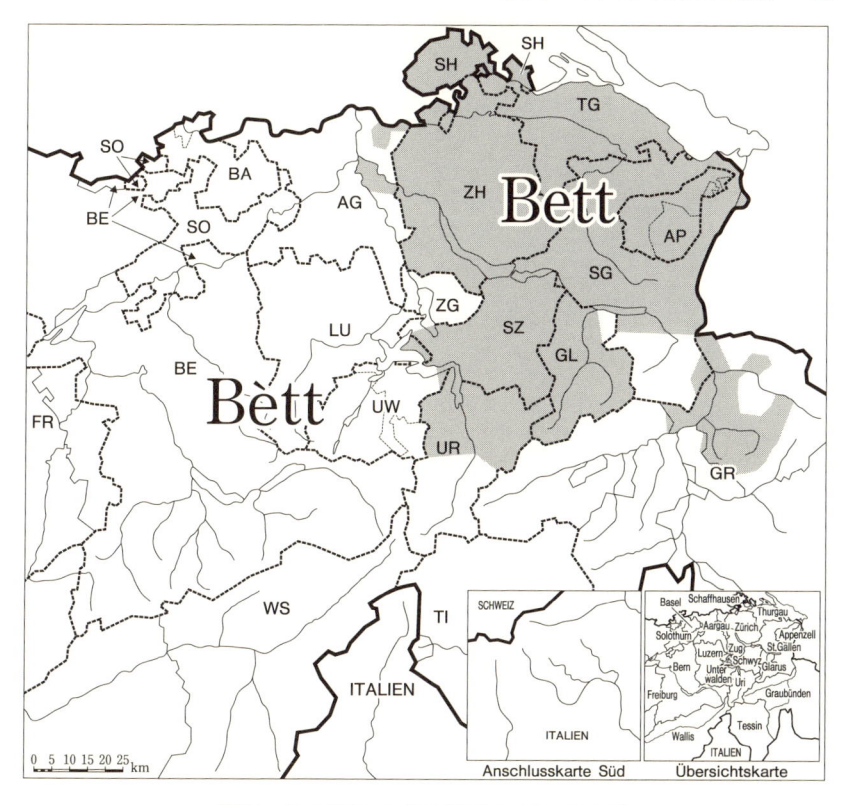

図11　Bett/Bètt の分布［SDS (I: 15) に基づく］

ラウビュンデン (GR) を中心とする南東部である[27]。スイスドイツ語には，まず第1にこの4つの大きな枠ごとの差異があるというわけである。さらにそれぞれの枠の中で言語的な多様性を見せているのであるが，その枠の中での言語現象の分布のしかたには，枠ごとにそれぞれのかたちがある。このことを示す典型的な例が「おたふくかぜ」をさす語である[28]。図13が示すのはその分布であるが，これはドイツ語圏スイスにおける言語的な地域差の傾向を表すものである[29]。たとえば，東西を代表する都市であるベルンとチューリヒの方言が，広範にわたって統一性を見せている点がその一つである。すなわち，チューリヒ方言の語形である Mumpf がチューリヒ (ZH) や

図12　di ganzi Nacht/di ganz Nacht の分布［SDS (III: 254) に基づく］

表5　ベルン方言とチューリヒ方言の相違点

	BE	ZH	nhd.	
中高ドイツ語 e	Bètt [bɛt]	Bett [bet]	Bett [bɛt]	「ベッド」
弱変化語尾	di ganzi Nacht	di ganz Nacht	die ganze Nacht	「一晩中」
語彙	Matte	Wiis	Wiese	「草原」
語彙	Zibele	Böle	Zwiebel	「玉ねぎ」

シャフハウゼン(SH), トゥルガウ(TG), ザンクトガレン(SG), アッペンツェル(AP), そしてグラールス(GL)といった北東部で広く用いられている。
　北西部では, ベルン(BE)やソロトゥルン(SO)を中心に, ベルン方言の語形である Ooremüggeli という語形やそれに類するものが広範囲で使用され

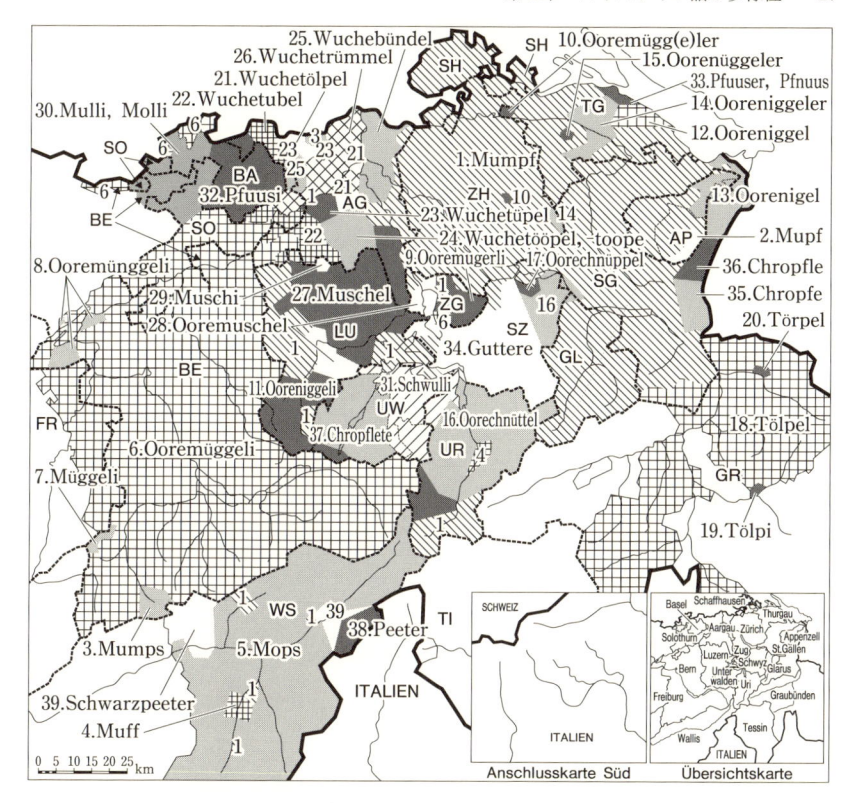

図13 「おたふくかぜ」を表す語彙の分布[SDS(IV: 55)に基づく]

ている。あるいは，ヴァリス(WS)の言葉が隣接する地域と明確に隔絶している点や，北西部で区分が非常に細かい点，また，シュヴィーツ(SZ)，ウーリ(UR)，ウンターヴァルデン(UW)の原初三州が各領内で，GuttereやSchwulliといった，北部とは一線を画す語彙を保っている点も，スイスドイツ語の地域的差異の傾向を示すものである[30]。ただし，グラウビュンデン(GR)の語形がTölpelというかたちで一律であることは，グラウビュンデンの方言分布にしては例外的である。一般には，グラウビュンデンでは多くの地域差が見られるといわれている。というのは，ヴァリスからの移住者の方言と，原住民のレトロマンス人がスイス北東部の方言やシュヴァーベン

の官庁言語に範をとって母語へと転換したドイツ語が混在するようになったためである[31]。この Tölpel という語の広範な使用は，両者の言語が接触を続けたことからもたらされた現象の一例である[32]。

以上のように，スイスドイツは音韻・形態・語彙など様々な面で多様性を示している。そしてまた，スイスドイツ語の地域的差異を表す境界線も決して単一ではない。もちろん，ここではその一端を垣間見たに過ぎないが，少なくとも「スイスドイツ語」が単一の言語ではないということは確認できたのではないかと考える。

様々な言語的特徴を区分する境界線は，行政的，宗教的，地理的な要因を背景として多様に発達し，無数に存在する。中でも等語線が州境に沿っているケースは多く，図14はそれを端的に表す例の一つである。これは「背負って運ぶ牛乳用の甕」を意味する語の分布で，Bränte (図の ä という表記は，開音の[ɛ]よりもさらに広い e である[æ]を意味する)や Tause (図の au という表記は二重母音[æʊ]を意味する)などそれぞれの使用領域は，概ね州の境界線で区切られている。等語線が州境など行政的な境界線と並行することが多いというのは，1415年のアールガウ(AG)の獲得以降，ドイツ語圏スイスの行政区画の多くが今日まで大きく変動していないためである[33]。加えて，古来の等語線に従った領域や，宗教的あるいは地理的な条件によって形成された等語線もあり，これらは複雑に入り組んでいるのである。

2.3.3　スイスドイツ語諸方言の名称

スイスドイツ語の様々な方言の名称を規定する場合，通常は州単位の呼称が用いられる。たとえばアールガウ州(AG)の方言はアールガウ方言，グラールス州(GL)の方言はグラールス方言といったようにである。こうして規定された各方言は，ある程度まとまった特徴を示してはいるが[34]，どの方言にも何らかの地域的差異は存在する。たとえばツーク(ZG)はスイスでも面積の小さい部類に入るが[35]，Strỏỏss と Straass (hd. Straße「通り」)の相違など(ỏ という表記は，開音の o である[ɔ]を表す)，その特徴に応じて4つのグループに分けられる[36]。前出の図8からは，schniie と schneie の

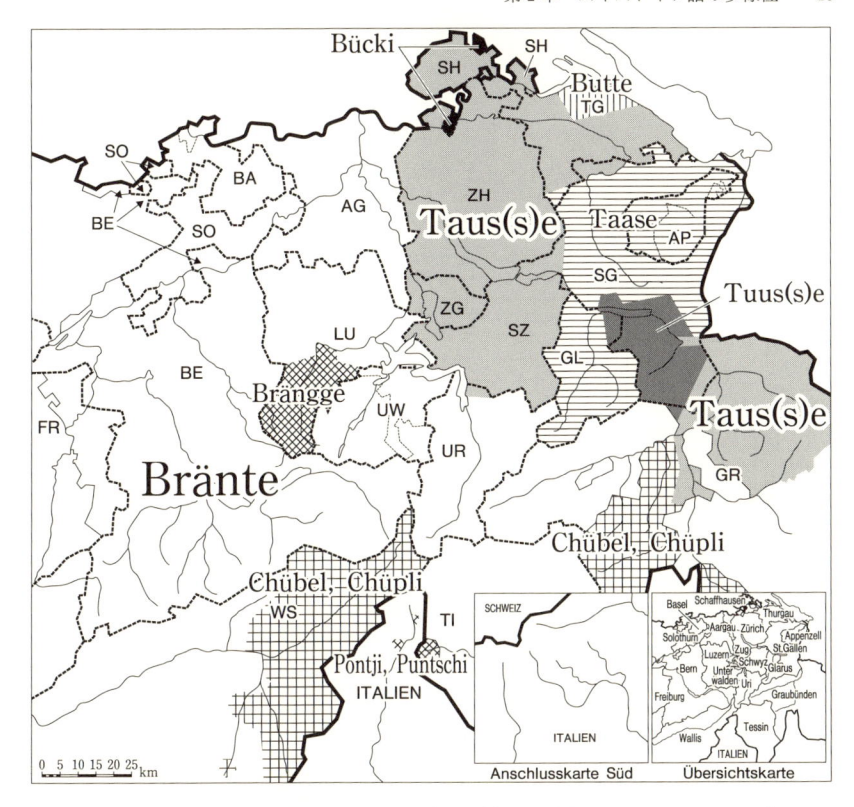

図14 「背負って運ぶ牛乳用の甕」を表す語彙の分布[SDS (VII: 44) に基づく]

境界線がツーク州を横断していることがうかがえる。

こうした事実は，次章以降で中心的に扱うチューリヒ方言について規定する上でも重要である．というのは，チューリヒ方言と呼ばれるチューリヒ州(ZH)の方言の内部にも，言語的な地域差が観察されるからである．以下では，チューリヒ方言の特徴を見ていく．

2.4 スイスドイツ語チューリヒ方言について

チューリヒ方言は，2.3.3での説明を踏まえればチューリヒ州(ZH)で話

される方言全般をさすということになるが，スイス最大の都市である州都チューリヒ市を擁することから，チューリヒ市で話される方言を意味する場合もある。ここで見ていくのはチューリヒ州全体で話される方言の特徴についてである。まず2.4.1では，チューリヒ州の方言における地域的差異を観察する。そして2.4.2では，本書における考察対象としてのチューリヒ方言とはどのようなものであるかを整理する。

2.4.1 チューリヒ州で話される方言の分類

Weber ([3]1987: 20-24) によると，チューリヒ方言の分類は主に音韻的な観点からのものである。図15に示されるように，チューリヒ州の方言にはヴァインラント方言，ヴィンタートゥーア方言，ウンターラント方言，クノーナウ郡方言，オーバーラント方言，都市部・湖畔・リマト渓谷方言という分類がある。基準となるのは，とりわけ母音体系の地域差である。もちろん，以下で挙げる特徴だけがチューリヒ方言の下位区分の決め手となるわけではないし，下位区分された各変種さえも完全に一つの同じ言語体系をなしているのでもない。

州の北部で話されるヴァインラント方言は，チューリヒ方言でも周辺的なものとされる。というのは，ヴァインラント方言は，言語的にはシャフハウゼン(SH)やトゥルガウ(TG)で話される方言の特徴を多く有しているためである[37]。これ以外の変種は典型的なチューリヒ方言とみなすことができ，南部の方言と北部の方言に大きく分けられる。北部の方言に属するのはヴィンタートゥーア方言とウンターラント方言で，南部の方言に属するのは，クノーナウ郡方言，オーバーラント方言，都市部・湖畔・リマト渓谷方言である。

図15に描かれている等語線で，最も北に位置する1の等語線は，ヴァインラント方言を他のチューリヒ方言の変種と区別するものである。この線はほぼライン川とその支流であるトゥーア川に沿っている。その北側で話されるヴァインラント方言では，開音の[ɛ]よりもさらに広いeである[æ](äと表記)に代わって，開音の[ɛ](èと表記)が出現する。図16が示すように，

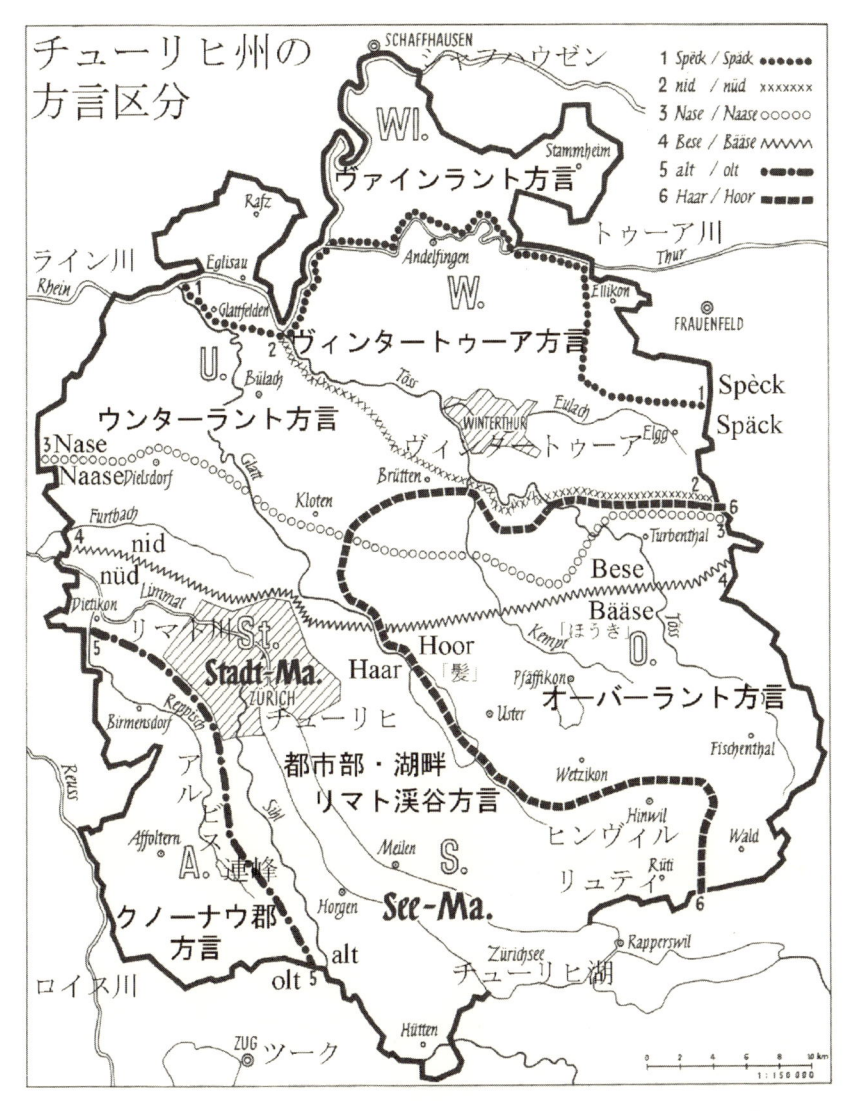

第2章 スイスドイツ語の多様性　31

図15　チューリヒ方言の地域区分［Weber (³1987: 18) から転載，一部を加工］

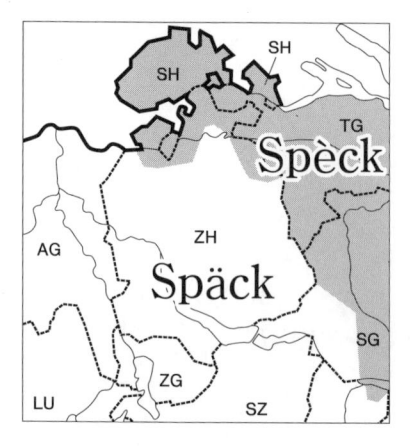

図 16 Späck/Spèck の分布　　　　図 17 Gotte/Gòtte の分布
　　　［SDS (I: 21) に基づく］　　　　　　　［SDS (I: 41) に基づく］

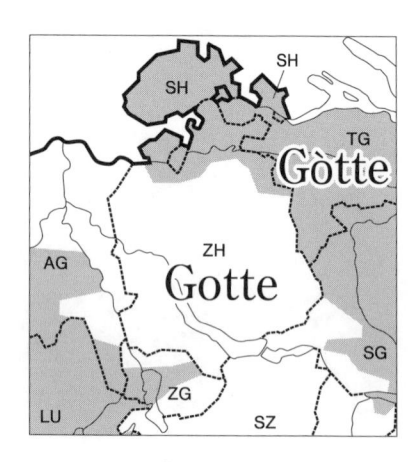

　チューリヒ州(ZH)の北端では，シャフハウゼン(SH)やトゥルガウ(TG)，ザンクトガレン(SG)と同様に Spèck (*hd.* Speck「脂身」)という語形が用いられるのに対し，その他の地域では Späck となっている。
　ヴァインラント方言が他のチューリヒ方言から区別されることを示すもう一つの現象は，ヴァインラント方言に開音の[ɔ](ò と表記)が存在することである。図 17 が示すのは Gòtte と Gotte (*hd.* Gote「(洗礼の際の)代母」)の分布で，ヴァインラント方言は開音の[ɔ]という特徴をシャフハウゼンやトゥルガウ，ザンクトガレンの方言と共有している。これらの特徴から，Weber ([3]1987)は唯一，この方言を典型的でない周辺的なチューリヒ方言とみなしている。
　図 15 の 2 番目の等語線は，ヴィンタートゥーア方言を区別するものである。図 18 は nö(ö)d もしくは nü(ü)d と ni(i)d (*hd.* nicht「……ない」)の分布を表す。ヴィンタートゥーア方言の最たる特徴は，等語線の北側で用いられる ni(i)d という語形である[38]。ヴィンタートゥーア方言の i という表記は，閉音の短母音[i]を表す。ii と重複しているものは，閉音の長母音[iː]を示す。
　3 と 4 の等語線はともに，チューリヒ州北部の方言に分類されるウンターラント方言を区分する指標となる。それぞれの等語線の北側では，開音節で

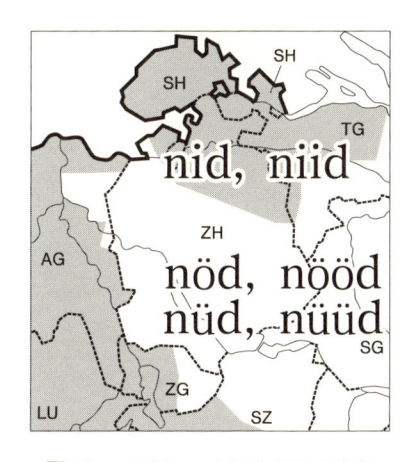

図18　nö(ö)d, nü(ü)d/ni(i)d の分布
［SDS (IV: 165-167) に基づく］

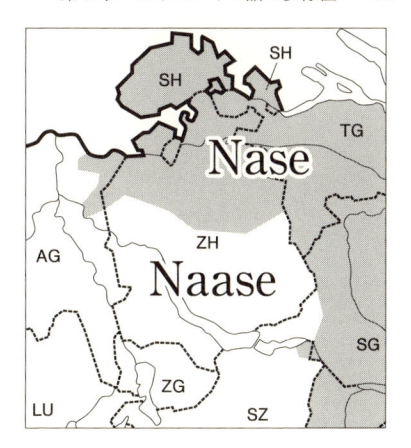

図19　Nase/Naase の分布
［SDS (II: 12) に基づく］

の長音化が生じない[39]。図19は Naase と Nase (*hd.* Nase「鼻」) の分布を示すものである。チューリヒ州の方言に関する限りは，図のaという表記は後低舌母音[ɒ]を意味する(3.3.2を参照)。開音節において母音が長音化しないことは，チューリヒ州の北部の方言(ヴィンタートゥーア方言，ウンターラント方言)を強く特徴付ける現象である[40]。

南部方言は，リマト渓谷からチューリヒ都市部およびチューリヒ湖にかけての一帯と，その西側，東側でそれぞれ異なる特徴を示している[41]。等語線5の西側では短母音a [ɒ]が，直後に子音を伴う[l]の直前でoへと軟口蓋化している[42]。これは，州南西部クノーナウ郡で話される方言の主たる特徴である。地理的には，アルビス連峰によってチューリヒ州の他の地域の方言とは隔絶している。図20は，olt と alt (*hd.* alt「古い」) の分布を示す。

6の等語線は，オーバーラント方言を特徴付けるものである。標準ドイツ語の[aː]と対応する長母音が，他地域では[ɒː]というかたちで出現するのとは異なり，この領域内では閉音の[oː]となる[43]。図21は Oobig と Aabig (*hd.* Abend「夕方，晩」) の地域差を示すものである。また，[t], [ts], [tʃ]が後続する場合，高舌母音は常に短音であるという点もこの方言の特徴である[44]。図22が示すのは，rite と riite (*hd.* reiten「(馬などに)乗る」) の分布

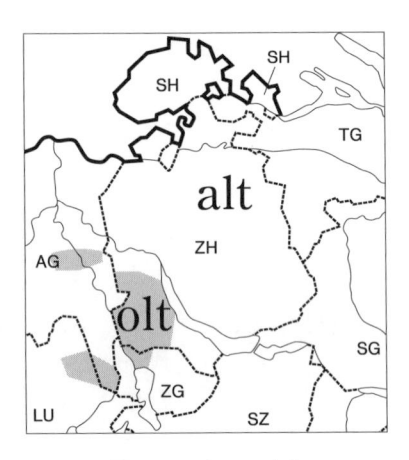

図20 olt/alt の分布
[SDS (I: 13) に基づく]

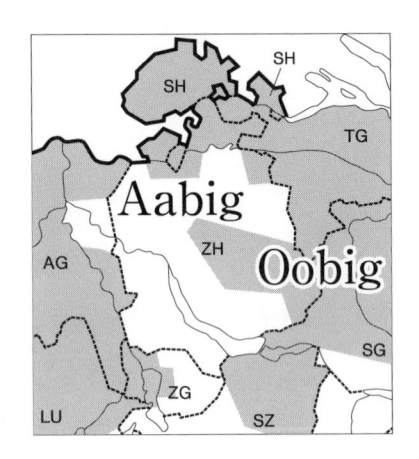

図21 Aabig/Oobig の分布
[SDS (I: 61) に基づく]

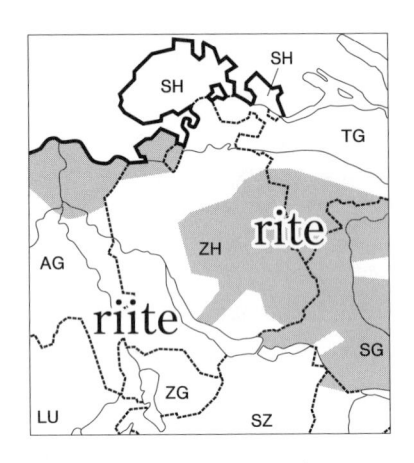

図22 riite/rite の分布
[SDS (II: 78) に基づく]

である。この現象は開音節に限ったことではなく，閉音節でも観察される。例としては Zit (*hd.* Zeit「時間」), Brut (*hd.* Braut「花嫁」), Lüt (*hd.* Leute「人々」) などを挙げることができる。これらは他の地域ではそれぞれ Ziit, Bruut, Lüüt というかたちで現れる。

以上に該当しないチューリヒ州の方言、すなわち等語線 4, 5, 6, そして州境に囲まれた方言が都市部・湖畔・リマト渓谷方言である。これは 500 年来政治的な中心地であるチューリヒ市とその周辺、また、かつての交易路があったリマト川やチューリヒ湖沿いの地域で話されており、南部方言の代表格となる変種である[45]。Weber ([3]1987: 23) はこの方言を「最も狭い意味でのチューリヒ方言」と表現している。この地域の方言の言語的特徴については、ここでは割愛する。というのは、本書の第 3 章から第 8 章ではこの地域のチューリヒ方言を例としてスイスドイツ語の言語構造に関する記述を行うからである。次では、先行研究におけるチューリヒ方言の扱い、また、本書におけるチューリヒ方言の扱いについて述べておきたい。

2.4.2 チューリヒ方言の扱いについて

チューリヒ方言と称されるものを記述した辞書や文法書、教材の多くは、上の分類でいう都市部・湖畔・リマト渓谷方言、とりわけ都市部の方言を考察の中心に据えている。たとえば Viktor Schobinger の文法書 (Schobinger [2]2001) はその一つである。Albert Weber の文法書 (Weber [3]1987) の記述もまたこの地域の方言に基づいているが、Weber の対象はその中でも自身の出身地であるオーバーラント地区に程近いリュティおよびヒンヴィル近郊 (それぞれの位置は図 15 を参照) のものである。

Arthur Baur の教材 (Baur [12]2002) や Ann Beilstein-Schaufelberger の教材 (Beilstein-Schaufelberger 2005) も、ともにチューリヒ方言の下位区分および考察対象とする地域について明記してはいないが、前節で述べたような言語的特徴から、都市部・湖畔・リマト渓谷方言に基づいていると判断できる。Albert Weber と Jacques M. Bächtold の辞書 (Weber/Bächtold [3]1983) は、都市部・湖畔・リマト渓谷方言を基本的なものとして、チューリヒ各地の語彙を収録している。ヴィンタートゥーアなど、都市部以外の地域における語彙には「(Wth.)」というような注釈が付いている。ヴァインラント方言の語彙は、シャフハウゼン (SH) やトゥルガウ (TG) の特徴が色濃いことから除外されている。

Rudolf E. Keller は，様々なドイツ語方言を扱った著書(Keller 1961)のチューリヒ方言の部門で，自身の出身地ヴィンタートゥーアの方言を記述している。都市部・湖畔・リマト渓谷方言の記述については，Keller はヴィンタートゥーア方言との差異という観点から言及している。

　本書では，以下の第3章から第8章においてスイスドイツ語の言語的な特徴について見ていくが，個別方言として中心的な観察対象とするのがチューリヒ方言である。そして，本書における「チューリヒ方言」とは，その中でも都市部・湖畔・リマト渓谷方言に相当するものである。したがって，第3章から第6章(音韻，形態，語彙)で例示するチューリヒ方言は，都市部・湖畔・リマト渓谷方言である。また，第7章と第8章での統語現象の記述も都市部・湖畔・リマト渓谷方言に基づいているが，当該の統語現象は，後述のようにスイス東部の方言全体で共通するもの(第7章)と，スイスドイツ語全体で共通するもの(第8章)であるため，「チューリヒ方言」という表現がチューリヒ州の方言全体をさすものと理解してもさしつかえない。ただし，例文は都市部・湖畔・リマト渓谷方言のものである。

2.5　ま　と　め

　以上，スイスドイツ語ならびにチューリヒ方言の多様性について観察した。この中ではスイスドイツ語が北部と南部，そして東部と西部に大きく分けることができ，こうした区分を軸としてそれぞれの特色を有すること，そしてチューリヒ方言がさらにいくつかの方言に下位区分されることを確認した。

　言語構造の分布を論じる際，今後の課題として念頭に置く必要があるのは，その社会的および地理的な要因である。本章では，スイスドイツ語の東西の違いは東部の方言に対するシュヴァーベンの官庁言語による影響にある程度帰せられるという点，そしてクノーナウ郡の方言が言語的にチューリヒ州の他地域の変種と一線を画しているのは，地理的な条件によって両者が分け隔てられているためという点に触れるにとどまったが，今後は政治・宗教・地形など，スイスドイツ語の多様さの背景にあるものを探り，体系化する必要

がある。

1) ドイツ語以外の言語では，フランス語が21.0%，イタリア語が4.3%，レトロマンス語が0.6%，その他の言語が1.6%という割合になっている。
2) レトロマンス語使用地域として図3に示される領域は，厳密にはドイツ語話者とレトロマンス語話者が混在する地域である。図3が依拠するSDSのデータが収集されたのは20世紀の中頃であるが，レトロマンス語話者の減少に伴い，現在この領域はそれよりも縮小している。
3) Lötscher (1983: 31-47), Haas (^{2}2000a: 31-48).
4) 上部ライン方言（Oberrheinisch）とも呼ばれる。
5) Sonderegger (1985: 1887-1888).
6) Sonderegger (1985: 1887-1888), Haas (^{2}2000a: 46).
7) 本書で用いる地図は，筆者がSDS (I: 6) の白地図を加工し作成したものである。項目によっては，ある程度の簡略化を伴っている。
8) Russ (1990: 364), Haas (^{2}2000b: 59).
9) 当該の地域で発音が全く同じというわけではないため，本章では発音記号の付記を差し控える。
10) Khindは東部のごく一部にも点在しているが，その地域で低地アレマン方言が話されているということではない。また，気音を伴わないKindも北東部のごく一部で観察されている。
11) Rash (2002: 113).
12) アッペンツェル（AP）やウンターヴァルデン（UW），ウーリ（UR），ヴァリス（WS），およびベルン（BE）南東部の方言にも円唇化しないEpfel型の語形が見られるが，それらの方言にも前舌の円唇母音が全く存在しないということではない。
13) 本章では，バーゼル・シュタット（BS）の方言をさす。
14) 本章では，チューリヒ都市部の方言をさす。
15) Lötscher (1983: 142), Hotzenköcherle (1984: 28), Haas (^{2}2000b: 61).
16) 本章では，フィスプ（Visp）の東側の方言をさすものとする。
17) Hotzenköcherle (1984: 28).
18) Lötscher (1983: 142), Hotzenköcherle (1984: 28), Haas (^{2}2000b: 61).
19) Lötscher (1983: 156), Hotzenköcherle (1984: 51), Haas (^{2}2000b: 63-64).
20) Haas (^{2}2000b: 63-64).
21) 本章では，ベルンの都市部の方言をさすものとする。
22) Sonderegger (1985: 1888).
23) Haas (^{2}2000b: 64).
24) Haas (^{2}2000b: 64).
25) Hotzenköcherle (1984: 51).

26) Hotzenköcherle (1984: 52).
27) Haas (²2000b: 67).
28) Haas (²2000b: 67-68).
29) Haas (²2000b: 67).
30) Haas (²2000b: 67-68).
31) Haas (²2000b: 68-69).
32) Haas (²2000b: 69).
33) Haas (²2000b: 60).
34) Haas (²2000b: 60, 70-74).
35) スイス連邦統計局のデータ(2009年)によると，ツーク州の陸地面積は207.1 km²である．
36) Bossard (1962: 15), Haas (²2000b: 73).
37) Weber (³1987: 20).
38) Weber (³1987: 22).
39) Weber (³1987: 21).
40) Weber (³1987: 21).
41) Weber (³1987: 22).
42) Weber (³1987: 23).
43) Weber (³1987: 22).
44) Weber (³1987: 23).
45) Weber (³1987: 23).

第3章　スイスドイツ語の音韻と表記①
——チューリヒ方言の母音——

3.1　導　入

　スイスドイツ語は，ドイツ語という言語の体系に組み込まれていながら，言語的には標準ドイツ語とは大きくかけ離れたものであると一般に認識されている。両者の言語的な差異は，たしかに音韻・形態・語彙・統語など様々な側面で観察されるが，両者の違いを大いに実感させるのは，とりわけ「言葉の響き」，すなわち音韻的要因ではないだろうか。本章では，スイスドイツ語の母音について，そして次章ではスイスドイツ語の子音について，標準ドイツ語との差異という観点を中心に，その特徴を見ていく。その際にスイスドイツ語の一例として取り上げるのは，チューリヒ方言である。

　まず3.2では，チューリヒ方言の母音に関する全体的な特徴を概観する。この中では，条件変化の傾向などにおける標準ドイツ語との相違点に言及している。3.3から3.5はチューリヒ方言の個々の母音に焦点を当てるものであり，標準ドイツ語では用いられないもの(3.3)，標準ドイツ語にも存在するが音素とは認められず，また，非アクセント位置にのみ出現するもの(3.4)，標準ドイツ語と共通しており，標準ドイツ語においても音素と認められるもの(3.5)というカテゴリーで論じている。この中では，チューリヒ方言の各母音が，それぞれ標準ドイツ語のどれと対応するかを明らかにするとともに，中高ドイツ語など古い時代のドイツ語との対応関係も見ていく[1]。例として挙げている語は，Keller (1961) や Weber (³1987) が挙げたもの，もしくはこれらの先行研究の説明に沿って筆者が追加したものである。また，標

準ドイツ語で発音されないものに関しては，発音のしかたを簡潔に説明している。最後に 3.6 では，スイスドイツ語の母音にまつわる音韻現象として，連音を取り上げる。これは母音そのものの特徴というわけではないが，スイスドイツ語の音韻に関する主要な特徴であり，また，標準ドイツ語との主要な差異であるといえる。この箇所で挙げる例は，Keller (1961)，Weber (³1987)，Baur (¹²2002) に基づく。

　本章および次章では，筆者はチューリヒ方言のそれぞれの語について IPA を付した。既存のスイスドイツ語の辞書や文法書では，ほとんどの場合 IPA 表記がなされておらず，Keller (1961) の記述にも部分的にしか見られない。必ずしも細部まで厳密な IPA 表記が実現されているわけではないが，こうした試みがスイスドイツ語の音韻研究，あるいは辞書編纂への一つの貢献につながればと考える。

3.2　全体的な特徴

　ここでは，標準ドイツ語との違いという観点，そして歴史的側面からチューリヒ方言の母音の大まかな特徴を見ていく。母音の数としては，Keller (1961: 36-45) や Weber (³1987: 25-32) に従えば，[i]，[ɪ]，[y]，[ʏ]，[u]，[ʊ]，[e]，[ɛ]，[ø]，[œ]，[o]，[æ]，[ɒ]，[ə] の 14 個の短母音，[iː]，[ɪː]，[yː]，[ʏː]，[uː]，[ʊː]，[eː]，[ɛː]，[øː]，[œː]，[oː]，[æː]，[ɒː] の 13 個の長母音，[ɪə]，[ʏə]，[ʊə]，[eɪ]，[øɪ]，[œɪ]，[oʊ]，[æɪ]，[æʊ] の 9 個の二重母音を認めることができる。表 6 は，舌の位置や唇の形状など調音の状態に基づいてチューリヒ方言の単母音を分類したものである。この中では国際音声学会の四角形図における母音の配置を簡略化し，さらにディート表記法による綴りを各母音の左列に付記した。表 7 は二重母音をまとめたものである。便宜上，二重母音の前半の要素を基準に配置した。

　ディート表記法による母音の綴りで特徴的なのは，アルファベットの重複によって長母音を表現すること，アクサングラーヴによって開音を表現することである。後述のように，アクサングラーヴが省略されるケースもある。

第3章　スイスドイツ語の音韻と表記① 41

表6　チューリヒ方言の単母音

		前舌				中舌	後舌	
		非円唇		円唇		非円唇	円唇	
高舌 ↑ 中 ↓ 低舌	狭 ↑ 中 ↓ 広	i [i] i [ɪ] e [e] è [ɛ] ä [æ]	ii [i:] ìi [ɪ:] ee [e:] èè [ɛ:] ää [æ:]	ü [y] ü [ʏ] ö [ø] ð [œ]	üü [y:] ǜü [ʏ:] öö [ø:] ðð [œ:]	e [ə]	u [u] u [ʊ] o [o] a [ɒ]	uu [u:] ùù [ʊ:] oo [o:] aa [ɒ:]

表7　チューリヒ方言の二重母音

		前舌		中舌	後舌
		非円唇	円唇	非円唇	円唇
高舌 ↑ 中 ↓ 低舌	狭 ↑ 中 ↓ 広	ie [iə] ei [eɪ] äi [æɪ]　au [æʊ]	üe [ʏə] öi [øɪ] ði [œɪ]		ue [ʊə] ou [oʊ]

　これらの母音の多くは，標準ドイツ語に存在しないもの，もしくは標準ドイツ語では非アクセント位置にしか出現しないものである。また，いずれの母音も音素と認めることができ，いわゆる曖昧母音である[ə]を除いては，アクセントのある音節に出現することができる。すなわち，標準ドイツ語で一般的な開音の短母音，閉音の長母音という組み合わせだけでなく，閉音の短母音や開音の長母音もアクセントのある音節に出現可能である[2]。これはチューリヒ方言に限らず，スイスドイツ語全般にわたる特徴である。こうした特徴をまとめて示すものとして，閉音の短母音と閉音の長母音(例：**sele** [ˈz̥elə]/ˈz̥elə/「……すべきである」, Seele (Pl.) [z̥e:lə]/ˈz̥e:lə/「心」)，閉音の短母音と開音の短母音(例：**Schwiger** [ˈʒ̊viɡ̊ər]/ˈʃviɡ̊ər/「無口な人」, **Schwiger** [ˈʒ̊viɡ̊ər]/ˈʃviɡ̊ər/「義理の母」)，開音の短母音と開音の長母音(例：**hðre**/[ˈhœrə]/ˈhœrə「やめる」, **hððre** [ˈhœ:rə]/ˈhœ:rə/「毛が抜ける」)，閉音の長母音と開音の長母音(例：**Muur** [mu:r]/mu:r/「壁」, **muùr** [mʊːr]/mʊːr/「柔らかい」)がそれぞれ対立する例を挙げることができる。

3.3以降で個別に見ていくように，チューリヒ方言と標準ドイツ語では様々な相違点がある。どのような子音が隣接しているか，などといった「環境」からもたらされる主要な相違点としては，たとえばr音群の直前にあるものは，ほとんどが長母音であること[3](例：**Hèèrz** [hɛːrts]「心臓，心」，*nhd*. Herz；**wiirt** (3. Sg.)[ʋiːrt]「……になる」，*nhd*. wird)，開音節にあって，軟音(4.2を参照)あるいは流音r，l，鼻音m，nの直前に位置していても長母音とならないケースが多いこと(例：**sibe** [ˈzɪbə]「7」，*nhd*. sieben；**rede** [ˈreḓə]「話す」，*nhd*. reden；**hole** [ˈholə]「取ってくる」，*nhd*. holen；**Mage** [ˈmɒɡ̊ə]「胃」，*nhd*. Magen)，唇音と隣接するものは円唇音であることが多いこと(例：**chlöpfe** [ˈɣ̊løpfə]「コツコツ叩く」，*nhd*. klopfen；**schmöcke** [ˈʒ̊møkxə]「においがする」，*nhd*. schmecken；**wüsse** [ˈʋysːə]「知っている」，*nhd*. wissen)を挙げることができる。

また，母音の音質に関しては，A)狭いeであるe [e]，ee [eː]，B)広いeであるè [ɛ]，èè [ɛː]，C)さらに広いeであるä [æ]，ää [æː]という3つのeが並存している点が特徴的である(例：A) **Bett** [b̥et]「ベッド」，*nhd*. Bett；**Leer** [leːr]「教え」，*nhd*. Lehre；B) **Hèrbscht** [hɛrbʃt]「秋」，*nhd*. Herbst；**Chrèè** [ɣ̊rɛː]「からす」，*nhd*. Krähe<*mhd*. kræje；C) **rächt** [ræxt]「右の，正しい」，*nhd*. recht：**räägne** [ˈræːɡ̊nɛ]「雨が降る」，*nhd*. regnen)。

歴史的な観点から特徴的なのは，中高ドイツ語の高舌の長母音î [iː]，iu [yː]，û [uː]を保持していることである(例：**Ziit** [tsiːt]「時間」；**Lüüt** [lyːt]「人々」；**Huus** [huːz̥]「家」)。このことは，スイスドイツ語に共通の特徴としてよく知られている。これに対し標準ドイツ語では，これらのî，iu，ûはそれぞれ二重母音[aɪ]，[ɔʏ]，[aʊ]へと発達している(例：*hd*. Zeit [tsaɪt]「時間」，*hd*. Leute [lɔʏtə]「人々」，*hd*. Haus [haʊs]「家」)。

3.3 標準ドイツ語には存在しないもの

ここで見ていくのは，標準ドイツ語では発音されない短母音や長母音，二重母音である。3.3.1 から 3.3.4 は，標準ドイツ語には音質自体が存在せず，短母音と長母音ともに発音されないものである。3.3.5 から 3.3.8 は長母音で，標準ドイツ語では発せられないものであるが，音質としては短母音というかたちで標準ドイツ語にも存在するものである。3.3.9 から 3.3.17 で見ていくのは二重母音である。Weber ([3]1987: 31) が「標準ドイツ語と共通のもの」と表現しているように，中には ði [œɪ], äi [æɪ], au [æʊ] といった標準ドイツ語にある二重母音に近いものもあるが，厳密には異なる音質である。

3.3.1 短母音 ä [æ]

開音の [ɛ] よりも「さらに広い e」と称される短母音 ä [æ] は，標準ドイツ語の [a] よりも舌の位置がやや前，そしてやや高い，すなわち標準ドイツ語の [ɛ] と [a] の中間にあたる発音である。英語の bat [bæt]「コウモリ」における a のような音，日本語の「ア」と「エ」の中間のような音といえる。ディート表記法で ä という表記はこの音を意味するので，標準ドイツ語のように [ɛ] と読まないよう注意が必要である。

同じ語源の単語で標準ドイツ語と比較してみると，標準ドイツ語においてはチューリヒ方言の ä [æ] に対応する部分は A) 開音の短母音 [ɛ] や，B) 短母音 [a] というかたちで現れていることがわかる[4]。後者は，sch が後続する場合にのみ該当する[5]。A) のケースについては，歴史的には中高ドイツ語の ä, ë, e[6] といった様々な短母音に由来するものである[7]。

例：A) **mächtig** [ˈmæxtɪɡ̊]「権力のある」, nhd. mächtig < mhd. mähtec；**Wätter** [ˈvæt:ər]「天気」, nhd. Wetter < mhd. wëtter；**tämpfe** [ˈtæmpfə]「蒸す」, nhd. dämpfen < mhd. dempfen；B) **Täsche** [ˈtæʃːə]「ポケット」, nhd. Tasche < mhd. tasche

3.3.2　短母音 a [ɒ]

短母音の a [ɒ] は，標準ドイツ語の [a] よりも舌を後方に引いた発音で，日本語の「ア」と「オ」の中間のように聞こえる音である。同じ語源の単語で比較してみると，チューリヒ方言の a [ɒ] にあたる部分は，標準ドイツ語では短母音 [a] と対応する[8]。ディート表記法による表記は a であるが，標準ドイツ語で a と綴られる [a] とは異なるという点に注意する必要がある。

例：**chalt** [ɣ̊ɒlt]「寒い」, *nhd.* kalt＜*mhd.* kalt

3.3.3　長母音 ää [æː]

長母音 ää [æː] は，軟音や r, l で終わる単音節語に多く出現する。標準ドイツ語では，対応する部分が閉音の長母音 [eː] や開音の長母音 [ɛː]，あるいは短母音 [ɛ] となる。歴史的には中高ドイツ語の ë に由来するものであるが[9]，チューリヒ方言において長母音化が生じている。

例：**Wääg** [υæːɡ̊]「道」, *nhd.* Weg＜*mhd.* wëg；**Rääf** [ræːv̥]「背負いかご」, *nhd.* Reff＜*mhd.* rëf；**Bäär** [b̥æːr]「熊」, *nhd.* Bär＜*mhd.* bër；**Määl** [mæːl]「穀粉」, *nhd.* Mehl＜*mhd.* mël；**Fääl** [ɸæːl]「毛皮」, *nhd.* Fell＜*mhd.* vël

3.3.4　長母音 aa [ɒː]

長母音 aa [ɒː] には，A) 中高ドイツ語の â を起源とし[10]，標準ドイツ語の対応する部分も長母音 [aː] となっているものがある。また，中高ドイツ語の a に由来するものであってもチューリヒ方言において長母音化したものもあり，B) 軟音や r, l を末尾に有する単音節語に出現するものは，標準ドイツ語では長母音 [aː] や短母音 [a]，C) r 音群の直前に位置するものは，標準ドイツ語では短母音の [a] と対応する[11]。

例：A) **Jaar** [jɒːr]「年」, *nhd.* Jahr＜*mhd.* jâr；B) **Staab** [d̥͡zɒːb̥]「杖」, *nhd.* Stab＜*mhd.* stab；**Faach** [ɸɒːɣ̊]「区画」, *nhd.* Fach＜*mhd.* vach；**Taal** [tɒːl]「谷」, *nhd.* Tal＜*mhd.* tal；**Staal** [d̥͡zɒːl]「畜舎」, *nhd.*

Stall＜*mhd.* stal；C) **Gaarte** [ˈɡɒːrtə]「庭」，*nhd.* Garten＜*mhd.* garte

3.3.5　長母音 ìì [ɪː]

開音の長母音 ìì [ɪː] は，標準ドイツ語にも見られるような閉音の長母音 [iː] と比べて舌の位置を低く，そして唇の張りを弱くした発音である。A) 軟音やr, l で終わる単音節語，B) r 音群の直前に現れることが多い。標準ドイツ語では，A) は閉音の長母音 [iː] や開音の短母音 [ɪ]，B) は開音の短母音 [ɪ] との対応関係を示す。歴史的には中高ドイツ語の i に由来し[12]，チューリヒ方言において長母音となったものである。

例：A) **Sììb** [zɪːb̥]「ふるい」，*nhd.* Sieb＜*mhd.* sib；**Stììch** [ʒ̊tɪːɣ̊]「刺すこと」，*nhd.* Stich＜*mhd.* stich；**Bììs** [b̥ɪːz̥]「嚙むこと」，*nhd.* Biss＜*mhd.* biȥ；**Stììl** [ʒ̊tɪːl]「取っ手」，*nhd.* Stiel＜*mhd.* stil；**Gschììr** [ɡ̊ʃiːr]「食器」，*nhd.* Geschirr＜*mhd.* geschirre；B) **Wììrt** [ʋɪːrt]「（旅館や飲食店などの）主人」，*nhd.* Wirt＜*mhd.* wirt

3.3.6　長母音 üü [yː]

開音の長母音 üü [yː] は，標準ドイツ語で発せられる閉音の長母音 [yː] よりも舌の位置を低く，唇の丸めを弱めた発音である。軟音やr, l を末尾にもつ単音節語に出現することが多い。標準ドイツ語で対応する部分は，閉音の長母音 [yː] もしくは開音の短母音 [ʏ] として現れている。歴史的には中高ドイツ語の ü に由来し[13]，チューリヒ方言で長母音化したものである。

例：**Züüg** (Pl.)[tsyːɡ̊]「列車，隊列」，*nhd.* Züge＜*mhd.* züge；**Tüür** [tyːr]「扉」，*nhd.* Tür＜*mhd.* tür；**tüür** [tyːr]「乾燥した」，*nhd.* dürr＜*mhd.* dürre

3.3.7　長母音 ùù [ʊː]

開音の長母音 ùù [ʊː] は，標準ドイツ語の閉音の長母音 [uː] より舌の位置が低く，唇の丸めも弱く発音される。これは A) 軟音やr, l で終わる単音節語，B) r 音群の直前の位置に多く現れる。標準ドイツ語では，A) は閉音の

長母音[uː]や開音の短母音[ʊ]，B)は開音の短母音[ʊ]と対応する。中高ドイツ語のuを起源とするが[14]，チューリヒ方言では長母音化が生じている。

例：A) **Zùùg** [tsʊːg̊]「列車，隊列」，*nhd.* Zug＜*mhd.* zug；**dùùr** [d̥ʊːr]「……を通じて」，*nhd.* durch＜*mhd.* dur, durch；B) **chùùrz** [x̥ʊːrts]「短い」，*nhd.* kurz＜*mhd.* kurz

3.3.8　長母音 ȍȍ [œː]

開音の長母音 ȍȍ [œː] は，標準ドイツ語に出現する閉音の長母音[øː]と比べて舌の位置が低く，唇の丸めが弱い発音である。フランス語の heure [œr]「時間」における eu の発音に近いものである。原形の幹母音が長母音 aa [ɒː]である名詞の複数形や縮小形などに多く見られ，標準ドイツ語ではA)開音の長母音[ɛː]と対応する。また，もう一つの系列としてB)長母音[aː]との対応関係を示すものがあるが，これはA)のケースのような aa [ɒː] と ȍȍ [œː]の対応関係が類推的に拡張して発達したものと考えられる。ディート表記法では，短母音[œ]には ȍ，長母音[œː]には ȍȍ という表記があてられる。これらはö にアクサングラーヴを付したものである。研究論文などでは，印刷上の理由から省略されている場合が多い。

例：A) **Nȍȍt** (Pl.)[nœːt]「縫い目」，*nhd.* Nähte＜*mhd.* næte/**Naat** (Sg.)[nɒːt]，*nhd.* Naht＜*mhd.* nât；**Hȍȍrli** (Dim.)[ˈhœːrlɪ]「髪」，*nhd.* Härlein＜*mhd.* hærlîn/**Haar** (Sg.)[hɒːr]，*nhd.* Haar＜*mhd.* hâr；B) **frȍȍge** [ˈɣrœːgə]「質問する」，*nhd.* fragen＜*mhd.* vrâgen；**Ȍȍl** [œːl]「うなぎ」，*nhd.* Aal＜*mhd.* âl

3.3.9　二重母音 ie [ɪə]

二重母音 ie [ɪə]の発音は，前半部分が開母音となり，標準ドイツ語の Familie [faˈmiːliə]「家族」に見られるような，非アクセント位置に出現する ie とはやや異なる。標準ドイツ語では，A)閉音の長母音[iː]と対応するものと，B)二重母音の[aɪ]と対応するものがある。歴史的に見れば，A)は中高ドイツ語の ie に由来するもので，B)は中高ドイツ語の î に由来するも

のである[15]。後者は，チューリヒ方言において ch 音群が後続することで二重母音化を生じたものである。ディート表記では ie と綴られるが，長母音 [iː]を表す標準ドイツ語の ie とは異なるという点に注意が必要である。また，後で述べる öi [øɪ] と ði [œɪ] のような区別を要するものでなければ，二重母音のアクサングラーヴは通常は省略される。したがって，二重母音である [ɪə]は前半の要素が開音であるが，ie と表記される。この点は，次の üe [ʏə]と ue [ʊə]についても同様である。

例：A) **Brief** [b̥rɪəy]「手紙」，*nhd.* Brief＜*mhd.* brief；B) **liecht** [lɪəx̊t]「軽い，容易な」，*nhd.* leicht＜*mhd.* lîht

3.3.10　二重母音 üe [ʏə]

二重母音 üe [ʏə]には，対応する部分が標準ドイツ語において A)開音の短母音[ʏ]や閉音の長母音[yː]として出現するもの，B)二重母音[ɔʏ]として出現するものがある。A)は中高ドイツ語の üe に由来するもの，B)は，中高ドイツ語の長母音 iu に由来し，チューリヒ方言において ch の直前の位置で二重母音化したものである[16]。

例：A) **grüe** [g̊rʏə]「緑の」，*nhd.* grün＞*mhd.* grüene；**chüel** [x̊ʏəl]「冷涼な」，*nhd.* kühl＜*mhd.* küel；B) **füecht** [ɣʏəx̊t]「湿った」，*nhd.* feucht＜*mhd.* viuhte

3.3.11　二重母音 ue [ʊə]

二重母音 ue [ʊə]は，中高ドイツ語の uo に由来し[17]，標準ドイツ語では開音の短母音[ʊ]や閉音の長母音[uː]と対応する。

例：**Mueter** [ˈmʊətːər]「母親」，*nhd.* Mutter＜*mhd.* muoter；**Bluet** [b̥lʊət]「血」，*nhd.* Blut＜*mhd.* bluot

3.3.12　二重母音 ei [eɪ]

二重母音 ei [eɪ]には，A)母音接続の位置[18]に出現し，歴史的には中高ドイツ語の î に由来するものがある[19]。これは，標準ドイツ語では二重母音

[aɪ]と対応する。また，B)摩擦音の直前の位置に出現し，歴史的にはnと摩擦音が後続する中高ドイツ語のiに由来するものがある[20]。これは，中高ドイツ語や標準ドイツ語とは異なり，チューリヒ方言では摩擦音の直前でnが脱落するという特徴による。標準ドイツ語では，開音の短母音[ɪ]で直後に[n]を伴うものと対応する。

3.3.12から3.3.14の3つの二重母音 ei [eɪ]，öi [øɪ]，ou [oʊ]は，他のものとは異なり，中高ドイツ語の î, iu, û がチューリヒ方言の中で二重母音化したもので，「新しい二重母音」と呼ばれる[21]。他の二重母音は，中高ドイツ語で二重母音であったものが(標準ドイツ語のような)単母音化を生じることなく，(音質の変化はあるにせよ)二重母音のまま保たれているもので，「古い二重母音」と呼ばれる。ディート表記では ei と綴るが，二重母音[aɪ]を表す標準ドイツ語の ei と混同しないよう注意が必要である。また，ei [eɪ]の後半の要素は開音であるが，アクサングラーヴを用いずに表記される。これは，後述のように[i]などの閉音の高舌母音が希少であり，それとの区別を要しないためである。このことは ei [eɪ]の他，öi [øɪ], ði [œɪ], äi [æɪ], au [æʊ], ou [oʊ]といった後半部分に高舌母音を有する二重母音全般に該当する。

例：A) **schneie** [ˈʒneɪə]「雪が降る」, *nhd.* schneien ＜ *mhd.* snîen；**Blei** [b̥leɪ]「鉛」, *nhd.* Blei ＜ *mhd.* blî ＜ *ahd.* blîo ＜ *germ.* *blîwan；B) **feischter** [ˈɣeɪʃtər]「陰気な」, *nhd.* finster ＜ *mhd.* vinster

3.3.13　二重母音 öi [øɪ]

二重母音 öi [øɪ]は，標準ドイツ語の eu/äu [ɔʏ]に近い発音であるが，後半部分が非円唇である点は異なる。A)母音接続の位置に出現し，歴史的には中高ドイツ語の iu に由来するもの，B)摩擦音の直前に現れ，歴史的には中高ドイツ語の ü で，n と摩擦音が後続していたものに由来するものがある[22]。B)のケースは，中高ドイツ語や標準ドイツ語とは異なり，摩擦音の直前において n が脱落したものである。これもまた「新しい二重母音」で，標準ドイツ語では，それぞれ該当部分が A)二重母音[ɔʏ]，B)直後に[n]を

伴う開音の短母音[ʏ]と対応している。

例：A) **röie** [ˈrøɪə]「後悔させる」, *nhd.* reuen＜*mhd.* riuwen；B) **föif** [y̆øɪy̆]「5」, *nhd.* fünf＜*mhd.* vünf

3.3.14　二重母音 ou [oʊ]

二重母音 ou [oʊ]は，A)母音接続の位置に出現し，歴史的には中高ドイツ語の û を起源とするもの[23]，あるいは B)摩擦音の直前に出現し，歴史的には中高ドイツ語の u で，n と摩擦音が後続していたものを起源とするものである。こちらも，B)では中高ドイツ語や標準ドイツ語とは異なり，摩擦音の直前の位置で n が脱落している。標準ドイツ語で対応する部分は，A)は二重母音[aʊ]，B)は直後に[n]を伴う開音の短母音[ʊ]として出現する。同じく「新しい二重母音」である。

例：A) **boue** [ˈb̥oʊə]「建てる」, *nhd.* bauen＜*mhd.* bûwen；B) **Brouscht** [b̥roʊʃt]「火災」, *nhd.* Brunst＜*mhd.* brunst

3.3.15　二重母音 ðï [œɪ]

二重母音 ðï [œɪ]は上述の[øɪ]と同様，発音が標準ドイツ語の eu/äu [ɔʏ]に近いものであるが，後半部分がそれとは異なり非円唇である。この ðï [œɪ]には 2 つの系統があり，A)中高ドイツ語の öu に由来し，標準ドイツ語では二重母音[ɔʏ]と対応するものと，B)中高ドイツ語の ei に由来し，チューリヒ方言において唇音が隣接することによって，前半部分が円唇音化したものがある[24]。B)は，標準ドイツ語では二重母音[aɪ]と対応する。

例：A) **Frðïd** [v̥rœɪd̥]「喜び」, *nhd.* Freude＜*mhd.* vröude；B) **Sðïpfe** [ˈz̥œɪpfə]「石鹸」, *nhd.* Seife＜*mhd.* seife

3.3.16　二重母音 äi [æɪ]

二重母音 äi [æɪ]は標準ドイツ語の二重母音[aɪ]に近い発音であるが，前半部分は標準ドイツ語の[a]よりも舌の位置をやや前に，そしてやや高くした発音である。標準ドイツ語では，対応する部分は A)二重母音[aɪ]，ある

いは B) 直後に[n]を伴う開音の単母音[ɛ]というかたちで現れる。歴史的には，A) は中高ドイツ語の ei，B) は中高ドイツ語の e で n と摩擦音が直後に続くものに由来する[25]。B) のケースでは，摩擦音が後続することで[n]が脱落している。

例：A) **räin** [ræɪn]「純粋な」, *nhd.* rein＜*mhd.* rein；B) **Fäischter** [ˈɣæɪʃtər]「窓」, *nhd.* Fenster＜*mhd.* venster

3.3.17　二重母音 au [æʊ]

二重母音 au [æʊ] の発音は標準ドイツ語の二重母音 au [aʊ]に類似しているが，前半部分は上述のä[æ]であり，標準ドイツ語の[a]よりも舌の位置がやや前に，そしてやや高くなった発音である。この[æʊ]は A) 中高ドイツ語の ou に由来し[26]，標準ドイツ語では二重母音[aʊ]と対応する。また，B) 摩擦音の直前の位置に現れ，歴史的には n と摩擦音が後続していた中高ドイツ語の a に由来するものもある。これは，中高ドイツ語や標準ドイツ語とは異なり，摩擦音の直前において[n]が脱落した結果である。標準ドイツ語で対応する部分は，直後に[n]を伴う短母音[a]として現れる。ディート表記法では，[æʊ]を äu ではなく au と綴ることが推奨されているが[27]（例：Baum, Hauff），これは標準ドイツ語の äu が二重母音[ɔy]を表すことから，それとの混同を避けるためと考えられる。本書の他の箇所では，au という表記を用いる。

例：A) **Baum** [b̥æʊm]「木」, *nhd.* Baum＜*mhd.* boum；B) **Hauff** [ˈhæʊf]「麻」, *nhd.* Hanf＜*mhd.* hanf

3.4　標準ドイツ語では非アクセント位置にのみ出現するもの

ここでは，標準ドイツ語では非アクセント位置でのみ発音される母音について見ていく。これに該当するのは，閉音の短母音である。高舌の母音である i [i]，ü [y]，u [u] に関しては出現頻度が低いものの，すでに述べたように標準ドイツ語とは異なり，チューリヒ方言ではいずれも音素と認めるこ

とができる。

3.4.1 短母音 i [i]

閉音の短母音 i [i] は，標準ドイツ語で発せられる短母音 [ɪ] よりも舌の位置を高く，そして唇の張りを強く発音する。歴史的には，中高ドイツ語の î が短母音化したものである[28]。標準ドイツ語では，二重母音 [aɪ] と対応する。

例：**Side** [ˈzidə]「絹」, *nhd.* Seide＜*mhd.* sîde

3.4.2 短母音 ü [y]

閉音の短母音 ü [y] の発音は，標準ドイツ語の短母音 [ʏ] と比べて舌の位置を高く，唇の丸めを強めたものである。これは，A) 中高ドイツ語の ü に由来するもの，もしくは B) 中高ドイツ語の i に由来し，チューリヒ方言において唇音が隣接することで円唇音化したものである[29]。A) は標準ドイツ語の単母音 [ʏ] と対応し[30]，B) は標準ドイツ語では開音の短母音 [ɪ] と対応する[31]。

例：A) **tünn** [tynː]「薄い」, *nhd.* dünn＜*mhd.* dünne；B) **schwüme** [ˈʒvymə]「泳ぐ」, *nhd.* schwimmen＜*mhd.* swimmen

3.4.3 短母音 u [u]

閉音の短母音 u [u] は，標準ドイツ語の短母音 [ʊ] よりも舌の位置が高く，唇の丸めを強めた発音である。この [u] は，歴史的には中高ドイツの語の長母音 û が短母音化したもので，文中でアクセントを置かれることがあまりない語に多く出現する[32]。標準ドイツ語では，二重母音 [aʊ] との対応関係を示す。

例：**usse** [ˈusːə]「外に，外で」, *nhd.* außen＜*mhd.* ûʒen

3.4.4 短母音 e [e]

閉音の短母音 e [e] は，標準ドイツ語の短母音 [ɛ] より舌の位置が高く，唇の張りも強く発音される。ディート表記法では e と綴るが，日本語でいう

と「エ」よりも「イ」に近い発音である。歴史的には中高ドイツ語の e に由来するもので[33]，標準ドイツ語では開音の短母音[ɛ]と対応する[34]。

例：**Egge** [ˈekːə]「かど」, *nhd.* Ecke＜*mhd.* ecke, egge

3.4.5 短母音 ö [ø]

閉音の短母音 ö [ø]は，標準ドイツ語に見られる開音の短母音[œ]と比べて舌の位置を高く，そして唇の丸めを強く発音する。標準ドイツ語では，対応する部分が開音の短母音である[œ]または[ɛ]として現れる[35]。歴史的には，A)中高ドイツ語の ö に由来するもの，B)中高ドイツ語の e に由来し，唇音に隣接することによってチューリヒ方言において円唇音化を生じたものがある[36]。また，C)中高ドイツ語の短母音 ë に由来し，チューリヒ方言の中で唇音に隣接して円唇音となったものもある[37]。

例：A) **Glöggli** (Dim.) [ˈg̊løkːlɪ]「鐘」, *nhd.* Glöcklein ＜ *mhd.* glöckelîn；B) **schmöcke** [ˈʒ̊møkxə]「においがする」, *nhd.* schmecken＜*mhd.* smecken；C) **Schwöschter** [ˈʒ̊vøʃtər]「姉，妹」, *mhd.* swëster＜*nhd.* Schwester；**öppis** [ˈøpːɪz̥]「何か」, *nhd.* etwas＜*mhd.* ëtewas

3.4.6 短母音 o [o]

閉音の短母音 o [o]は，標準ドイツ語の開音の短母音[ɔ]よりも舌を高く，唇の丸めも強くした発音である。これは中高ドイツ語の o に由来し[38]，標準ドイツ語では開音の短母音[ɔ]と対応する[39]。

例：**Moscht** [moʃt]「果実酒」, *nhd.* Most＜*mhd.* most

3.5　標準ドイツ語と共通するもの

以下は，いずれも標準ドイツ語と共通して用いられ，標準ドイツ語でも音素と認められるものである。いわゆる曖昧母音の[ə]を除き，アクセントのある音節に出現する。

3.5.1　短母音 i [ɪ]

開音の短母音 i [ɪ] は，中高ドイツ語の i に由来するものである[40]。標準ドイツ語では，開音の短母音[ɪ]と対応する[41]（例：**Chind** [ẙɪnd̥]「子供」，*nhd.* Kind＜*mhd.* kint)。

[ɪ] が非アクセント位置にも出現するというのは標準ドイツ語と同様であるが，チューリヒ方言ではその局面は様々で，形容詞の接尾辞（例：**tüütli** [ˈtyːtlɪ]「明瞭な」，*nhd.* deutlich；**fèrtig** [ˈvɛrtɪɡ̊]「完成した」，*nhd.* fertig；**änglisch** [ˈæŋlɪʃ]「英語の，英国の」，*nhd.* englisch），名詞の接尾辞（例：**Schwiizeri** [ˈʒ̊viːtsərɪ]「スイス人（女性）」，*nhd.* Schweizerin；**Wonig** [ˈʋonɪɡ̊]「住まい」，*nhd.* Wohnung；**Güferli** (Dim.)[ˈɡ̊yyərli]「旅行かばん」，*nhd.* Kofferlein），形容詞の屈折語尾（例：e **schööni** Frau [ˈʒ̊øːnɪ]「美しい女性」，*nhd.* eine schöne Frau），所有代名詞の屈折語尾（例：**iri** Muetter [ˈɪrɪ]「彼女の母」，*nhd.* ihre Mutter），動詞の接続法第 1 式の屈折語尾（例：**machi** (1./3. Sg. Subj.)[ˈmɒxːɪ]「作る」，*nhd.* mache），動詞の接続法第 2 式の屈折語尾（例：**machti** (1./3. Sg. Kond.)[ˈmɒxtɪ]「作る」，*nhd.* machte），合成語においてアクセントをもたない部分（例：**Läptig** [ˈlæptɪɡ̊]「生涯」，*nhd.* Lebenszeit）などがある[42]。

チューリヒ方言の開音の短母音[ɪ]については，アクサングラーヴを用いない表記が許容される。というのは，同じく i と表記される閉音の短母音[i]がチューリヒ方言では少数であり，表記による[ɪ]との区別が事実上不要なためである。本書ではこれに従い，開音の短母音[ɪ]を i と表記する。

3.5.2　短母音 ü [ʏ]

開音の短母音 ü [ʏ] は，中高ドイツ語の iu が短母音化したものである[43]。標準ドイツ語では，二重母音[ɔʏ]と対応している。表記は，アクサングラーヴを省略することが許容される。これは閉音の短母音[y]がチューリヒ方言では希少で，表記による区別を要しないためである。本書では，開音の短母音[ʏ]には ü という表記を用いる。

例：**Fründ** [v̥rynd̥]「友達」，*nhd.* Freund＜*mhd.* vriunt

3.5.3　短母音 u [ʊ]

開音の短母音 u [ʊ]には，標準ドイツ語では A)開音の短母音[ʊ]と対応するもの，B)開音の短母音[y]と対応するものがある[44]。歴史的には，A)，B)ともに中高ドイツ語の u に由来するが，B)のケースは中高ドイツ語で ü というかたちでも現れる[45]。また，標準ドイツ語で対応する部分が開音の短母音[ɔ]となるものがあるが[46]，これは C)鼻音の直前の位置，D) r や l の直前の位置に出現する[47]。表記に関しては，閉音の短母音[u]の出現頻度がチューリヒ方言では低く，それとの区別が必要とされないことから，アクサングラーヴの省略が許容される。本書では，開音の短母音[ʊ]を u と表記する。

例：A) **Luft** [lʊv̥t]「空気，空」，*nhd.* Luft＜*mhd.* luft；B) **Chuchi** [ɣ̊ʊxːi]「台所」，*nhd.* Küche＜*mhd.* kuche, küche；C) **Sumer** [ˈzumər]「夏」，*nhd.* Sommer＜*mhd.* sumer；D) **Wule** [ˈʋʊlə]「羊毛」，*nhd.* Wolle＜*mhd.* wulle

3.5.4　短母音 e [ə]

いわゆる曖昧母音である e [ə]は，標準ドイツ語と同様に，アクセントのない位置にのみ出現する(例：**mache** [ˈmɒxːə]「作る」，*nhd.* machen；**machet** (3. Sg.)[ˈmɒxːət]「作る」，*nhd.* macht；**Chäler** [ˈɣ̊ælər]「地下室」，*nhd.* Keller；**verruckt** [v̥ərˈrʊkxt]「気の狂った」，*nhd.* verrückt)。また，標準ドイツ語とは異なり脱落が生じるケースがあり，標準ドイツ語の接頭辞 be- に相当するもの(例：**phalte** [ˈpʰɒltə]「保持する」，*nhd.* behalten)，接頭辞 ge- に相当するもの(例：**gmachet** [ˈĝmɒxːət]「作る」，*nhd.* gemacht)，形容詞の屈折語尾(例：der **alt** Maa [ɒlt]「その年老いた男」，*nhd.* der alte Mann)，その他，標準ドイツ語では語末に現れるもの全般(例：**böös** [b̥øːz̥]「邪悪な」，*nhd.* böse)などで見られる。ディート表記法では，標準ドイツ語と同様に e という綴りを用いる。

3.5.5　短母音 ȅ [ɛ]

開音の短母音 ȅ [ɛ] は，チューリヒ方言では専ら r 音群や ch 音群の直前に出現する[48]。歴史的には，A) 中高ドイツ語の ë に由来するものと，B) 中高ドイツ語の e に由来するものがある[49]。標準ドイツ語では，開音の短母音 [ɛ] と対応する[50]。ディート表記法では，開音の短母音 [ɛ] にはアクサングラーヴを付した ȅ という表記が推奨されているが，教材や辞書，文法書，あるいは研究書によっては ë と表記しているものがある[51]（例：mërke, Bëërg）。本書では，引用を除き ȅ という表記を用いる。これは後述の長母音 ȅȅ [ɛː] についても同様である。

例：A) **Wȅrch** [vɛrɣ̊]「作業，作品」, *nhd.* Werk＜*mhd.* wërc；**mȅrke** [ˈmɛrkxə]「気づく」, *nhd.* merken＜*mhd.* merken：B) **Hȅcht** [hɛxt]「カワカマス」, *nhd.* Hecht＜*mhd.* hecht

3.5.6　短母音 ȍ [œ]

開音の短母音 ȍ [œ] が現れるのは，主として r 音群や ch 音群の直前の位置である。標準ドイツ語では，開音の短母音である [œ] や [ɔ] との対応関係を示す。

例：**Lȍchli** (Dim.) [ˈlœxlı]「穴」, *nhd.* Löchlein＜*mhd.* löchelîn；**schnȍre** [ˈʒ̊nœrə]「しゃべる」, *nhd.* schnörren[52]＜*mhd.* sneren；**fȍrme** [ˈɣ̊œrmə]「形成する」, *nhd.* formen＜*mhd.* formen；**trȍchne** [ˈtrœxnə]「乾く，乾かす」, *nhd.* trocknen＜*mhd.* trucknen, trücknen

3.5.7　長母音 ii [iː]

閉音の長母音 ii [iː] は，A) 中高ドイツ語の î を継承したもので[53]，標準ドイツ語では，二重母音 [aɪ] と対応する。また，B) 古高ドイツ語の -igi- の縮約から生じたものもある。これは標準ドイツ語では長母音 [iː] と対応する。ディート表記法は閉音の長母音を ii の代わりに y と表記することを許容しているが[54]（例：bysse, lyt），本書では引用を除き表記を ii に統一している。

例：A) **biisse** [ˈb̥iːsːə]「嚙む」, *nhd.* beißen＜*mhd.* bîʒen；B) **liit** (3. Sg.)[liːt]「横たわる」, *nhd.* liegt＜*mhd.* lît＜*ahd.* ligit

3.5.8　長母音 üü [yː]

閉音の長母音 üü [yː]は，歴史的には A)中高ドイツ語の iu を受け継いだものである[55]。これは標準ドイツ語では二重母音[ɔy]と対応する。また，B)中高ドイツ語における動詞の強変化の際に生じた1人称・単数・現在・直説法の幹母音 iu からの「類推的な拡張」(Keller 1961: 41)に由来するものもある[56]。この場合は，標準ドイツ語の閉音の長母音[iː]との対応関係を示す。

例：A) **schüüche** [ˈʒ̥yːɣ̊ə]「しりごみする」, *nhd.* scheuen＜*mhd.* schiuhen；B) **flüüge** [ˈɣ̊lyːɡ̊ə]「飛ぶ」, *nhd.* fliege＜*mhd.* vliuge (1. Sg. Präs. Ind.)＜vliegen

3.5.9　長母音 uu [uː]

閉音の長母音 uu [uː]は，中高ドイツ語の û に由来する[57]。標準ドイツ語では，二重母音[aʊ]と対応する。

例：**suuge** [ˈz̥uːɡ̊ə]「吸う」, *nhd.* saugen＜*mhd.* sûgen

3.5.10　長母音 ee [eː]

長母音の ee [eː]は，標準ドイツ語では A)閉音の長母音[eː]，または B)開音の短母音[ɛ]と対応する。歴史的には，A)は中高ドイツ語の ê をそのまま引き継いだものや，中高ドイツ語の ë に由来し，h の脱落を伴う縮約を経たものがある[58]。B)は中高ドイツ語の e に由来し[59]，チューリヒ方言の中で r 音群の直前に位置することにより長母音化したものである。

例：A) **leere** [ˈleːrə]「教える，教わる」, *nhd.* lehren＜*mhd.* lêren；**gschee** [ɡ̊ʃeː]「起こる」, *nhd.* geschehen＜*mhd.* geschëhen[60]；B) **Cheerz** [ɣ̊eːrts]「ろうそく」, *nhd.* Kerze＜*mhd.* kerze

3.5.11　長母音 èè [ɛː]

開音の長母音である èè [ɛː] には，A) 中高ドイツ語の æ を受け継いだもの，B) 中高ドイツ語の ë に由来し，チューリヒ方言において r 音群が後続することで長母音となったものがある[61]。標準ドイツ語では，対応する部分が前者では開音の長母音[ɛː]や閉音の長母音[eː]，後者は開音の短母音[ɛ]として現れる。

例：A) **Strèèl** [ʒ̊trɛːl]「櫛」, *nhd.* Strähl＜*mhd.* stræl；**fèèle** [ˈvɛːlə]「欠けている」, *nhd.* fehlen＜*mhd.* vælen；B) **Bèèrg** [b̥ɛːrg̊]「山」, *nhd.* Berg＜*mhd.* bërc

3.5.12　長母音 öö [øː]

閉音の長母音 öö [øː] には A) 中高ドイツ語の œ を受け継いだものと，中高ドイツ語の ö に由来し，チューリヒ方言において B) 軟音や r, l で終わる単音節語の中で長母音化したもの，C) r 音群の直前に位置することで長母音化したものがある[62]。標準ドイツ語では，これらは閉音の長母音[øː]や開音の長母音[œ]と対応する。

例：A) **schöön** [ʒ̊øːn]「美しい」, *nhd.* schön＜*mhd.* schœn；B) **Hööf** (Pl.) [høːy̆]「中庭，農場，宮廷」, *nhd.* Höfe＜*mhd.* höve；**Ööl** [øːl]「油」, *nhd.* Öl＜*mhd.* öl；C) **Wöörtli** (Dim.) [ˈvøːrtlɪ]「言葉」, *nhd.* Wörtlein＜*mhd.* wörtelîn

3.5.13　長母音 oo [oː]

長母音 oo [oː] には A) 中高ドイツ語の ô を継承したものと，中高ドイツ語の o に由来し，チューリヒ方言において B) 軟音や r, l を語末にもつ単音節語の中で長母音化を生じたもの，C) r 音群の直前に位置することにより長母音化を生じたものがある[63]。標準ドイツ語では，これらは閉音の長母音[oː]や開音の短母音[ɔ]と対応する。

例：A) **Broot** [b̥roːt]「パン」, *nhd.* Brot＜*mhd.* brôt；B) **Hoof** [hoːy̆]

「中庭，農場，宮廷」，nhd. Hof＜mhd. hof；**hool** [ho:l]「空洞のある」，nhd. hohl＜mhd. hol；C) **Oort** [o:rt]「場所」，nhd. Ort＜mhd. ort

3.6 語中と文中の音韻現象：連音

スイスドイツ語では語頭の母音が声門閉鎖音[ʔ]を伴うことはなく，いわゆる母音の硬い声立てというものがない[64]。そのため，語句の発音上の区切りが標準ドイツ語と異なっている場合がある。たとえば標準ドイツ語ではVerein (「協会」) の音節が Ver-ein [fɛɐ̯'ʔaɪn] と区切られるのに対し，チューリヒ方言では Veräin の音節の区切りは Ve-räin [ye̯'ræɪn] となる。これは，語または音節の先頭に位置する母音に関して，標準ドイツ語では常に声門閉鎖音による声立てとなるのとは異なり，チューリヒ方言などスイスドイツ語では先行する子音を結びつけた声立てが生じるからである。あるいは句で見てみると，標準ドイツ語では auf und ab (「上がったり下がったり」) が声門閉鎖音によって [ʔaʊf ʔʊnt ʔap] と区切られるのに対し，チューリヒ方言では先行する子音が語の先頭の母音と結合し，uuf und aab が uu-fun-daab [uːf‿ʊnd̥‿ɒːb̥] という区切りになる。このように，スイスドイツ語では声門閉鎖音による硬い声立ての代わりに，連音による声立てが頻繁に生じる。

では，子音の介在がない環境下，すなわち母音接続の状況では連音はどのように実現されるのか。このケースで出現するのは，連音の n である。これはチューリヒ方言に限らず，スイスドイツ語全体に共通する。この n は母音接続の状態にある母音を円滑に発音するための要素であり，先行する語や形態素の末尾と，後続の語や形態素の先頭がともに母音である場合，両者の間に n が発生するのである。連音の n はこうした環境化にある様々な単語の間，あるいは形態素の間に出現するが，本来は語源的に [n] を有していた語に出現する要素である[65] (例：**lachen** und brüele ['lɒxːən‿ʊn‿'pːryərə]「笑ったり泣いたりする」/**lache** ['lɒxːə]「笑う」，nhd. lachen＜mhd. lachen；**gstanden** isch ['ǵʃtɒnd̥ən‿ɪʃ]「立っていた」/**gstande** (Part. Perf.) ['ǵʃtɒnd̥ə]，nhd. gestanden＜mhd. gestanden；**Mane** (Pl.)['mɒnə]「男性，

夫」，*nhd.* Männer＜*mhd.* manne/**Maa** (Sg.)[mɒː]，*nhd.* Mann＜*mhd.* man；**chliiner** (Komp.)[ˈx̥liːnər]「小さい」，*nhd.* kleiner＜*mhd.* kleiner/**chlii** [x̥liː]，*nhd.* klein＜*mhd.* klein)。

しかし，語源的な根拠がなくても n が出現するケースもある。これらは単に母音接続を避けるために類推的に生じたものであるといえる(例：**Schuene** (Dat. Pl.)[ˈʒ̊ʊənə]「靴」，*nhd.* Schuhen＜*mhd.* schuohen/**Schue** [ʒ̊ʊə]，*nhd.* Schuh＜*mhd.* schuoch；**früener** (Komp.)[ˈyryənər]「早い」，*nhd.* früher＜*mhd.* vrüejer/**früe** [yryə]，*nhd.* früh＜*mhd.* vrüeje)。

他方，母音接続の状態にありながら連音 n が生じないケースもある。これは，アクセントのある母音で終わる語に，母音で始まる語が続く場合である(例：**Suu und** Tŏchter [z̥uː ʊnd̥ ˈtœxtər]「息子と娘」，*nhd.* Sohn und Tochter)。

単語間の n は，音韻上は後続する要素の一部と認識されるが，表記の際には先行する語の末尾に n が付加される。ただし文法書や教材などでは，説明のために n を前後の要素とハイフンでつないで表記することがある(例：Ich **isse-n-imer** Broot. [ɪx ˈɪsːən ˈɪmər b̥roːt]「私はいつもパンを食べる。」，*nhd.* Ich esse immer Brot.)。

3.7 まとめ

この章では，チューリヒ方言を例として，スイスドイツ語の母音について観察した。この中では，チューリヒ方言と現代の標準ドイツ語や中高ドイツ語の各母音との対応関係が明らかになった。チューリヒ方言の母音は，ある程度は中高ドイツ語のものをそのまま受け継いできた一方で，ある程度の条件変化も及ぼされてきたことで，標準ドイツ語とは異なる体系を有するに至ったといえる。

今後の課題として必要なのは，まず Keller (1961) あるいは Weber (³1987) の記述がどの程度現状に合致しているのかを検証することである。Schobinger (⁴2003: 118) によると，今日のチューリヒ方言では，母音の閉音と

開音の区別が曖昧になりつつあるという。また，Fleischer/Schmid (2006: 248) は二重母音の[øɪ]と[œɪ]が[oi]に収斂する傾向にあると指摘している。こうした事実を考慮した上で，チューリヒ方言，そしてまたそれ以外の方言についてさらなる体系化を試みたい。また，連音という語中や文中で観察される音韻現象を取り上げたが，もちろんこれだけでスイスドイツ語のリズムや響きの独特さを説明し切れるわけではないので，今後も引き続き様々な音韻現象に注目し続ける必要がある。

1) 本章および次章における古い時代のドイツ語の語彙表記については，Matthias Lexer の中高ドイツ語辞典(Lexer 1979)や Beate Hennig の中高ドイツ語辞典(Hennig ⁵2007)，Wolfgang Pfeifer の語源辞典(Pfeifer ⁷2004)，Rudolf Schützeichel の古高ドイツ語辞書(Schützeichel ⁶2006)，Vladimir E. Orel のゲルマン祖語辞典(Orel 2003)を参考にした。3.3 から 3.5 で例示するチューリヒ方言の語形に対応する古い時代のドイツ語の語形について，複数のバリエーションが例証されている場合には，チューリヒ方言の語形に近いと筆者が判断したものや，説明の趣旨に沿うものを記載している。また，例示したチューリヒ方言との語形の対応のみを考慮したものであるため，チューリヒ方言，中高ドイツ語，標準ドイツ語のそれぞれの語の意味や品詞は必ずしも一致しない。以上の点は，次章の子音に関する記述についても同様である。
2) 開音のð [ɔ]やðð [ɔː]は，チューリヒ方言には出現しない。
3) 後続のr音群がrbとなっている場合は例外である。例：**gèrbe** [ˈɡɛrbə]「皮をなめす」，*nhd.* gerben < *mhd.* gärwen
4) 開音節の音節主音となるものについてはその限りではなく，長母音に相当する場合もある。例：**Läder** [ˈlædər]「革」，*nhd.* Leder < *mhd.* lëder
5) Keller (1961: 39).
6) eについては，鼻音が後続する場合のみ該当(Keller 1961: 39)。
7) Keller (1961: 38-39).
8) 開音節の音節主音である場合は，長母音[aː]として出現するものもある。例：**Hagel** [ˈhɒɡəl]「雹」，*nhd.* Hagel < *mhd.* hagel
9) Keller (1961: 40).
10) Keller (1961: 40)
11) Keller (1961: 40).
12) Keller (1961: 40).
13) Keller (1961: 41).
14) Keller (1961: 41).

15) Keller (1961: 42).
16) Keller (1961: 42).
17) Keller (1961: 42).
18) 歴史的に母音接続の状態にあったものも含めている。
19) Keller (1961: 42).
20) Keller (1961: 42).
21) Keller (1961: 42), Weber (³1987: 55-58).
22) Keller (1961: 42).
23) Keller (1961: 42).
24) Keller (1961: 42).
25) Keller (1961: 42).
26) Keller (1961: 42).
27) Dieth (²1986: 33-34, 36).
28) Keller (1961: 37).
29) Keller (1961: 40).
30) 標準ドイツ語において，開音節の音節主音となるものについてはその限りではない。例：**übel** ['yb̥əl]「悪い」, *nhd.* übel < *mhd.* übel
31) 標準ドイツ語において，開音節の音節主音となるものについてはその限りではない。
32) Keller (1961: 39).
33) Keller (1961: 37-38).
34) 標準ドイツ語では開音節の音節主音となるものについてはその限りではなく，閉音の長母音[eː]や[øː]，開音の長母音[ɛː]に相当する場合もある。例：**ledig** ['led̥ɪɡ̊]「独身の」, *nhd.* ledig < *mhd.* lëdec；**zele** ['tselə]「数える」, *nhd.* zählen < *mhd.* zelen
35) 標準ドイツ語において開音節の音節主音となるものについてはその限りではなく，閉音の長母音[øː]や開音の長母音[ɛː]，あるいは閉音の長母音[eː]に相当する場合もある。
36) Keller (1961: 39).
37) これは，歯茎閉鎖音に生じた同化(4.6.1を参照)という観点から説明することができる。öppisは中高ドイツ語ではëtewasという語形であったが，チューリヒ方言では母音間のwがbに変化し(4.3.1を参照)，さらにeが脱落した。この環境下で，両唇閉鎖音bは歯茎閉鎖音tをpに変化させたものと捉えられる。
38) Keller (1961: 39).
39) 標準ドイツ語において開音節の音節主音である場合は，長母音[oː]として出現するものもある。例：**Hose** ['hoz̥ə]「ズボン」, *nhd.* Hose < *mhd.* hose
40) Keller (1961: 37).
41) 標準ドイツ語では開音節の音節主音となるものについてはその限りではなく，閉音の長母音[iː]というかたちで現れる場合もある。例：**Bible** ['b̥ɪb̥lə]「聖書」, *nhd.*

Bibel＜*mhd.* bibel
42) Keller (1961: 43).
43) Keller (1961: 40).
44) 標準ドイツ語において開音節の音節主音となる場合は，その限りではない。
45) Keller (1961: 39).
46) 標準ドイツ語において開音節の音節主音となる場合は，その限りではない。
47) Keller (1961: 39), Weber (^{3}1987: 66-68).
48) Weber (^{3}1987: 61).
49) Keller (1961: 38).
50) 標準ドイツ語において開音節の音節主音となる場合は，その限りではない。
51) Keller (1961), Baur (^{12}2002) など。
52) 専らスイス式標準ドイツ語で用いられる。
53) Keller (1961: 40).
54) Dieth (^{2}1986: 31).
55) Keller (1961: 41).
56) Keller (1961: 41).
57) Keller (1961: 41).
58) Keller (1961: 40).
59) Keller (1961: 40).
60) すでに縮約を受けた後の geschên も例証されている。
61) Keller (1961: 40).
62) Keller (1961: 41).
63) Keller (1961: 41).
64) Weber (^{3}1987: 37).
65) ここで問題になるのは，lache, gstande, Maa, chlii といった n の脱落した語形を現代のチューリヒ方言での基底と考えるべきか否かである。これらの語形が基底であれば，母音接続の際にのみ n が挿入されると捉えられるが，基底が lachen, gstanden, Maan, chliin なのであれば，母音接続の場合のみ n が「保持」され，それ以外の場合に n が「脱落」するという見方ができる。

第4章　スイスドイツ語の音韻と表記②
——チューリヒ方言の子音——

4.1　導　　入

　本章では前章と同様の方法で，チューリヒ方言の子音に関する特徴を概観する。まず4.2では，チューリヒ方言の子音全体に関する特徴を見る。この中では，スイスドイツ語を特徴付ける，「軟音」と「硬音」という概念について説明する。次に4.3から4.5で，チューリヒ方言の子音を個別に観察する。ここでは，標準ドイツ語では用いられないもの(4.3)，軟音化したものや長子音化したもの以外は標準ドイツ語と共通しており，また，標準ドイツ語で音素と認められるもの(4.4)，標準ドイツ語と共通しており，標準ドイツ語においても音素として存在するもの(4.5)というカテゴリーを設けた。そして4.6では，スイスドイツ語の子音に関する音韻現象として，同化を取り上げる。これもまた子音そのものの特徴ではないにせよ，スイスドイツ語の音韻に関する主要な特徴であり，また，標準ドイツ語との主要な差異である。例は Keller (1961)，Weber (^{3}1987)，Baur (^{12}2002) に基づいている。

4.2　全体的な特徴

　この中では，チューリヒ方言の子音に関する主要な特徴について述べる。子音の数としては[b̥]，[p(ː)]，[d̥]，[t(ː)]，[g̊]，[k(ː)]の6個の閉鎖音，[v̥]，[f(ː)]，[z̥]，[s(ː)]，[ʒ̊, ʃ(ː)]，[ɣ̊, x(ː)]，[h]の7個の摩擦音，[pf]，[ts]，[tʃ]，[kx]の4個の破擦音，[m(ː)]，[n(ː)]，[ŋ(ː)]の3個の鼻音，[r]

表8 チューリヒ方言の子音

	両唇	唇歯	歯茎	硬口蓋歯茎	硬口蓋	軟口蓋	声門
閉鎖音	b [b̥] p(p) [p(:)]		d [d̥] t(t) [t(:)]			g [g̊] gg [k(:)]	
摩擦音		f/v [v̥] ff [f(:)]	s [z̥] ss [s(:)]	sch [ʒ̊] sch [ʃ(:)]		ch [ɣ̊] ch [x(:)]	h [h]
破擦音		pf [pf]	z/tz/ts [ts]	tsch [tʃ]		k/ck [kx]	
鼻音	m [m(:)]		n [n(:)]			ng [ŋ(:)]	
震え音			r [r]				
側面接近音			l [l(:)]				
接近音		w [ʋ]			j [j]		

の1個の震え音，[l(:)]の1個の側面接近音，[ʋ]，[j]の2個の接近音がある。ここでは便宜上，位置異音というかたちで軟音化や長子音化を生じたものも合わせて一つに数えている。表8は，調音位置と調音方式に基づいてチューリヒ方言の子音を分類したものである。この中では国際音声学会の子音表を簡略化し，さらにディート表記法による綴りを各子音の左列に付記した。閉鎖音および摩擦音の上段は軟音，下段は硬音である。

　表8を一見したところ，多くが標準ドイツ語と共通しているように感じられるかもしれないが，閉鎖音や摩擦音がすべて無声音であるという点が標準ドイツ語と大きく異なる。すなわち，標準ドイツ語では[b]，[d]，[g]，[v]，[z]というかたちで現れている閉鎖音や摩擦音が，チューリヒ方言では[b̥]，[d̥]，[g̊]，[v̥]，[z̥]というように常に無声音として現れる。また，閉鎖音が通常は気音を伴わないという点も特徴的であり，標準ドイツ語との主要な相違点である。こうした特徴は，スイスドイツ語全般で観察される。

　4.3以降で個別に示すように，チューリヒ方言の子音の多くが標準ドイツ語とは異なる特徴を有しているわけであるが，その最たるものが無声の軟音と無声の硬音の対立である。軟音と硬音という概念は，スイスドイツ語の子音体系を論じる上で伝統的に用いられているもので[1]，軟音が弱く短い音，硬音が強く長い音と捉えられる。両者は音の強さと継続時間によって区別されるが，正確には音の強さの結果，継続時間が長くなると考えることができる。硬音の継続時間は，概ね軟音の2倍から3倍の長さであるといわれてお

り，Dieth/Brunner (1943) や Willi (1995) は，実験によりこのことを確認している。

標準ドイツ語では有声の[b]，[d]，[g]，[v]，[z]と無声の[p^(h)]，[t^(h)]，[k^(h)]，[f]，[s]という区別があり，これらは音素として対立している。これに対しチューリヒ方言では，無声の軟音[b̥]，[d̥]，[g̊]，[v̥]，[z̥]と無声の硬音[p(ː)]，[t(ː)]，[k(ː)]，[f(ː)]，[s(ː)]が区別され，音素としても対立をなすのである。軟音と硬音の音素上の対立は，閉鎖音では両唇閉鎖音(例：**baar** [b̥ɒːr]/b̥ɒːr/「裸の」，**Paar** [pɒːr]/pɒːr/「ペア」)，歯茎閉鎖音(例：**Raad** [rɒːd̥]/rɒːd̥/「輪」，**Raat** [rɒːt]/rɒːt/「助言」)，軟口蓋閉鎖音(例：**jage** ['jɒg̊ə]/'jɒg̊ə/「駆り立てる」，**Jagge** ['jɒkːə]/'jɒkə/「上着」)のすべてに観察される。摩擦音では，唇歯摩擦音(例：**Ofe** ['ov̥ə]/'ov̥ə/「オーブン」，**offe** ['ofːə]/'ofə/「開いている」)と歯茎摩擦音(例：**Rase** ['rɒz̥ə]/'rɒz̥ə/「芝生」，**Rasse** ['rɒsːə]/'rɒsə/「人種」)のみ軟音と硬音の音素上の対立をなす。

硬口蓋歯茎摩擦音，および軟口蓋摩擦音にも無声の軟音[ʒ̊]，[ɣ̊]と無声の硬音[ʃ]，[x]という区別があるが，音素上はそれぞれ /ʃ/，/x/ というかたちで代表される。これらの軟音と硬音は，出現する位置や直前の音に応じて相補的分布を示すものである[2]。硬口蓋歯茎摩擦音は，語頭では軟音[ʒ̊]，語中や語末では硬音[ʃ(ː)]で発音される(例：**schriibe** ['ʒ̊riːbə]/'ʃriːbə/「書く」；**Täsche** ['tæʃːə]/'tæʃə/「ポケット」；**Tisch** [tɪʃ]/tɪʃ/「机」)。そして軟口蓋摩擦音は，語頭では軟音[ɣ̊](例：**Chind** [ɣ̊ɪnd̥]/xɪnd̥/「子供」)，語中および語末では軟音[ɣ̊]または硬音[x(ː)]で発音される。後中・語末で軟音[ɣ̊]と硬音[x(ː)]のどちらが出現するかは直前の音によって変わるものであり，長母音や二重母音，もしくは[r]，[l]の直後に位置する場合は軟音[ɣ̊](例：**gliich** [g̊liːɣ̊]/g̊liːx/「同じ」；**starch** [ʒ̊tɒrɣ̊]/ʃtɒrx/「強い」；**Wulche** (Pl.) ['vʊlɣ̊ə]/'vʊlxə/「雲」)，短母音の直後では硬音[x(ː)]となる(例：**mache** ['mɒxːə]/'mɒxə/「作る」；**Gruch** [g̊rʊx]/g̊rʊx/「におい」)。なお，チューリヒ方言には，/x/ の異音としての[ç]という，いわゆる Ich-Laut は存在しない。これもスイスドイツ語全体の特徴である。

硬音についてはさらに音の長さという観点から，2つの系列を考慮する必

要がある。すなわち，語頭および語末の硬音と，母音間またはr, lと母音の間で長音化した硬音である。Dieth/Brunner (1943: 751) や Keller (1961: 46) によると，語頭に出現可能である硬音[p]，[t]，[k]や語末に出現可能である硬音[p]，[t]，[k]，[f]，[s]が軟音の約2倍の継続時間を有するのに対し，語中において母音や[r]，[l]が前後に隣接する場合は，硬音[p:]，[t:]，[k:]，[f:]，[s:]は軟音の約3倍の長さとなる[3]。

　長音化した硬音に関してもう一つ言及しておきたいのは，IPA表記の問題である。本書では，たとえば両唇閉鎖音の軟音を[b̥]，硬音を[p]と表記する方法をとっているが，Fleischer/Schmid (2006: 245) が指摘しているように，実際には軟音と硬音のIPA表記は研究者の中で一致しているわけではない。Fleischer/Schmid (2006: 245) はその例として語中の歯茎閉鎖音が最小対立を示す Lade（「店」）と latte（「木摺を張る」）の様々な表記パターンを挙げている。その例としては，['lɒdə]と['lɒtə]という組み合わせや['lɒdə]と['lɒttə]，['lɒtə]と['lɒttə]などがある。それぞれ前者は軟音を示し，後者は硬音を示すが，この場合の後者は長音化したものである。本書では，['lɒd̥ə]と['lɒt:ə]の方式で表記している。

4.3　標準ドイツ語には存在しないもの

　ここでは，標準ドイツ語に出現しない子音について見ていく。これに該当するのは，すべての閉鎖音(4.3.1から4.3.6)，唇歯摩擦音と歯茎摩擦音の軟音(4.3.7および4.3.8)，破擦音[kx](4.3.9)，2つの接近音(4.3.10および4.3.11)である。これらのほとんどは，標準ドイツ語で対応する子音ときわめて近い音質を有しているが，厳密には異なるものである。閉鎖音の硬音[p(:)]，[t(:)]，[k(:)]を標準ドイツ語では用いられないとしたのは，これらは気音を伴わず，また，その位置により長子音化を生じるという理由からである。標準ドイツ語においても特定の条件下では無声の閉鎖音が気音化しないという事実は，ここでは考慮しないこととする。

4.3.1 閉鎖音 b [b̥]

閉鎖音 b [b̥]は，標準ドイツ語の[b]とは異なり無声音である。軟音の閉鎖音[b̥]，[d̥]，[g̊]に特徴的なのは，中高ドイツ語や現代の標準ドイツ語とは異なり，語末音硬化を生じないことである。そのため，[b̥]は語頭や語中に加え，語末にも出現する。標準ドイツ語と比較してみると，A)語頭・語中では閉鎖音[b]や閉鎖音[p⁽ʰ⁾]，B)語末では，いわゆる語末音硬化を生じた閉鎖音[p⁽ʰ⁾]と対応することがわかる。歴史的には，これらは中高ドイツ語の b（語末では閉鎖音 p）に由来するものである[4]。また，標準ドイツ語で対応する部分が C)唇歯音[v]となるものもある。出現する位置は r, l の直後もしくは母音間に限られ，歴史的には中高ドイツ語の w に由来する[5]。

例：A) **blüe** [b̥lʏə]「咲いている」，*nhd.* blühen＜*mhd.* blüejen；**butze** [ˈb̥utsə]「きれいにする」，*nhd.* putzen＜*mhd.* butzen；**obe** [ˈob̥ə]「上で，上に」，*nhd.* oben＜*mhd.* obe；**Hèrbscht** [hɛrb̥ʃt]「秋」，*nhd.* Herbst＜*mhd.* herbst；B) **Chalb** [ɣ̊ɒlb̥]「仔牛」，*nhd.* Kalb＜*mhd.* kalp；C) **Chilbi** [ˈɣ̊ɪlb̥ɪ]「教会の縁日」，*nhd.* Kirchweih＜*mhd.* kilwi；**eebig** [ˈeːb̥ɪg̊]「永遠の」，*nhd.* ewig＜*mhd.* êwic

4.3.2 閉鎖音 p [p(ː)]

閉鎖音 p [p(ː)]は，気音を伴わずに発音される。標準ドイツ語では閉鎖音[p⁽ʰ⁾]もしくは閉鎖音[b]と対応する。前者のケースでは，語頭に現れるものは主に A)歴史的には中高ドイツ語の p で借用語に出現するものに由来する[6]。後者は，B)中高ドイツ語の b に由来するもの，C)接頭辞 be- から[ə]が脱落したものがある[7]。気音を伴わないという点で，標準ドイツ語とは異なるが，ディート表記法による表記は標準ドイツ語の[p⁽ʰ⁾]と同じく p である[8]。

例：A) **Pause** [ˈpæʊz̥ə]「休止」，*nhd.* Pause＜*mhd.* pûse＜*afrz.* pose；B) **Puur** [puːr]「農民」，*nhd.* Bauer＜*mhd.* bûr；C) **psetze** [ˈpz̥etsə]「占める」，*nhd.* besetzen＜*mhd.* besetzen

4.3.3 閉鎖音 d [d̥]

閉鎖音 d [d̥] は，標準ドイツ語の [d] とは異なり，無声音である。語頭・語中・語末のいずれの位置にも出現可能であるが，語頭に位置する例は少なく，チューリヒ方言の歯茎閉鎖音に関しては，語頭に出現するのは多くが硬音である[9]。Weber/Bächtold ([3]1983) の『チューリヒ方言辞典』を参照してみると，「D」の見出し語で採録されている語は少数で，そのうちの多くが dermit (hd. damit「それによって，それとともに」) のような代名詞と前置詞が融合した，いわゆる代名副詞であることがわかる。また，閉鎖音 d [d̥] は，称代名詞のように文中でアクセントを置かれないことが多い語を除いては，語頭にはほとんど出現せず[10]，それゆえ閉鎖音 d [d̥] で始まる名詞はごくわずかである (例：**Dienscht** [d̥ɪənʃt]「職務」; **Ding** [d̥ɪŋ:]「物, 事柄」; **Doorff** [d̥oːrf]「村」; **Dräck** [d̥rækx]「泥」)。語頭の閉鎖音 d [d̥] は，A) 標準ドイツ語では閉鎖音 [d] と対応し，歴史的には中高ドイツ語の d に由来するものである[11]。また，語中に現れるものも B) 対応する部分が標準ドイツ語では閉鎖音 [d] となり，中高ドイツ語の d に由来する[12]。閉鎖音 d [d̥] は，同じく軟音である先述の閉鎖音 b [b̥] の場合と同様，硬音化を生じることなく語末でも用いられる。標準ドイツ語において C) 語末音でないものは閉鎖音 [d]，D) 語末音であるものは語末音硬化を経た閉鎖音 [t] と対応する。歴史的には，前者は中高ドイツ語の d，後者は中高ドイツ語の t に由来する[13]。語末の [d̥] は E) 動詞複数形の語尾にも見られる。

例：A) **du** [d̥ʊː]「君は」, nhd. du < mhd. dû, duo; **dùùr** [d̥ʊːr]「……を通じて」, nhd. durch < mhd. dur, durch; **devoo** [d̥əˈγoː]「それによって，それについて」, nhd. davon < mhd. davon; B) **nider** [ˈnɪd̥ər]「低い」, nhd. nieder < mhd. nider; C) **schaad** [ʒ̊ɒːd̥]「残念な」, nhd. schade < mhd. schade; D) **gschiid** [g̊ʃiːd̥]「利口な」, nhd. gescheit < mhd. gescheit; E) **si säged** (3. Pl.) [zɪ ˈzæg̊əd̥]「彼らは言う」, nhd. sie sagt < mhd. sî sagent

4.3.4 閉鎖音 t [t(ː)]

閉鎖音 t [t(ː)] は，気音を伴わずに発音される。語頭に現れるものは，標準ドイツ語では閉鎖音[t⁽ʰ⁾]もしくは閉鎖音[d]と対応する。歴史的には，前者は A)中高ドイツ語の t に由来するもので，後者は B)中高ドイツ語の d に由来するものである[14]。また，C)語中や D)語末にも出現し，いずれも標準ドイツ語では対応する部分が閉鎖音[t⁽ʰ⁾]となる。歴史的には中高ドイツ語の t を起源とする[15]。気音を伴わないという点は標準ドイツ語とは異なるが，ディート表記法では標準ドイツ語の[t⁽ʰ⁾]と同様に t という綴りを用いる[16]。

例：A) **tüür** [tyːr]「(値段が)高い」, *nhd.* teuer＜*mhd.* tiur；B) **tänke** [ˈtænkxə]「考える」, *nhd.* denken＜*mhd.* denken；C) **bätte** [ˈb̥ætːə]「祈る」, *nhd.* beten＜*mhd.* bëten；D) **Wält** [ʋælt]「世界」, *nhd.* Welt＜*mhd.* wëlt

4.3.5 閉鎖音 g [g̊]

閉鎖音 g [g̊] は，標準ドイツ語の[g]とは異なり，無声音である。語頭や語中に加え，語末にも出現する。語頭で用いられるものについては，A)標準ドイツ語では対応する部分が閉鎖音[g]となるが，B)借用語では標準ドイツ語の閉鎖音[k⁽ʰ⁾]と対応する。歴史的には，前者は中高ドイツ語の g，後者は中高ドイツ語の k に由来するものである[17]。語中のものは C)中高ドイツ語の g に由来し[18]，標準ドイツ語の閉鎖音[g]との対応関係を示す。語末に現れるものは，標準ドイツ語では D)語末音でなければ閉鎖音[g]，E)語末音であれば語末音硬化を生じた閉鎖音[k]と対応する。また，F)形容詞などに現れる接尾辞 -ig の発音にも用いられる。上で述べたように摩擦音[ç]，いわゆる Ich-Laut はチューリヒ方言には存在せず，接尾辞 -ig の発音は標準ドイツ語のような[ɪç]ではなく[ɪg̊]となる。これはチューリヒ方言に限ったことではなく，南ドイツやスイス，オーストリアの方言に共通である。

例：A) **gälte** [ˈg̊æltːə]「有効である」, *nhd.* gelten＜*mhd.* gelten；B) **Güferli** (Dim.) [ˈg̊yg̊ərlɪ]「旅行かばん」, *nhd.* Köfferlein＜*mhd.* koffer, kuffer＜*afrz.* coffre；C) **äige** [ˈæɪɠə]「自分の」, *nhd.* eigen＜*mhd.* eigen；D) **Flüüg** [flyːɠ̊]「蠅」, *nhd.* Fliege＜*mhd.* vliege；E) **Taag** [tɒːɠ̊]「日」, *nhd.* Tag＜*mhd.* tac；F) **truurig** [ˈtruːrɪɠ̊]「悲しい」, *nhd.* traurig＜*mhd.* trûric

4.3.6　閉鎖音 gg [k(ː)]

閉鎖音[k(ː)]は，気音を伴わずに発せられる。語頭に現れるのは，A)過去分詞などで用いられる接頭辞 g- (ge- [ɠ̊ə]から e [ə]が脱落したもの)が，語幹の先頭の g [ɠ̊]と同化して[k]と発音される(4.6を参照)場合や，B)借用語である[19]。C)語中や D)語末のものは中高ドイツ語の k/c(k)/gg に由来し[20]，標準ドイツ語では閉鎖音[k⁽ʰ⁾]と対応する。閉鎖音[k(ː)]を gg と綴るのは，ディート表記法の大きな特徴の一つである。[k(ː)]に対して k という表記を用いないのは，ディート表記法では k が破擦音の[kx]にあてられるためである。

例：A) **ggraabe** (Part. Perf.)[ˈkrɒːb̥ə]「掘る」, *nhd.* gegraben＜*mhd.* gegraben；B) **Ggèè** [kɛː]「河岸，埠頭」, *nhd.* Quai＜*afrz.* cai；C) **Rugge** [ˈrʊkːə]「背中」, *nhd.* Rücken＜*mhd.* rucke, rugge；D) **Glogg** [ɠ̊lok]「鐘」, *nhd.* Glocke＜*mhd.* glocke, glogge

4.3.7　摩擦音 f/v [v̥]

摩擦音 f/v [v̥]は，無声の軟音である。語頭・語中・語末に出現し，標準ドイツ語では摩擦音[f]と対応する。歴史的には中高ドイツ語の f/v に由来するが，A)ゲルマン祖語の f を起源とするものと，B)ゲルマン祖語の p を起源とするものという2つの系列がある[21]。後者は，文中でアクセントを置かれないことが頻繁な語に含まれるものである[22]。ディート表記法での表記は f であるが，標準ドイツ語のように摩擦音[f]を表すものではないという点に注意が必要である。また，C) v と綴られるケースがあるが，これは標準ドイツ語の表記に近づけて理解を容易にする目的からである。

例：A) **frei** [v̥reɪ]「自由な」, *nhd.* frei＜*mhd.* vrî＜*ahd.* frî＜*germ.*

*frijaz；**Ofe** [ˈoyə]「オーブン」, *nhd.* Ofen＜*mhd.* oven＜*ahd.* ovan, oven, ofan＜*germ.* *ufnaz；**elf** [elv̥]「11」, *nhd.* elf＜*mhd.* eilf, einlef＜*ahd.* einlif＜*germ.* *aina-lifa；B) **uf** (Präp.)[ʊv̥]「……の上に」, *nhd.* auf＜*mhd.* ûf＜*ahd.* ûfan＜*germ.* *uppa；C) **verstaa** [yərˈʃtɒː]「理解する」, *nhd.* verstehen；**vier** [yɪər]「4」, *nhd.* vier；**voll** [yol:]「満ちた」, *nhd.* voll

4.3.8 摩擦音 s [z̥]

摩擦音[z̥]は，無声の軟音である。語頭・語中・語末に出現し，標準ドイツ語では摩擦音[z]（語末では摩擦音[s]）と対応する。歴史的にはA)中高ドイツ語のsに由来するものと，B)中高ドイツ語の ȝ に由来するものがある[23]。B)のケースは，文中で非強勢となることが多い語に出現するものである[24]。

例：A) **sidi** [ˈz̥idɪ]「絹製の」, *nhd.* seiden＜*mhd.* sîde；**lääse** [ˈlɒːz̥ə]「読む」, *nhd.* lesen＜*mhd.* lësen；**Muus** [muːz̥]「ねずみ」, *nhd.* Maus＜*mhd.* mûs；B) **use** [ˈʊz̥ə]「（こちら／あちらの）外へ」, *nhd.* außen＜*mhd.* ûȝe

4.3.9 破擦音 k/ck [kx]

破擦音k/ck [kx]は軟口蓋音で，閉鎖音[k]が摩擦音[x]というかたちで解放されるものである。これが語頭に出現するのは，A)過去分詞などで用いられる接頭辞 g- が語幹の先頭の摩擦音 ch [ɣ̊]と同化したものや（4.6.1を参照），B)借用語である[25]。語中や語末で用いられるものは標準ドイツ語の閉鎖音[k⁽ʰ⁾]との対応関係を示すが，C)歴史的には中高ドイツ語のckに由来するものと，D)中高ドイツ語でnの直後に現れるk/cに由来するものがある[26]。ディート表記法ではこれをkと綴るが，標準ドイツ語に合わせてckと綴ることもある。また，前綴りの形態を明示して理解を容易にする目的から[27]，A)のケースでの表記はgchのままとなる。

例：A) **gchaufft** (Part. Perf.)[kxæʊft]「買う」, *nhd.* gekauft＜*mhd.*

kouft；B) **katolisch** [kxɒˈtolɪʃ]「カトリックの」，*nhd.* katholisch＜*lat.* catholicus；C) **Lucke** [ˈlʊkxə]「隙間」，*nhd.* Lücke＜*mhd.* lucke, lücke；**Bock** [b̥okx]「雄の山羊」，*nhd.* Bock＜*mhd.* boc；D) **tanke** [ˈtɒnkxə]「感謝する」，*nhd.* danken＜*mhd.* danken；**Bank** [b̥ɒnkx]「ベンチ」，*nhd.* Bank＜*mhd.* banc

4.3.10　接近音 w [ʋ]

接近音 w [ʋ] は唇歯接近音で，標準ドイツ語で用いられる唇歯摩擦音 [v] のような摩擦を伴わずに発音する。語末に出現することはなく，通常は A) 語頭で，あるいは B) schw [ʒ̊ʋ]，zw [tsʋ] のような子音群に含まれるかたちで現れる[28]。標準ドイツ語では摩擦音 [v] との対応関係を示す。歴史的には中高ドイツ語の w に由来する[29]。ディート表記法では w と綴るが，標準ドイツ語のような唇歯摩擦音ではないという点に注意する必要がある。

例：A) **Winter** [ˈʋɪntər]「冬」，*nhd.* Winter＜*mhd.* winter；B) **schwèèr** [ʒ̊ʋɛːr]「難しい，重い」，*nhd.* schwer＜*mhd.* swær

4.3.11　接近音 j [j]

接近音 [j] は，標準ドイツ語では摩擦音 [j̊] と対応する。表記上は j であるが，標準ドイツ語の [j̊] とは異なり摩擦を伴わず，母音に近い音である[30]。語末や非アクセント位置に出現することはない。

例：**Jeger** [ˈjeɡər]「狩人」，*nhd.* Jäger＜*mhd.* jeger

4.4　標準ドイツ語と部分的に共通するもの

標準ドイツ語と部分的に共通するとしたのは，標準ドイツ語でも用いられる f [f]，s [s]，ch [x]，sch [ʃ] が，標準ドイツ語には存在しない [fː]，[sː]，[ʒ̊, ʃː]，[x̥, xː] という異音を有するためである。4.2 で述べたように，音素としては，硬音である [f]，[fː] および [s]，[sː] はそれぞれ /f/，/s/ と表すことができ，対応する軟音 [v̥]/v/ および [z̥]/z/ とは区別される。これに対

し，硬音である[ʃ]，[ʃː]および[x]，[xː]は，対応する軟音である[ʒ̊]および[ɣ̊]とともに，それぞれ一つの音素 /ʃ/，/x/ にまとめられる。

また，m [m]，n [n]，ng [ŋ]，l [l]も短母音の直後の語末においてのみ[mː]，[nː]，[ŋː]，[lː]へと長子音化するという特徴があることから[31]，この枠組みで扱う。ng 以外の長子音は mm，nn，ll というように重複して表記される。

4.4.1　摩擦音 ff [f(ː)]

摩擦音[f(ː)]は A)語中と B)語末で用いられ，語頭には出現しない[32]。標準ドイツ語では摩擦音[f]と対応する。歴史的には，中高ドイツ語の f でゲルマン祖語の p を起源とするものに由来する[33]。ディート表記法では，常に ff と綴ることによって軟音の摩擦音 f/v [v̥]と区別している。

例：A) **hälffe** [ˈhɒlfːə]「助ける」，nhd. helfen＜mhd. hëlfen＜ahd. hëlfan＜germ. *helpanan；B) **Doorff** [d̥oːrf]「村」，nhd. Dorf＜mhd. dorf＜ahd. thorf＜germ. *þurpan

4.4.2　摩擦音 ss [s(ː)]

摩擦音[s(ː)]は語中と語末に出現し，語頭では用いられない[34]。標準ドイツ語では摩擦音[s]と対応する。歴史的には，A)中高ドイツ語の ȝ(ȝ) に由来するものと，B)中高ドイツ語の s に由来するものがある[35]。ディート表記法では，ss と綴ることで軟音の摩擦音 s [z̥]との区別をしている。ディート表記法で ß が用いられないのは，スイス式標準ドイツ語において ß が用いられないのと同様，チューリヒ方言を除くほとんどの方言で見られる重子音の音節構造が理由であるとされる(6.5 を参照)。

例：A) **ässe** [ˈæsːə]「食べる」，nhd. essen＜mhd. ëȝȝen；**grooss** [g̊roːs]「大きい」，nhd. groß＜mhd. grôȝ；B) **Ross** [ros]「馬」，nhd. Ross＜mhd. ros

4.4.3 摩擦音 sch [ʒ̊, ʃ(ː)]

摩擦音 sch [ʒ̊, ʃ, ʃː] は，標準ドイツ語の摩擦音[ʃ]と対応する。語頭・語中・語末に出現し，語頭では p, t, m, n, r, l, w の直前，語中では p, t の直前の位置で子音群を形成することもある。歴史的には，A)中高ドイツ語の sch に由来するものと，B)中高ドイツ語の s に由来するものがある[36]。ディート表記法では，語頭で p や t が後続するものについては schp, scht ではなく（例：Schpììl），標準ドイツ語に合わせて sp, st と綴ることが推奨されている[37],[38]（例：Spììl）。

例：A) **schriibe** [ˈʒ̊riːbə̣]「書く」, *nhd.* schreiben＜*mhd.* schrîben；**schüüsse** [ˈʒ̊yːsːə]「撃つ」, *nhd.* schießen＜*mhd.* schieʒen；**Täsche** [ˈtæʃːə]「ポケット」, *nhd.* Tasche＜*mhd.* tasche；**Masch** [mɒʃ]「網の目」, *nhd.* Masche＜*mhd.* masche；B) **Spììl** [ʒ̊pɪːl]「試合，遊び，芝居」, *nhd.* Spiel＜*mhd.* spil；**Strèèl** [ʒ̊treːl]「櫛」, *nhd.* Strähl＜*mhd.* stræl；**schmöcke** [ˈʒ̊møkxə]「においがする」, *nhd.* schmecken＜*mhd.* smecken；**schnuufe** [ˈʒ̊nuːfːə]「息をする」, *nhd.* schnaufen＜*mhd.* snûfen；**schlüüffe** [ˈʒ̊lyːfːə]「すり抜ける」, *nhd.* schlüpfen＜*mhd.* sliefen；**schwige** [ˈʒ̊ʋiɡ̊ə]「黙る」, *nhd.* schweigen＜*mhd.* swîgen；**Aschp** [ɒʃp]「ヤマナラシ」, *nhd.* Espe＜*mhd.* haspel；**suscht** [zʊʃt]「そのほかに」, *nhd.* sonst＜*mhd.* sust, sunst

4.4.4 摩擦音 ch [ɣ̊, x(ː)]

摩擦音 ch [ɣ̊, x(ː)] は，語頭・語中・語末で用いられる。標準ドイツ語では対応する部分が A)閉鎖音[k⁽ʰ⁾]となるものと，B)摩擦音[x]または摩擦音[ç]となるものがあるが，A)は語頭，あるいは r, l の直後であれば語中・語末，B)は語中と語末に出現する[39]。歴史的には，A)は中高ドイツ語の k，B)は中高ドイツ語の ch に由来する[40]。

例：A) **Chind** [ɣ̊ind̥]「子供」, *nhd.* Kind＜*mhd.* kint；**Wulche** (Pl.) [ˈʋʊlɣ̊ə]「雲」, *nhd.* Wolken＜*mhd.* wolken, wulken；**starch** [ʒ̊tɒrɣ̊]「強

い」, *nhd.* stark＜*mhd.* starc；B) **mache** ['mɒxːə]「作る」, *nhd.* machen＜*mhd.* machen；**Buuch** [b̥uːɣ̊]「腹」, *nhd.* Bauch＜*mhd.* bûch；**riich** [riːɣ̊]「裕福な，豊富な」, *nhd.* reich＜*mhd.* rîch

4.4.5 鼻音 m [m(ː)]

鼻音 m [m(ː)] は，中高ドイツ語の m に由来し[41]，標準ドイツ語の鼻音 [m] と対応する。語末で短母音の直後に位置する場合は長子音化する。

例：**Muul** [muːl]「口」, *nhd.* Maul＜*mhd.* mûl；**Eermel** ['eːrməl]「袖」, *nhd.* Ärmel＜*mhd.* ermel；**waarm** [ʋɒːrm]「暖かい」, *nhd.* warm＜*mhd.* warm；**tumm** [tʊmː]「ばかな」, *nhd.* dumm＜*mhd.* tum

4.4.6 鼻音 n [n(ː)]

鼻音 n [n(ː)] は，中高ドイツ語の n に由来し[42]，標準ドイツ語の鼻音 [n] と対応する。短母音の直後の語末では長子音となる。

例：**Naase** ['nɒːz̥ə]「鼻」, *nhd.* Nase＜*mhd.* nase；**Wonig** ['ʋonɪɡ̊]「住まい」, *nhd.* Wohnung＜*mhd.* wonunge；**Paan** [pɒːn]「軌道」, *nhd.* Bahn＜*mhd.* ban；**tünn** [tyːn]「薄い」, *nhd.* dünn＜*mhd.* dünne

チューリヒ方言の n [n(ː)] で特徴的なのは，語末で脱落を生じているものが多いという点である。これはアクセントのある音節と，アクセントのない音節の両方で観察される。アクセントのある音節で n が脱落するのは，母音の直後である[43],[44]（例：**Wii** [ʋiː]「ワイン」, *nhd.* Wein＜*mhd.* wîn；**Stäi** [ʃtæɪ]「石」, *nhd.* Stein＜*mhd.* stein；**vo** [vo]「……によって，……について」, *nhd.* von；**aachoo** ['ɒːɣ̊oː]「到着する」, *nhd.* ankommen＜*mhd.* ankomen）。アクセントのない音節では，動詞の屈折語尾に属するものや（例：**mache** ['mɒxːə]「作る」, *nhd.* machen＜*mhd.* machen), d, t, g, s の直前に位置するもの，つまり中高ドイツ語や現代の標準ドイツ語では nt, ng, ns に含まれているもの（例：**äigetli** ['æɪɡətli]「本来の」, *nhd.* eigentlich＜*mhd.* eigentlich；**Löösig** ['løːz̥ɪɡ̊]「解決」, *nhd.* Lösung＜*mhd.* lœsunge；**Sägisse** ['z̥ɒɡɪsːə]「大鎌」, *nhd.* Sense＜*mhd.* sëgense）が

脱落を生じる[45]。

また，摩擦音の直前に位置することがないという点も特徴として挙げることができる[46]。中高ドイツ語や現代の標準ドイツ語とは異なり，チューリヒ方言ではnが脱落し，摩擦音の直前の母音が二重母音化している(例：**föif** [væɪ̯ɣ]「5」，*nhd.* fünf＜*mhd.* vünf；**Zeis** [tseɪ̯z̥]「利息」，*nhd.* Zins＜*mhd.* zins；**Fäischter** [ˈvæɪʃtər]「窓」，*nhd.* Fenster＜*mhd.* venster)。

4.4.7　鼻音 ng [ŋ(ː)]

鼻音 ng [ŋ(ː)]は，標準ドイツ語の鼻音[ŋ]と対応する。語末で短母音に後続する場合は長子音となる。中高ドイツ語では g，k/c の直前に位置するnが軟口蓋鼻音[ŋ]として発音されていたが，初期新高ドイツ語の段階でnが後続の g，k/c と同化して一つの音素として認識されるようになった[47]。歴史的には，チューリヒ方言 ng [ŋ(ː)]はこれとの対応関係を示す。

例：**Finger** [ˈvɪŋər]「指」，*nhd.* Finger＜*mhd.* vinger；**lang** [lɒŋː]「長い」，*nhd.* lang＜*mhd.* lanc

4.4.8　側面接近音 l [l(ː)]

側面接近音 l [l(ː)]は，中高ドイツ語の l に由来し[48]，標準ドイツ語の側面接近音[l]と対応する。短母音の直後の語末では長子音化する。

例：**Lüüt** [lyːt]「人々」，*nhd.* Leute＜*mhd.* liut；**spuele** [ʃpʊələ]「巻き取る」，*nhd.* spulen＜*mhd.* spuolen；**Pfiil** [pfiːl]「矢」，*nhd.* Pfeil＜*mhd.* phîl

4.5　標準ドイツ語と共通するもの

以下で扱うのは，標準ドイツ語にも出現するものである。語末に出現しない摩擦音 h [h](4.5.1)以外は，いずれも語頭・語中・語末で用いられる。歯茎震え音 r [r]については，スイス式標準ドイツ語(5.1を参照)において一般的であるという点から，そしてドイツの標準ドイツ語で通常用いられる口蓋

垂震え音[ʀ]の自由異音としても許容されるという点から，標準ドイツ語と共通するものという扱いとした。

4.5.1　摩擦音 h [h]

摩擦音 h [h]は中高ドイツ語のhに由来し[49]，標準ドイツ語では摩擦音[h]と対応する。ディート表記法での表記はhであるが，この綴りが標準ドイツ語のように直前の母音の長音記号として用いられることはない（例：**Zaal** [tsɒːl]「数」, *nhd.* Zahl）。ディート表記法でhが用いられるのは，実際に[h]の音が発せられる場合，もしくは一部の借用語で閉鎖音が気音を伴う場合(4.3.2, 4.3.4 を参照)である。

例：**Himel** [ˈhɪməl]「空」, *nhd.* Himmel ＜ *mhd.* himel

4.5.2　破擦音 pf [pf]

破擦音 pf [pf]は中高ドイツ語のpfに由来し[50]，標準ドイツ語の破擦音[pf]との対応関係を示す。

例：**Pfaarer** [ˈpfɒːrər]「牧師」, *nhd.* Pfarrer ＜ *mhd.* pfarrære；**stampfe** [ˈʒ̊tɒmpfə]「足踏みする」, *nhd.* stampfen ＜ *mhd.* stampfen；**Chopf** [ɣ̊opf]「頭」, *nhd.* Kopf ＜ *mhd.* kopf

4.5.3　破擦音 z/tz/ts [ts]

破擦音 ts [ts]は，中高ドイツ語のz/tzに由来し[51]，標準ドイツ語では破擦音[ts]と対応する。ディート表記法による表記には原則としてzが用いられるが，短母音の直後では標準ドイツ語のようにtzと綴ることが推奨されている[52]。

例：**Zädel** [ˈtsædəl]「紙切れ」, *nhd.* Zettel ＜ *mhd.* zëdel, zëtel；**setze** [ˈz̊etsə]「据える」, *nhd.* setzen ＜ *mhd.* setzen；**Chatz** [ɣ̊ɒts]「猫」, *nhd.* Katze ＜ *mhd.* katze

4.5.4　破擦音 tsch [tʃ]

破擦音 tsch [tʃ] には，A)標準ドイツ語の破擦音[tʃ]と対応し，中高ドイツ語の tsch に由来するものと，B)渡り音として n もしくは l と sch の間に生じた t が直後の sch と結合して生じたものがある[53]。また，渡り音として以外にも t は摩擦音，特に sch と結びつく現象が見られるが[54]，これによって生じた破擦音 tsch [tʃ] が C)語頭に出現するというケースもある。

例：A) **tüütsch** [tyːtʃ]「ドイツ(人，語)の」，*nhd.* deutsch ＜ *mhd.* diutsch, tiutsch；B) **Mäntsch** [mæntʃ]「人間」，*nhd.* Mensch ＜ *mhd.* mensch；**faltsch** [ɣɒltʃ]「間違った」，*nhd.* falsch ＜ *mhd.* valsch；C) **tschuld** [tʃʊld̥]「罪がある」，*nhd.* schuld ＜ *mhd.* schult

4.5.5　震え音 r [r]

震え音 r [r] は，中高ドイツ語の r に由来し[55]，標準ドイツ語の /r/ (震え音[ʀ]，[r]など)と対応する。

例：**Riis** [riːz̥]「米」，*nhd.* Reis ＜ *mhd.* rîs；**Èèrde** [ˈɛːrdə]「土，地面」，*nhd.* Erde ＜ *mhd.* ërde；**aber** [ɒb̥ər]「しかし」，*nhd.* aber ＜ *mhd.* aber

4.6　語中と文中の音韻現象：同化

前章では母音に関連する現象として，声門閉鎖音[ʔ]による声立てが行われない環境下での円滑な形態素間あるいは単語間の発音を取り上げたが，以下で見ていくのは，子音間の円滑な発音を実現する，同化という現象である。連続する形態素あるいは語の発音を円滑にするという点は連音と同様であるが，子音の同化は音質の変化を伴うことがあるという点で，やや異なる。

同じ子音が連続する場合，これらは断絶して発せられるのではなく，一つの硬音として発音される[56] (例：**abbiisse** [ˈɒb̥b̥iːsːə]→[ˈɒpːiːsːə]「食いちぎる」，*nhd.* abbeißen；**hät tänkt** [hæt tænkxt]→[hæ‿tːænkxt]「考えた」，*nhd.* hat gedacht)。4.3.6 で述べた，e が脱落した接頭辞 g- が語幹の先頭

の g- と同化して gg [k] が生じるというのは，この現象から説明される（例：**ggraabe** [ˈg̊g̊rɒːb̥ə]→[ˈkrɒːb̥ə]「掘る」，*nhd.* gegraben）。

チューリヒ方言，あるいはスイスドイツ語全体で特徴的であるのは，連続した異なる子音も同化を生じるという点である。この現象は，主として歯茎音と硬口蓋歯茎音が，後続する子音の同器官音へと変化し，可能な場合には後続の子音と一つの音へと融合するというものである。同化のパターンとしては，まず歯茎閉鎖音 d [d̥]，t [t] (4.6.1) や歯茎鼻音 n [n] (4.6.2) が直後の子音の同器官音へと変化するものがある。これをもたらすのは，両唇閉鎖音 b [b̥]，p [p]，両唇鼻音 m [m]，唇歯摩擦音 f [v̥]，軟口蓋閉鎖音 g [g̊]，gg [k]，軟口蓋摩擦音 ch [ɣ̊]，軟口蓋破擦音 k [kx] である。他には，歯茎破擦音 ts [ts] が後続の硬口蓋歯茎摩擦音 sch [ʒ̊] と融合し tsch [tʃ] へと変化する現象 (4.6.3)，歯茎摩擦音 s [z̥]，ss [s] が直前もしくは直後の硬口蓋歯茎摩擦音 sch [ʒ̊] と融合する現象 (4.6.4) がある。また，これに加え，音韻的な現象の域を出て語彙として定着したものについても言及する (4.6.5)。

4.6.1　歯茎閉鎖音の同化

歯茎閉鎖音 d [d̥]，t [t] が受ける変化には，後続の音の同器官音への変化にとどまり，それとの融合を生じないケースと，後続の音と融合可能な変化を受けるケースがある。融合を生じないのは両唇鼻音 m [m] が直後に位置する場合のみである（例：Baa**dm**antel [b̥ɒːd̥mɒntəl][57]＞Baa**bm**antel [b̥ɒːb̥mɒntəl][58]「バスローブ」，*nhd.* Bademantel；Broo**tm**ässer [b̥roːtmæsːər]＞Broo**pm**ässer [b̥roːpmæsːər]「パン切りナイフ」，*nhd.* Brotmesser）。

それ以外は直後の音の融合を生じさせるもので，両唇閉鎖音 b [b̥]，p [p] は p [p(ː)] への変化（例：müe**d b**in i [myəd̥ b̥ɪn ɪ]＞müe**p**ini [myəpːɪnɪ]「私は疲れている」，*nhd.* müde bin ich；si tue**t b**utze [zɪ tʊət b̥ʊtsə]＞si tue**p**utze [zɪ tʊəpːʊtsə]「彼女は掃除中です」，*nhd.* sie tut putzen），唇歯摩擦音 f [v̥] は pf [pf] への変化（例：Gol**df**asaan [g̊oldv̥ɒzɒːn]＞Gol**pf**asaan [g̊olpfɒzɒːn]「錦鶏」；mit **F**liis [mɪt v̥liːz̥]＞mi**pf**liis [mɪpfliːz̥]「故意に」，

nhd. mit Fleiß)を及ぼす。後者の Goldfasaan や mit Fliis では，d [d̥]，t [t]が同化を受けた結果生じた p [p]と，同化を及ぼした f [v̥]が結びついて pf [pf]が生じるというわけである。

軟口蓋閉鎖音が後続する場合は，gg [k(ː)]への融合が生じる(例：baadgascht [bɒːdɡ̊ɒʃt]＞Baaggascht [bɒːkːɒʃt]「湯治客」，nhd. Badegast；es hät glüütet [ez̥ hæt ɡ̊lyːtət]＞es hägglüütet [ez̥ hæklyːtət]「戸口のベルが鳴った」，nhd. es hat geläutet)。軟口蓋摩擦音が直後に位置すると，[kx]が発生する(例：Raadchette [rɒːd̥ɣ̊etːə]＞Raagchette (Raakette)[rɒːkxetːə]「自転車のチェーン」，nhd. Radkette；si hät chalt [zɪ hæt ɣ̊ɒlt]＞si hägchalt (häkalt)[zɪ hækxɒlt]「彼女が寒がっている」，nhd.(shd.) sie hat kalt)。このケースは，同化から生じた g [ɡ̊]と，同化をもたらした ch [ɣ̊]が結びついて[kx]となる。軟口蓋破擦音が後続する場合は，それに吸収されるかたちとなる(例：er hät gchaufft [er hæt kxæʊft]＞er hägchaufft (häkaufft) [er hækxæʊft]「彼は買った」，nhd. er hat gekauft)。

4.6.2 歯茎鼻音の同化

歯茎鼻音 n [n]の同化では，後続の音と融合する例は少なく，両唇鼻音 m [m]が直後に位置する場合のみである(例：unmügli [ʊnmyɡ̊lɪ]＞umügli [ʊmyɡ̊lɪ]「不可能な」，nhd. unmöglich)。この場合は，m [m]への融合が生じる。

それ以外は後続の音の同器官音への変化にとどまり，融合を生じない。歯茎鼻音[n]に関しては，m [m]への変化と ng [ŋ]への変化が見られる。m [m]への変化をもたらすのは両唇閉鎖音 b [b̥]，p [p](例：en Bèèrg [en b̥ɛːrɡ̊]＞embèèrg [emb̥ɛːrɡ̊]「山」，nhd. ein Berg；en Pantoffel [en pɒntofːəl]＞empantoffel [empɒntofːəl]「スリッパ」，nhd. ein Pantoffel)と，唇歯摩擦音 f [v̥](例：miin Vatter [miːn v̥ɒtːər]＞miimvatter [miːmv̥ɒtːər]「私の父」，nhd. mein Vater)である。そして，歯茎鼻音 n [n]を ng [ŋ]へと変化させるのは，軟口蓋閉鎖音 g [ɡ̊]，gg [k](例：

Bränglaas [br̥æŋg̊lɒːz̥] > Bränggla as [br̥æŋg̊lɒːz̥]「凸レンズ」, nhd. Brennglas), 軟口蓋摩擦音 ch [ɣ̊] (例：wän chunsch [ʋæn ɣ̊ʊnʃ] > wängchunsch [ʋæŋkxʊnʃ]「君はいつ来るの？」, nhd. wann kommst du), 軟口蓋破擦音 k [kx] (例：kän Käiser [kxæn kxæɪz̥ər] > kängkaiser [kxæŋkxæɪz̥ər]「皇帝（……ない）」, nhd. kein Kaiser) である。wän chunsch の例では、同化によって生じた ng [ŋ] と、同化を及ぼした ch [ɣ̊] が結合し、k [kx] が発生する。

歯茎閉鎖音 d [d̥]、t [t] と歯茎鼻音 n [n] からなる子音群 nd [nd̥]、nt [nt] が同化を生じることもある。それによって生じる変化の一つは nd [nd̥]、nt [nt] が mp [mp] となるもので、両唇閉鎖音 b [b̥]、p [p] (例：sind braav [z̥ɪnd̥ br̥ɒːv̥] > simpraav [z̥ɪmpr̥ɒːv̥]「（君たちは）行儀よくしなさい」, nhd. seid brav), 両唇鼻音 m [m] (例：er känt mi [er kxænt mɪ] > er kämpmi [er kxæmpmɪ]「彼は私を知っている」, nhd. er kennt mich)、唇歯摩擦音 f [v̥] (er ränt furt [er rænt v̥ʊrt] > er rämpfurt [er ræmpfʊrt]「彼は走り去る」, nhd. er rennt fort) によって引き起こされる。最後の er ränt furt の例では、同化によって生じた mp [mp] に含まれる p [p] と、同化をもたらした f [v̥] が結びついて pf [pf] となっている。

そしてもう一つは ng [ŋ] への変化である。これを生じさせるのは軟口蓋閉鎖音 g [g̊]、gg [k] (例：mer wänd gaa [mər vænd̥ g̊ɒː] > mer wänggaa [mər ʋæŋg̊ɒː]「私たちは行くつもりです」, nhd. wir wollen gehen；si händ ggässe [z̥ɪ hænd̥ kæsːə] > si hängggässe [z̥ɪ hæŋkæsːə]「彼らは食べた」, nhd. sie haben gegessen)、軟口蓋摩擦音 ch [ɣ̊] (例：grooss und chlii [g̊roːs ʊnd̥ ɣ̊liː] > groossungchlii [g̊roːsʊŋ kxliː]「大人も子供も」, nhd. groß und klein)、軟口蓋破擦音 k [kx] (例：er känt Kuur [er kxænt kxuːr] > er kängkuur [er kxæŋkxuːr]「彼はクールの街をよく知る」, nhd. er kennt Chur) である。grooss und chlii の例では、同化から生じた ng [ŋ] と、同化を及ぼした ch [ɣ̊] が結びついて [kx] が生じる。

4.6.3 歯茎破擦音の同化

歯茎破擦音 ts [ts] に生じる変化は，後続する sch [ʃ] が融合して tsch [tʃ] を形成するものである (例：**z s**pringe [ts̠ʃprɪŋə] > **tsch**pringe [tʃprɪŋə]「跳ねること」, *nhd.* springen；Glan**zsch**tuck [ɡlɒnts̠ʃtʊkx] > Glan**tsch**tuck [ɡlɒntʃtʊkx]「傑作」, *nhd.* Glanzstück)。しかし，ts [ts] が後続する場合には同化を生じない (例：**z z**wäie [ts tsʋæɪə]「接ぎ木すること」, *nhd.* (*shd.*) zu zweien)。

4.6.4 歯茎摩擦音の同化

歯茎摩擦音 s [z̠], ss [s] からは，隣接する硬口蓋歯茎摩擦音 sch [ʒ, ʃ] との融合により長子音 sch [ʃː] が生じる。歯茎摩擦音 s [z̠], ss [s] に対しては，硬口蓋歯茎摩擦音 sch [ʒ, ʃ] が後続するもの (**s sch**neit [z̠ ʒneɪt] > **sch**neit (**sch sch**neit) [ʃːneɪt]「雪が降る」, *nhd.* es schneit；Maa**ssch**taab [mɒːs̠ʃtɒːb̥] > Maa**sch**taab (Maa**schsch**taab) [mɒʃːtɒːb̥]「尺度」, *nhd.* Maßstab) だけでなく直前に位置するもの (例：hä**sch** si gsee [hæʃ zɪ ɡze̠ː] > hä**sch**i gsee [hæʃːɪ ɡze̠ː]「彼女を見かけた？」, *nhd.* hast du sie gesehen) も変化を及ぼす。

4.6.5 語彙として定着したもの

3.4.5 で例として挙げた öppis (*hd.* etwas「何か」) という語の発達は，歯茎閉鎖音に生じた同化 (4.6.1 を参照) という観点から説明することができる。öppis は中高ドイツ語では ëtewas という語形であったが，チューリヒ方言では母音間の w が b に変化し (4.3.1 を参照)，さらに e が脱落した。この環境下で，両唇閉鎖音 b は歯茎閉鎖音 t を p に変化させたものと捉えることができる。こうした同化を経て，öppis はチューリヒ方言の語彙として定着したものである[59]。このように，同化を生じた語形が歴史を通じて語彙化してきたものは少なくなく，Weber/Bächtold (³1983) の『チューリヒ方言辞典』にも見出し語として記載されているものもある (例：**goppel** < Gott well「も

ちろん，望むらくは」，*nhd.* Gott wolle)。

4.7　ま　と　め

　以上，前章と同様の手法でチューリヒ方言の子音について見てきた。この中では，チューリヒ方言と現代の標準ドイツ語，および中高ドイツ語との対応関係が明らかになった。そしてまた軟音と硬音の区別や，語中や文中の同化現象といった，標準ドイツ語とは大きな差異を示す現象も観察した。子音の場合は，標準ドイツ語で用いられないものや標準ドイツ語と部分的に共通するものは多いが，対応する個々の子音は音質的に大きくかけ離れたものではないと判断することができる。しかしその一方で長子音が出現したり，子音の同化が生じたりと，標準ドイツ語では見られない現象も確認された。

　今後の課題としては，前章でも述べたが，Keller (1961) や Weber (^{3}1987) の記述がどの程度現状に合致しているのかを検証することが挙げられる。また，本書で言及することはできなかったが，Keller (1961) の記述に散見される不備を補うこともまた，取り組むべき課題となる。発話のレベルで認識されるようなスイスドイツ語の特徴的な音韻現象については，同化の他にも様々な現象が観察されるので，やはり引き続き注目し続ける必要がある。

1) スイスドイツ語研究の先駆けといわれる Winteler (1876) の記述の中でも取り入れられている。
2) Keller (1961: 47).
3) 語中で硬音がより長く発音される現象に関して，Keller (1961: 46) は「特に短母音に後続する場合は，硬音は重子音の性質を帯びる傾向がある」と述べている。また，Weber (^{3}1987: 36) はチューリヒ方言に重子音が存在するという点に言及している。しかし Dieth (1950: 420) は実験によって得られた結果から，チューリヒ方言は他のスイスドイツ語諸方言とは異なり，重子音を有しない変種であると結論付けている。実験の中で Dieth (1950: 420) は，Rappe (「ラッペン (＝100 分の 1 スイスフラン)」) という語を例に，グラールス方言では母音間で長音化した硬音の内部に音節の境界が観察されるという点を明らかにしている。この場合，Rappe は Rap-pe という音節構造を有するということになる。他方，チューリヒ方言に関して Bappe (「パパ」) という語を例に明らかになったのは，長音化した硬音の内部には音節の境界が見られないとい

う点である．つまり，Bappe の音節は Ba-ppe と区切られる．Dieth (1950: 420) は，前者の発音については[rɒppə]という表記を，後者の発音については[bɒpːə]という表記を用いている．

　チューリヒ方言の長音化した硬音の扱いについては，研究者の間でも意見が分かれているが，Keller (1961: 46) や Weber (³1987: 36) も，それが他の多くのスイスドイツ語諸方言ほど明確に重子音として認識できるものではないと述べている．こうした事情から，本書では Dieth (1950: 420) のように，チューリヒ方言の長音化した硬音を重子音ではないものと扱う．

4) Keller (1961: 49).
5) Keller (1961: 49).
6) Keller (1961: 49).
7) Keller (1961: 49).
8) 一部の借用語に見られるように気音を伴って発音される場合は，ディート表記法では ph と綴られる．標準ドイツ語の Philosophie [filozoʹfiː]における ph のように[f]と読まないよう注意が必要である．例：**Phersoon** [pʰɛrʹz̥oːn]「人物」，*nhd.* Person＜*mhd.* për̃sôn＜*lat.* persōna
9) Keller (1961: 46).
10) Keller (1961: 50).
11) Keller (1961: 50).
12) Keller (1961: 50).
13) Keller (1961: 50).
14) Keller (1961: 49-50).
15) Keller (1961: 49-50).
16) 一部の借用語のように気音を伴って発音される場合は，ディート表記法では th と綴る．例：**Thakt** [tʰɒkt]「拍子」，*nhd.* Takt＜*lat.* tāctus
17) Keller (1961: 50).
18) Keller (1961: 50).
19) Keller (1961: 50).
20) Keller (1961: 50).
21) Keller (1961: 51).
22) Keller (1961: 51).
23) Keller (1961: 51).
24) Keller (1961: 51).
25) Keller (1961: 52).
26) Keller (1961: 52).
27) Dieth (²1986: 38, 40).
28) Keller (1961: 53).
29) Keller (1961: 53).

30) Keller (1961: 53), Weber (³1987: 35).
31) Keller (1961: 47), Weber (³1987: 39).
32) Keller (1961: 50).
33) Keller (1961: 50).
34) Keller (1961: 51).
35) Keller (1961: 51).
36) Keller (1961: 51).
37) Dieth (²1986: 24).
38) Baur (¹²2002) や Schobinger (²2001, ⁴2003) などのように，語頭で schp や scht という綴りを用いている教材や文法書もある。
39) Keller (1961: 51).
40) Keller (1961: 51).
41) Keller (1961: 52).
42) Keller (1961: 52).
43) Weber (³1987: 87-88).
44) 形容詞など屈折によりnを保ちうるものや(例：**schöön** [ˈʒøːn]「美しい」, e **schööni** Frau [ˈʒøːnɪ]「一人の美しい女性」), 借用語(例：**Balkoon**「バルコニー」< *frz.* balcon)では，母音の直後でのnの脱落は生じない。
45) Weber (³1987: 87-88).
46) Keller (1961: 52), Weber (³1987: 58-60).
47) Schmidt (2000: 330).
48) Keller (1961: 52).
49) Keller (1961: 53).
50) Keller (1961: 51).
51) Keller (1961: 51).
52) Dieth (²1986: 25).
53) Keller (1961: 51), Weber (³1987: 45).
54) Weber (³1987: 49).
55) Keller (1961: 52).
56) Keller (1961: 53).
57) 元の形の発音と表記。太字は，同化に関与していることを示す。
58) 同化によってもたらされた発音とそれに即した表記。アクセント記号は割愛した。ディート表記法は発音に忠実な表記を原則とするが，同化が生じる場合については元のかたちをとどめた表記を推奨している (Dieth ²1986: 43-44)。
59) 同様の例として，öppe (*nhd.* etwa < *mhd.* ëtewâ「およそ，たとえば」), öpper (< *mhd.* ëtewer「誰か」) を挙げることができる。

第5章　スイスドイツ語の形態と
　　　スイス式標準ドイツ語

5.1　導　入

　ドイツ語圏スイスの人々によって，話し言葉として用いられるのが「スイスドイツ語(Schweizerdeutsch)」であるのに対し，書き言葉として用いられるのは，スイスの標準変種である標準ドイツ語，すなわち「スイス式標準ドイツ語(Schweizerhochdeutsch)」である[1]。ドイツ語圏各国で公用語として使用される標準ドイツ語は，統一的にコード化された言語として理解されがちであるが，実際にはドイツ，オーストリア，スイスなど，ドイツ語を公用語とするそれぞれの国家に独自の標準変種が存在する。この状態をさして，ドイツ語は複数中心(plurizentrisch)の言語と称される。Ammon (1995: 9-11) は，このことを包括的に示すものとして，ドイツ，オーストリア，スイスの標準変種をはじめとする様々な標準ドイツ語のテクストを例示しており，これらを比較してみると，それぞれの標準変種の間に語彙や文法などの面で様々な差異が観察される。以下に示すのは Ammon (1995) からドイツの標準変種(Binnendeutsch)とスイスの標準変種のテクストを一部抜粋したもので，(1a)と(2a)がドイツの標準変種の文，(1b)と(2b)はスイスの標準変種の文である。

(1) a．[bdt.] Dann schwang ich mich auf mein Fahrrad, um zu meiner Wohnung zu fahren, die in einem alten Fachwerkhaus innerhalb der Stadtmauer liegt. (Ammon 1995: 9)「そして私は，町の外壁の内部

に造られた古い木骨家屋にある自分の部屋に向かうため，自転車に飛び乗った。」
  b. [shd.] Dann schwang ich mich auf mein Velo, um zu meiner Wohnung zu fahren, die in einem alten Riegelhaus innert der Stadtmauer liegt. (Ammon 1995: 10)

(2) a. [bdt.] Über mir hörte ich ein Radio. (Ammon 1995: 9)「私の上の方でラジオが聞こえていた。」
  b. [shd.] Über mir hörte ich einen Radio. (Ammon 1995: 10)

　(1)について見ると，ドイツの標準変種(1a)ではFahrrad(「自転車」)，Fachwerkhaus(「木骨家屋」)，innerhalb(「……の内部で」)が用いられるのに対し，スイスの標準変種(1b)では，それぞれVelo，Riegelhaus，innertという語が用いられている。また，(2)が示すのは，Radio(「ラジオ」)がドイツの標準変種(2a)では中性名詞であるのに対し，スイスの標準変種(2b)では男性名詞となっているということである。このようにスイス式標準ドイツ語を特徴付ける独自の要素は，「スイス語法(Helvetismus)」と呼ばれる。
　スイスの標準変種にはドイツの標準変種と異なる要素が出現するというのは，それ自体たしかに興味深い点である。しかし，さらに注目すべきなのは，こうしたスイス式標準ドイツ語の特徴的な要素の多くは，スイスドイツ語，すなわち方言と共有されているという点である。たとえば，(1b)のVeloはフランス語からの借用語，そしてinnertは古いドイツ語と捉えられるが，これらは方言でも使用される。また，(2b)が示すように，スイスの標準変種ではRadioは男性名詞であるが，これはたとえばチューリヒ方言においても男性名詞である。このように，ドイツの標準変種では観察されない言語現象がスイス式標準ドイツ語と方言で共有されているわけである。
　本章および次章の目的は，スイス式標準ドイツ語で観察される特徴的な方言的な要素を取り上げることを通じて，スイス式標準ドイツ語とスイスドイツ語の接点を探ることである。本書では，こうした要素の出現が特に顕著で

ある形態と語彙の側面に焦点を当て，本章と次章にわたって述べていく。スイス式標準ドイツ語の様々な特徴については，すでに Kaiser (1969, 1970)，Meyer (1989, 1994)，Russ (1994)，Ammon (1995)，Haas (^{2}2000b)，Rash (2002) などが指摘しており，ドイツの標準ドイツ語との差異は明らかになっているが，本書ではさらに方言との比較という観点を取り入れる。ここで比較対象とする方言は，チューリヒ方言とする。まず 5.2 では，スイスドイツ語の主要な形態的特徴に言及する。そして 5.3 で，ドイツの標準変種では観察されないが，スイスの標準変種と方言で共通する形態的特徴の中で，特に目を引くものをいくつか取り上げる。その特徴とは，主として接尾辞の用法に見られるものである。

5.2 スイスドイツ語の形態的特徴

まずは，スイスドイツ語の形態に関する 2 つの大きな特徴について見ていきたい。それは，他の多くのドイツ語方言と同様に，形態的な属格を有しないこと (5.2.1)，そして動詞の過去形を有しないこと (5.2.2) である。これらの現象はスイス式標準ドイツ語と共有されているわけではなく，方言にのみ観察されるものであるが，形態的特徴の主要なものといえるため本書で取り上げることとした。以下においてチューリヒ方言を例にこのことを示すが，スイスドイツ語の包括的・概説的記述という本書の趣旨とスイスドイツ語学習への配慮から，代表的な冠詞類，代名詞類，動詞の変化表を記載する。これらの語形は Weber (^{3}1987) や Baur (^{12}2002) に基づく。

5.2.1 属格の消失

形態的な属格が存在しないのは，以下に示す定冠詞，不定冠詞，形容詞，指示代名詞，否定冠詞，所有冠詞，疑問代名詞など，格変化を生じるものすべてである。以下に示すのは，これらの主格，与格，対格の格変化であるが，(人称代名詞を除いては) 主格と対格が同形であるということも特筆すべき点である。

|定冠詞　**de**「その」|

	m.	f.	n.	Pl.
Nom./Akk.	**de** Maa	**d** Frau	**s** Chind	**d** Lüüt
Dat.	**em** Maa	**de** Frau	**em** Chind	**de** Lüüte
	「男性」	「女性」	「子供」	「人々」

　母音で始まる名詞を補部とする場合は，その語源に沿って男性・主格／対格や女性・与格の der（例：**der** Öpfel「りんご」；**der** Orangsche「オレンジ」），複数・与格の den（例：**den** Äier「卵」）という形が保たれる。

　不定冠詞では，与格に emene と eme，enere と ere のような長形と短形の2種類が存在する。

|不定冠詞　**en**「ある，一つの」|

	m.	f.	n.
Nom./Akk.	**en** Maa	**e** Frau	**es** Chind
Dat.	**emene** Maa	**enere** Frau	**emene** Chind
	eme Maa	**ere** Frau	**eme** Chind

　前置詞の補部となる場合は，専ら短形が使用されるが(例：**mit eme** Maa「ある男と」)，それ以外の場合には同等に使用される。また，母音で始まる名詞を補部とする場合は，女性・主格／対格や，男性／女性／中性・与格の不定冠詞は母音接続を回避する目的から n が挿入される(例：**emenen** Öpfel「りんご」；**eren** Orangsche「オレンジ」)。

　形容詞が伴う場合，定冠詞や不定冠詞の一部に変化が生じる。定冠詞では女性および複数の主格／対格が d から di へ，不定冠詞では中性・主格／対格が es から e へとなっている。

形容詞　guet「良い」				
	m.	f.	n.	Pl.
Nom./Akk.	**guete** Maa	**gueti** Frau	**guets** Chind	**gueti** Lüüt
Dat.	**guetem** Maa	**gueter** Frau	**guetem** Chind	**guete** Lüüte

定冠詞＋形容詞				
	m.	f.	n.	Pl.
Nom./Akk.	de **guet** Maa	di **guet** Frau	s **guet** Chind	di **guete** Lüüt
Dat.	em **guete** Maa	de **guete** Frau	em **guete** Chind	de **guete** Lüüte

不定冠詞＋形容詞			
	m.	f.	n.
Nom./Akk.	en **guete** Maa	e **gueti** Frau	e **guets** Chind
Dat.	emene **guete** Maa	enere **guete** Frau	emene **guete** Chind
	eme **guete** Maa	ere **guete** Frau	eme **guete** Chind

　母音を語頭にもつ形容詞が定冠詞や不定冠詞に後続する場合もまた，定冠詞では男性・主格／対格や女性・与格の der（例：**der** alt Maa「その年配の男性」；**der** alte Frau「その年配の女性」），複数・与格の den（例：**den** alte Lüüte「その年配の人々」），不定冠詞では女性・主格／対格や，男性／女性／中性・与格の不定冠詞で n を伴うものが出現する（例：**emenen**　alte Maa「ある年配の男性」；**eren**　alte Frau「ある年配の女性」）。女性／複数・主格／対格の定冠詞 di は n を伴わない。
　指示代名詞 dèè は，母音で始まる要素が後続しても n が付加されない。指示代名詞 desäb は，語形は標準ドイツ語の derselbe（「同一の」）に相当するものであるが，意味合いとしては指示代名詞 jener（「あちらの」）と対応する。指示代名詞 desäb の与格には 2 つの系列がある。

指示代名詞　dèè「この」

	m.	f.	n.	Pl.
Nom./Akk.	dèè Maa	die Frau	daas Chind	die Lüüt
Dat.	dèm Maa	dère Frau	dèm Chind	dène Lüüte

指示代名詞　desäb「あちらの」

	m.	f.	n.	Pl.
Nom./Akk.	desäb Maa	disäb Frau	säb Chind	disäbe Lüüt
Dat.	emsäbe Maa	desäbe Frau	emsäbe Chind	desäbe Lüüte
	säbem Maa	säbere Frau	säbem Chind	säbne Lüüte

　与格の使い分けは任意であるが，前置詞の補部となる場合は säbem, säbere, säbne 型を用いる傾向がある（例：**i säbere** Stadt「あちらの街では」）。
　否定冠詞は主格／対格と与格ともに2種類あるが，双方は意味の相違もなく同等に用いられる。

否定冠詞　kän「……ない」

	m.	f.	n.	Pl.
Nom./Akk.	kän Maa	kä Frau	käs Chind	kä Lüüt
	ekän Maa	ekä Frau	ekäs Chind	ekä Lüüt
Dat.	käm Maa	känere Frau	käm Chind	käne Lüüte
	ekäm Maa	ekänere Frau	ekäm Chind	ekäne Lüüte

　所有冠詞の格変化は2種類で，miin（「私の」），diin（「君の」），siin（「彼の」）型と，öise（「私たちの」），ire/Ire（「彼女の，彼らの，彼女らの，それらの／あなた(たち)の」），öie（「君たちの」）型がある。

第5章　スイスドイツ語の形態とスイス式標準ドイツ語　93

|所有冠詞　miin「私の」|

	m.	f.	n.	Pl.
Nom./Akk.	**miin** Vatter	**miini** Mueter	**miis** Chind	**miini** Fründ
Dat.	**miim** Vatter	**miinere** Mueter	**miim** Chind	**miine** Fründe
	「父」	「母」	「子供」	「友人」

|所有冠詞　öise「私たちの」|

	m.	f.	n.	Pl.
Nom./Akk.	**öise** Vatter	**öisi** Mueter	**öises** Chind	**öisi** Fründ
Dat.	**öisem** Vatter	**öisere** Mueter	**öisem** Chind	**öisne** Fründe

|所有冠詞　ire「彼女の」|

	m.	f.	n.	Pl.
Nom./Akk.	**ire** Vatter	**iri** Mueter	**ires** Chind	**iri** Fründ
Dat.	**irem** Vatter	**irere** Mueter	**irem** Chind	**irne** Fründe

　疑問代名詞も属格をもたず，主格と対格が同形である。また，人を表す疑問詞は，主格／対格が wèè，与格が wèm である。

|疑問代名詞　wele「いずれの」|

	m.	f.	n.	Pl.
Nom./Akk.	**wele** Maa	**weli** Frau	**weles** Chind	**weli** Lüüt
Dat.	**welem** Maa	**welere** Frau	**welem** Chind	**welne** Lüüte

　人称代名詞はこれまで見てきたものとは異なり，主格と対格は同形でない。また，発音の強さに応じて強形，基本形，弱形が存在し，これが表記にも反映される。以下では，左列から強形，基本形，弱形の順で記載した。

|人称代名詞|

	1. Sg. ich「私」			1. Pl. mir「私たち」		
Nom.	iich	ich	i	miir	mir	mer
Dat.	miir	mir	mer	öis	öis	is
Akk.	miich	mich	mi	öis	öis	is

	2. Sg. du「君」			2. Pl. ir「君たち」		
Nom.	duu	du	de, t	iir	ir	er
Dat.	diir	dir	der	öi	öi	i
Akk.	diich	dich	di	öi	öi	i

	3. Sg. er「彼」			3. Sg. si「彼女」		
Nom.	èer	èr	er	sii	si	si, s
Dat.	imm	im	em	ire	ire, ere	ere, re
Akk.	inn	in	en	sii	si	si

	3. Sg. es「それ」			2. Sg./Pl. Si「あなた(たち)」		
				3. Pl. si「彼ら, 彼女ら, それら」		
Nom.	èes	ès, es	es, s	sii	si	s
Dat.	imm	im	em	ine	ine, ene	ene, ne
Akk.	ins	ins, es	s	sii	si	s

　スイスドイツ語では，形態的に属格を示す要素がないことから wäge (*hd.* wegen「……ゆえに」)，wäret (*hd.* während「……の期間中」)，statt (*hd.* statt「……の代わりに」)，trotz (*hd.* trotz「……にもかかわらず」)といった前置詞は，標準ドイツ語とは異なり与格を補部とする(例：wäret **em ganze Taag**「一日中」，*hd.* während des ganzen Tages)。そしてこの用法は，スイス式標準ドイツ語にも転用されることがある(例：*shd.* während **dem ganzen Tag**「一日中」)。

以上のように形態としての属格は存在しないが,「属格相当表現」自体がないというわけではない。所有を表現する手段は2つあり,一つは標準ドイツ語でも一般的であるように,「……の」という意味を表す前置詞 vo (*hd.* von)を用いるもの(3a)で,そしてもう一つは所有の与格(3b)によるものである。

(3) a. D gyge **vom** mäitli isch ewägchoo. (Baur [12]2002: 147)「その女の子(-m mäitli)の(vo-)バイオリンが(d gyge)なくなってしまった。」(*Die Geige vom Mädchen ist weggekommen.*)

b. **Em** mäitli **syni** gygen isch wägchoo. (Baur [12]2002: 147).「その女の子［にとって(Em mäitli)彼女］の(syni)バイオリンが(gyge)なくなってしまった。」(*Die Geige des Mädchens ist weggekommen.*；逐語訳 „*Dem Mädchen seine Geige ist weggekommen*") [2]

5.2.2 過去形の消失

過去形が存在しないというのは,すべての動詞に共通である。また,すべての動詞に関して1人称,2人称,3人称の複数形が同じ形であるという点も特徴的である。これはスイスドイツ語全体の特徴というわけではなく,動詞の複数形が同じ形であるかどうかは地域によって異なる(2.3.2を参照)。以下に示すのは規則動詞の人称変化,および主要な不規則動詞の人称変化である。話法の助動詞もこれに含まれる。

弱変化動詞は2人称単数,3人称単数,接続法第2式の語尾の前に i や e が現れるものと,そうでないものに分けられる。

		弱変化動詞		強変化動詞
		mache「作る」	**luege**「見る」	**singe**「歌う」
1. Sg.	ich	**mache**	**luege**	**singe**
2. Sg.	du	**machsch**	**luegisch**	**singsch**
3. Sg.	er	**macht**	**lueget**	**singt**

1. Pl.	mir	**mached**	**lueged**	**singed**
2. Pl.	ir	**mached**	**lueged**	**singed**
3. Pl.	si	**mached**	**lueged**	**singed**
2. Sg./Pl.	Si	**mached**	**lueged**	**singed**
Subj.		**machi**	**luegi**	**singi**
Kond.		**machti**	**luegeti**	**singti**
Part. Perf.		**gmacht**	**glueget**	**gsunge**

　以下に記すのは，主要な不規則動詞である。標準ドイツ語には sein (「……である」) に過去分詞として接頭辞 ge- が結びついた "gesein" という語形は存在しないが，チューリヒ方言ではそれに対応する gsii が用いられる。

主要な不規則動詞

		sii	**haa**	**weerde**
		「……である」	「持っている」	「……になる」
1. Sg.	ich	**bi**	**ha, hä**	**wiirde**
2. Sg.	du	**bisch**	**häsch**	**wiirsch**
3. Sg.	er	**isch**	**hät**	**wiirt**
1. Pl.	mir	**sind**	**händ**	**weerded**
2. Pl.	ir	**sind**	**händ**	**weerded**
3. Pl.	si	**sind**	**händ**	**weerded**
2. Sg./Pl.	Si	**sind**	**händ**	**weerded**
Subj.		**seig**	**heig**	**weerdi**
Kond.		**wäär**	**hett**	**wüür**
Part. Perf.		**gsii**	**ghaa**	**woorde**

　いくつかの動詞は，標準ドイツ語とは異なり不定詞が縮約を受けている。その代表的なものを次に挙げる。

		choo「来る」	gaa「行く」	gèè「与える」
1. Sg.	ich	chume	gaane	gibe
2. Sg.	du	chunsch	gaasch	gisch
3. Sg.	er	chunt	gaat	git
1. Pl.	mir	chömed	gönd	gänd
2. Pl.	ir	chömed	gönd	gänd
3. Pl.	si	chömed	gönd	gänd
2. Sg./Pl.	Si	chömed	gönd	gänd
Subj.		chömm	göng	gäb
Kond.		chiem, chèèm	gieng	gèèb
Part. Perf.		choo	ggange	ggèè

		laa「……させる」	nèè「取る」	staa「立っている」
1. Sg.	ich	laane	nime	staa
2. Sg.	du	laasch	nimsch	staasch
3. Sg.	er	laat	nimt	staat
1. Pl.	mir	lönd	nämed	stönd
2. Pl.	ir	lönd	nämed	stönd
3. Pl.	si	lönd	nämed	stönd
2. Sg./Pl.	Si	lönd	nämed	stönd
Subj.		lös	näm	stand, stönd
Kond.		lies	nèèm	stiend
Part. Perf.		glaa	gnoo	gstande

　話法の助動詞は過去分詞をもたないため，不定詞で代用される（例：Das han i wele.「それを私は望んでいたのです。」 *hd.* Das habe ich gewollt.）。

			chöne	möge	müese
			「……できる」	「……かもしれない」	「……しなければならない」
1. Sg.		ich	cha	mag	mues
2. Sg.		du	chasch	magsch	muesch
3. Sg.		er	cha	mag	mues
1. Pl.		mir	chönd	möged	müend
2. Pl.		ir	chönd	möged	müend
3. Pl.		si	chönd	möged	müend
2. Sg./Pl.		Si	chönd	möged	müend
Subj.			chönn	mög	mües
Kond.			chönt	möcht	müest
Part. Perf.			chöne	möge	müese

			söle, sele	töörffe	wele
			「……すべきである」	「……してよい」	「……するつもりである」
1. Sg.		ich	söll	töörff	wott
2. Sg.		du	sölisch	töörffsch	wotsch
3. Sg.		er	söll	töörff	wott
1. Pl.		mir	söled	töörffed	wänd
2. Pl.		ir	söled	töörffed	wänd
3. Pl.		si	söled	töörffed	wänd
2. Sg./Pl.		Si	söled	töörffed	wänd
Subj.			söll, sell	töörffi	well
Kond.			sött, sett	töörffti	wett
Part. Perf.			söle, sele	töörffe	wele

　スイスドイツ語には過去形が存在しないことから，過去の出来事を述べる場合には，専ら現在完了形が用いられる。標準ドイツ語の口語では多くの場合，過去形の代わりに現在完了形が用いられるが，sein（「……である」）や

haben (「持っている」) など，ich war や ich hatte といったように過去形を用いることが一般的な動詞もいくつか存在する。スイスドイツ語では，これらに相当する動詞であっても現在完了形を使用することになるわけであるが (例：Ich **bi** chrank **gsii**.「私は病気だった。」, *hd.* Ich war krank.；I **ha** käs Gält **ghaa**.「私は金を持っていなかった。」, *hd.* Ich hatte kein Geld.)，このことは過去完了の形式におけるスイスドイツ語と標準ドイツ語の違いにも現れている。完了形を作る助動詞でもある sii (*hd.* sein) と haa (*hd.* haben) の語形に着目してみると，標準ドイツ語では通常，sein の過去形と過去分詞，あるいは haben の過去形と過去分詞の組み合わせで過去完了を表現するが (例：Er war gegangen.「彼は行ってしまっていた。」; Er hatte geschlafen.「彼は寝てしまっていた。」)，これに対しスイスドイツ語では，助動詞 sii の過去形に代わる現在完了 (ich bi ... gsii, *hd.* ich bin ... gewesen など) と過去分詞の組み合わせ，あるいは助動詞 haa の過去形に代わる現在完了 (ich ha ... ghaa, *hd.* ich habe ... gehabt など) と過去分詞の組み合わせによって過去完了を形成するのである (例：Er **isch** ggange **gsii**.；Er **hät** gschlaaffe **ghaa**.)。

5.3　スイスドイツ語とスイス式標準ドイツ語の形態的特徴

　次に見ていくのは，スイスドイツ語とスイス式標準ドイツ語に共通し，かつドイツの標準ドイツ語とは異なる形態的側面である。この中で着目するのは，スイス式標準ドイツ語やスイスドイツ語に独特の要素による，ドイツの標準変種には出現しない語の形成と (5.3.1)，ドイツの標準変種と共通する要素による，ドイツの標準変種には出現しない語の形成 (5.3.2) である。後者は，接尾辞自体は標準ドイツ語にも存在するが，形成される語はスイスドイツ語とスイス式標準ドイツ語でのみ用いられることを意味する。これらは，接尾辞など特定の形態素による語形成が対象となることから，本書では語彙ではなく形態の枠組みで論じる[3]。

5.3.1　独自の要素による語形成

　ドイツの標準変種に存在しない語を形成する，スイス式標準ドイツ語の代表的な要素として挙げられるのは，名詞を形成する接尾辞 -et，-ete，-(e)li である。そしてこれらを用いた語は方言にも存在する。-li は，ドイツの標準ドイツ語では縮小辞 -lein に相当するものであるが，-li を用いた語はドイツの標準変種では用いられないことから，この枠組みで取り上げる。

5.3.1.1　接尾辞 -et

　スイス式標準ドイツ語の -et は，動詞から男性名詞を派生する接尾辞で，これによって形成される名詞は周期的に生じる自然現象や毎年行われる集団的な作業，あるいは恒例行事，風習などを表す[4] (例：*shd*. **Antrinket**「開業祝い・歓迎の乾杯」<antrinken「飲み始める」；*shd*. **Aussiesset**「競技会のための射撃練習」<ausschiessen[5]「競技で射撃をする」；*shd*. **Blühet**「開花期」<blühen「花が咲いている」；*shd*. **Leset**「ぶどう摘み」<lesen「収穫する」)。元になっている動詞が，後述のスイス式標準ドイツ語に独特の動詞であるケースもある (例：*shd*. **Heuet**「干草の刈り入れ」<heuen「干草を作る」；**Schwinget**「シュヴィンゲン（スイス相撲）の競技会」<*shd*. schwingen「シュヴィンゲンをする」)。

　チューリヒ方言においても -et は，スイス式標準ドイツ語と同様，一定の期間に生じる季節的な自然現象や，毎年行われる作業の時季，祝祭などの催しといったものを表す男性名詞を形成する[6] (例：*zd*. **Aatrinket**「開店祝いの乾杯」<aatrinken「飲み始める」；*zd*. **Blüet**「開花期」<blüe「花が咲いている」；*zd*. **Hðiet**「干草の刈り入れ」<hðie「干草を作る」；*zd*. **Schwinget**「シュヴィンゲンの競技会」<schwinge「シュヴィンゲンをする」)。後述のように，スイス式標準ドイツ語に特有の動詞は方言においても用いられる。

5.3.1.2　接尾辞 -ete

接尾辞 -ete もまた動詞から名詞を派生する接尾辞で，女性名詞を形成する。スイス式標準ドイツ語で形成される名詞は主として，ある行為や，ある行為の結果生じるものを表す[7]（例：*shd.* **Putzete**「掃除」＜putzen「きれいにする」；*shd.* **Schleglete**「殴り合い」＜schlegeln「（棒などで）叩く」；*shd.* **Tanzete**「踊り，舞踏会」＜tanzen「踊る」）。スイス式標準ドイツ語に特有の動詞から作られるものもある（例：*shd.* **Lismete**「編むこと，編んで作ったもの」＜lismen「編む」；*shd.* **Metzgete**「畜殺，肉製品」＜matzgen「畜殺する」；*shd.* **Züglete**「引っ越し」＜zügeln「運送する」）。

方言でも -ete は同様に用いられ，ある行為やその結果（例：*zd.* **Butzete**「掃除」＜butze「きれいにする」；*zd.* **Schleglete**「殴り合い」＜schlegle「ひと殴りする」；*zd.* **Tanzete**「踊り，舞踏会」＜tanze「踊る」；*zd.* **Lismete**「編むこと，編んで作ったもの」＜lisme「編む」；*zd.* **Metzgete**「畜殺，肉製品」＜matzge「畜殺する」；*zd.* **Züglete**「引っ越し」＜zügle「引っ越す」）を表す女性名詞を形成する[8]。また，方言の -ete は，ある行為により多量に生じたものや（例：*zd.* **Bachete**「一度にたくさん焼かれたパン・ケーキ類」＜bache「（パン・ケーキなどを）焼く」），ある行為が要する多量のもの（*zd.* **Träägete**「積荷」＜trääge「運ぶ」）も表す[9]。

5.3.1.3　接尾辞 -(e)li

スイス式標準ドイツ語の -(e)li は縮小辞で，中性名詞を形成する。すべての名詞で使用可能というわけではないものの，家庭用品や服飾，食物など身の回りのもの，あるいは動物や植物の名称など様々な名詞に広く用いられる（例：*shd.* **Bettli**「ベッド」；*shd.* **Brötli**「パン」；*shd.* **Hütli**「帽子」；*shd.* **Kleidli**「ワンピース」；*shd.* **Körbli**「かご」；*shd.* **Rübli**「ニンジン」；*shd.* **Tischli**「テーブル」；*shd.* **Würstli**「ソーセージ」）。また，ドイツの標準ドイツ語では縮小形で用いないような名詞にも，スイス式標準ドイツ語では縮小形にされるものがある（例：*shd.* **Kässeli**「貯金箱」＜Kasse「金庫」）。

スイス式標準ドイツ語の名詞の縮小形には，ドイツの標準変種と同様，本

来の意味での縮小形の他に，縮小の意味合いが薄れてしまったものもある。たとえば基礎となる名詞が今日では存在していないとか，基礎となる名詞とは異なる独自の意味をもつようになったなどの要因から，ほとんど独立した単語と認識されているものである[10](例：shd. **Bürdeli**「粗朶の束」; shd. **Häuptli**「結球野菜の球」; shd. **Hörnli**「クロワッサン」; shd. **Meitli**「少女」; shd. **Rippli**「豚の骨付きあばら肉」)。

また，基礎になっている名詞の示すもの自体がすでに小さいなどの要因から，元の名詞との意味の相違がないものもあるが(例：shd. **Erbsli**「エンドウマメ」; shd. **[Berg]heimetli**「山地の小規模な農地」; shd. **Speckwürfeli**「サイコロ大に切ったベーコン」; shd. **Nachttischli**「ナイトテーブル」)，このような場合，スイス式標準ドイツ語では縮小形の使用が好まれる。

スイス式標準ドイツ語の名詞の縮小形の特徴は，ドイツの標準ドイツ語にはない語形である接尾辞 -(e)li が用いられるという点にあるが，ドイツの標準ドイツ語で用いられる -chen や -lein との交替が可能なものもある(例：shd. **Plättli/Plättchen**「タイル」; shd. **Kässeli/Kässlein**「貯金箱」; shd. **Päckli/Päcklein/Päckchen**「小型郵便，タバコなどの小さい箱」)。

チューリヒ方言では，縮小辞として用いられるのは -(e)li の形式のみであり，-lein や -chen は使用されない。スイス式標準ドイツ語と同様，家庭用品や服飾，食物など身の回りのもの，あるいは動物や植物の名称などに用いられる(例：zd. **Bettli**「ベッド」; zd. **Bröötli**「パン」; zd. **Chläidli**「ワンピース」; zd. **Chöörbli**「かご」; zd. **Hüetli**「帽子」; zd. **Rüebli**「ニンジン」; zd. **Rössli**「馬」; zd. **Rööshli**「バラ」; zd. **Tischli**「テーブル」; zd. **Wüürschtli**「ソーセージ」)。また，ドイツの標準ドイツ語ではあまり縮小形で用いないような名詞が縮小形にされるという点も同様である(例：zd. **Kässeli**「貯金箱」<Kasse「金庫」)。

方言においても，元になっている名詞が現存していなかったり，元の名詞とは異なる独自の意味が発達していったりという要因から，縮小形という意味合いが薄れ，独立した単語と認識されるケースがある[11](例：zd. **Buůrdeli**「粗朶の束」; zd. **Fèèrli**「仔豚」; zd. **Hòiptli**「結球野菜の球」;

zd. **Hööggli**「鉤針」；*zd.* **Höörndli**「クロワッサン」；*zd.* **Lääberli**「レバー焼き」；*zd.* **Mäitli**「少女」；*zd.* **Rippli**「豚の骨付きあばら肉」；*zd.* **Veieli**「スミレ」）。

また，基礎となる名詞の示すもの自体が小さいものであり，縮小形との意味の相違がほとんど生じない場合には，縮小辞を伴う形式が好んで用いられるという点も同様である（例：*zd.* **Ärbsli**「エンドウマメ」；*zd.* **Bachstälzli**「セキレイ」；*zd.* **Biili**「ミツバチ」；*zd.* **Häimetli**「山地の小規模な農地」；*zd.* **Nachttischli**「ナイトテーブル」）。それゆえ，基礎になっている名詞の存在は，あまり意識されなくなっている[12]。

5.3.2 ドイツの標準ドイツ語と共通の要素による語形成

方言やスイス式標準ドイツ語に特有の語は，ドイツの標準ドイツ語と共通の要素からも作られる。こうした要素はドイツの標準変種と共通して用いられるものであるが，その通用範囲にドイツの標準変種との差異がある。こうした特徴は，名詞と動詞に大きく現れている。この中で最初に見ていきたいのは，名詞からの品詞転換による動詞の形成である。これは接尾辞を用いた動詞派生とは異なるが，動詞であることを明示する形態素が関与する現象であることから，本章で扱っている。

5.3.2.1 名詞から動詞への品詞転換

名詞が動詞の語尾 -(e)n を伴って動詞化したものはドイツの標準変種にも多く見られるが，方言やスイス式標準ドイツ語ではさらに生産的で，ドイツの標準変種では用いられない動詞が作られている。名詞から動詞化したものには，主語を含む意味をもつものや，目的語を含む意味をもつものがあり，元になっている語に応じて，様々なタイプに分けられる。その分類としては，ドイツの標準変種と同じように，元の名詞が示す身分である（例：*shd.* **bauern**「農業を営んでいる」＜Bauer「農民」；*shd.* **hirten**「牛／羊飼いをする，牛／羊飼いである，家畜の世話をする」＜Hirt「牛飼い，羊飼い」；*shd.* **wirten**「飲食店を経営する」＜Wirt「飲食店経営者」），元の名詞が示す

もののような行動をする，あるいはその性質・形状・様態になる(例：*shd.* **fegnesten**「(落ち着きのない子供のように)そわそわする」<Fegnest「落ち着きのない子供」；*shd.* **sperbern**「(ハイタカのように)鋭く見つめる」<Sperber「ハイタカ」)，元の名詞が示す自然現象が生じる，あるいは元の名詞が示す時間帯や時期になる(例：*shd.* **nachten**「夜になる」<Nacht「夜」)，元の名詞が示すものを行う(例：*shd.* **festen**「供宴をする」<Fest「祭り，祝宴」)，元の名詞が示すものを生じさせる(例：*shd.* **heuen**「干草を作る」<Heu「干草」；*shd.* **pfaden**「道を開く」<Pfad「小道」；*shd.* **scheiten**「(薪を)割る」<Scheit「薪」)，元の名詞が示すものが対象となる行為をする(例：*shd.* **gasten**「(客を)泊める，(客を)もてなす」<Gast「客」)，元の名詞が示すものを使う行為をする(例：*shd.* **keulen**「畜殺する」<Keule「こん棒」)，または元の名詞が示す場所で行動する(例：*shd.* **alpen**「家畜を牧草地に出しておく，家畜が牧草地に出ている」<Alp「牧草地」；*shd.* **tischen**「食事の用意をする」<Tisch「食卓」)といったものを挙げることができる。

　これらは不定詞でのみ出現可能という制約があるわけではなく，次のスイス式標準ドイツ語の例が示すように，定動詞や過去分詞となることも可能である。

(4) Ich bin der letzte, der so **bauert**, sagt der Mann. (Meyer 1989: 91)「そういうふうに農業をするのは自分が最後だと，その男は言う。」

(5) Hinter dem Tanzsaal lag ein kleiner Hof. Im Sommer wurde hier **gewirtet**. (Meyer 1989: 329)「そのダンスホールの裏には小さな中庭があった。夏にはこの場所で食堂が開かれた。」

　以上で挙げたような，スイス式標準ドイツ語に独特の動詞は方言でも用いられる(例：*zd.* **puure**「農業を営んでいる」；*zd.* **hüïrte**「牛／羊飼いをする，牛／羊飼いである，家畜の世話をする」；*zd.* **wüïrte**「飲食店を経営する」；*zd.* **fägneschte**「そわそわする」；*zd.* **spärbere**「虎視眈々と待ち伏せる」；

zd. **nachte**「夜になる」；*zd.* **fäschte**「供宴をする」；*zd.* **hŏie**「干草を作る」；*zd.* **pfaade**「道を開く」；*zd.* **schiite**「（薪を）割る」；*zd.* **tische**「食事の用意をする」）。

　以下で紹介する例は，ドイツの標準ドイツ語で対応する語がないものである。スイス式標準ドイツ語で許容されるかどうかについては Kaiser (1969, 1970) や Meyer (1989) に記載がなく，定かではないため検証を要する。Weber/Bächtold (³1983: 371) が挙げている例で面白いものとしては，器具を表す合成語が元の名詞になっているものがある（*zd.* **pfaneteckle**「2つのフライパンの蓋を打ち合わせて騒音を出す」＜Pfaneteckel「フライパンの蓋」；*zd.* **schliiffschuene**「スケートをする」＜Schliiffschue「スケート靴」）。

　また，『チューリヒ方言辞典』(Weber/Bächtold ³1983) を参照した限りでは，農作業や収穫，外仕事に関する動詞が豊富である（例：*zd.* **beere**「ベリーを探す」＜Beeri「液果類，ベリー」；*zd.* **birlige**「干草の小さなかたまりを積み上げる」＜Birlig「干草の小さなかたまり」；*zd.* **gaarbe**「穀物の束を作る」＜Gaarb「穀物の束」；*zd.* **gaarte**「庭仕事をする」＜Gaarte「庭」；*zd.* **griene**「砂利を敷く」＜Grie「砂利」；*zd.* **habere**「燕麦の種をまく，燕麦を馬に与える」＜Haber「燕麦」；*zd.* **hèrdöpfle**「ジャガイモを収穫する」＜Hèrdöpfel「ジャガイモ」；*zd.* **hunnge**「蜂蜜を収穫する」＜Hunng「蜂蜜」；*zd.* **runggle**「飼料用ビートを収穫する」＜Runggle「飼料用ビート」；*zd.* **spatte**「シャベルで作業をする，土を掘り返す」＜Spatte「シャベル」）。その他にも，日常的な活動に関する動詞が多く見られる（例：*zd.* **bunge**「樽を洗う」＜Bung「カビの生えた樽を洗う用の煎じ汁もしくは炭酸水」；*zd.* **bütschge**「芯を切り取る」＜Bütschgi「りんごなどの芯」；*zd.* **chööle**「キャベツの外側の葉を折り取る」＜Chööl「キャベツ」；*zd.* **gaabe**「贈り物をする」＜Gaab「贈り物」；*zd.* **tubake**「タバコを吸う」＜Tubak「タバコ」）。さらに，風習に関する動詞もある（例：*zd.* **fasnachte**「謝肉祭を祝う」＜Fasnecht「謝肉祭」）。

5.3.2.2 接尾辞 -el(n)

　動詞の形成に関してスイス式標準ドイツ語と方言で共通する特徴は，接尾辞 -el(n) が多く用いられるという点である。チューリヒ方言では，-el(e) という語形で現れる。-el(n) によって形成される動詞はドイツの標準ドイツ語においても観察されるが，スイス式標準ドイツ語や方言ではより好んで，そして，より生産的に用いられる。基礎語となるのは，主に名詞と動詞である。以下では，ドイツの標準ドイツ語には存在しない動詞を挙げていく。

　スイス式標準ドイツ語では，接尾辞 -el(n) によってドイツの標準変種では用いられない動詞を形成することができる。基礎となる語が名詞である場合，-el(n) を用いた動詞はその名詞の性質や形状などに関連する行為や状況を表す (例：*shd.* **beineln**「小またで歩く」＜Bein「脚」；*shd.* **büscheln**「一つの束にする」＜Büschel「小さい束」；*shd.* **ellbögeln**「肘でかきわけて進む」＜Ellbogen「肘」；*shd.* **feuchteln**「湿った気配がする」＜Feuchte「湿気」；*shd.* **fischeln**「魚のにおいがする」＜Fisch「魚」；*shd.* **höfeln**「ご機嫌をとる，媚びる」＜Hof「廷臣」；*shd.* **köpfeln**「(サッカーで)ヘディングをする，水中に頭から飛び込む」＜Kopf「頭」；*shd.* **soldäteln**「兵隊ごっこをする」＜Soldat「軍人」；*shd.* **wägeln**「車で移動する」＜Wagen「車」)。

　方言においても，こうしたドイツの標準変種にない動詞が用いられる。スイス式標準ドイツ語と同様，基礎となる名詞の性質や形状などに関する行為や状況を表す (例：*zd.* **bäinele**「小またで歩く」；*zd.* **puschle**「一つの束にする」；*zd.* **ellebögle**「肘でかきわけて進む」；*zd.* **füechtele**「湿った気配がする」；*zd.* **fischele**「魚のにおいがする」；*zd.* **höfele**「ご機嫌をとる，媚びる」；*zd.* **chöpfeln**「(サッカーで)ヘディングをする，水中に頭から飛び込む，(キャベツなどの葉が)結球する」；*zd.* **soldäätele**「兵隊ごっこをする」；*zd.* **wäägele**「乳母車であちこち動く」)。

　方言の例については，他にも興味深い例を紹介しておきたい。たとえば合成語が基礎となっているものや (例：*zd.* **briefmäärggele**「切手を集める」＜Briefmaargg「切手」)，基礎となる名詞には様々な意味がありながら，接尾辞 -el(e) を伴って動詞へと派生すると意味が限定されるもの (例：*zd.*

dreierle「1903年産のワインを飲む」<Dreier「3デシリットル，路面電車の3番，評価点3，1903年産のワイン」)についてもドイツの標準ドイツ語では使用されない動詞がある。もしこれらがスイス式標準ドイツ語においても用いられないのであれば，接尾辞 -el(e) の使用は，方言ではスイス式標準ドイツ語よりもさらに生産的であるということがいえるかもしれない。

　スイス式標準ドイツ語で，動詞が基礎語であるものについて見ると，これらは基礎となる動詞が示す行為の程度が弱いことや，行為が反復されること，行為が好ましくないことなどを表現する[13](例：*shd.* **förscheln**「(秘密などを)ずる賢く聞き出す」<forschen「研究する，調査する」；*shd.* **frägeln**「(秘密などを聞き出そうと)打算的に質問する」<fragen「質問する」；*shd.* **klöpfeln**「軽くトントン叩く」<klopfen「トントン打つ」；*shd.* **schlückeln**「少し飲む，一口飲み込む」<schlucken「飲み込む」)。

　これらも方言で使用され，度合いの低さや批判的なニュアンス，行為の反復などが示される[14](例：*zd.* **fȍrschele**「(秘密などを)ずる賢く聞き出す」；*zd.* **frägeln**「絶え間なく質問する，しつこく質問する」；*zd.* **chlöpfele**「指でトントン叩く」；*zd.* **schlückle**「少し飲む，一口飲み込む」)。

5.3.2.3　接尾辞 -ler, -er

　接尾辞 -ler, -er は名詞と結びついて，その名詞が示すものに関する活動をする者を表す名詞を形成する。これもまたスイス式標準ドイツ語や方言ではドイツの標準ドイツ語よりも生産的に用いられる。スイス式標準ドイツ語では，ドイツの標準変種と同様に職業名が多い(例：*shd.* [**Eisen**]**bähnler**「鉄道職員」<[Eisen]bahn「鉄道」；*shd.* **Bänkler**「銀行員」<Bank「銀行」；*shd.* **Drögler**「麻薬中毒者」<Droge「麻薬」；*shd.* **Fabrikler**「工場労働者」<Fabrik「工場」；*shd.* **Fasnächtler**「謝肉祭のパレード参加者」<Fasnacht「謝肉祭」；*shd.* **Kindergärtler**「幼稚園に通う児童」<Kindergarten「幼稚園」；*shd.* **Korber**「かご職人」<Korb「かご」；*shd.* **Pöstler**「郵便局員，郵便配達人」<Post「郵便」；*shd.* **Trämler**「路面電車の運転士」<Tram「路面電車」)。

こうした名詞は方言でも用いられ，スイス式標準ドイツ語で対応する語と同じ意味を有する。(例：*zd.* [**Iise**]**päänler**「鉄道職員」; *zd.* **Bänkler**「銀行員」; *zd.* **Dröögeler**「麻薬中毒者」; *zd.* **Fabrikler**「工場労働者」; *zd.* **Fasnächtler**「謝肉祭のパレード参加者」; *zd.* **Chindergèèrtler**「幼稚園に通う児童」; *zd.* **Choorber**「かご職人」; *zd.* **Pöschtler**「郵便局員，郵便配達人」; *zd.* **Trämler**「路面電車の運転士」)

5.4 ま と め

以上，スイス式標準ドイツ語とスイスドイツ語の形態的特徴について見てきた。この中ではまず，スイスドイツ語の主要な形態的特徴として，形態的に実現される属格，および動詞の過去形が消失しているという点に言及した。また，形態上は属格や過去形が存在しないものの，その代わりとなる表現方法があるということも述べた。そして，スイス式標準ドイツ語とスイスドイツ語には共通して存在するが，ドイツの標準変種では使用されないような語に，スイス式標準ドイツ語とスイスドイツ語の接点が認められた。つまり，そうした語にはスイス式標準ドイツ語やスイスドイツ語に独自の要素を用いるものがあるという点，そして，ドイツの標準変種と共通の要素を用いるものもあるが，これらはドイツの標準変種よりも生産的であるということを明らかにした。

今後の課題としては，スイス式標準ドイツ語およびスイスドイツ語の形態的特徴について，さらに詳細に記述することが必要である。本書で取り上げたのは，特に目を引くような代表的なものだけであるため，それ以外の現象も入念に調査し，さらなる体系化を目指したい。また，スイスドイツ語の様々な方言との関連を考慮に入れることも必要である。本書で対象とした方言はチューリヒ方言だけであるので，チューリヒ方言から判断しただけでは認識されないような，スイス式標準ドイツ語とスイスドイツ語の接点を見つけ出していくことが重要になる。

1) 本書では,「スイスの標準変種」と「スイス式標準ドイツ語」,「方言」と「スイスドイツ語」という表現を同義で用いる。また,「ドイツの標準ドイツ語」と「ドイツの標準変種」を同義で用いる。
2) 本書では,スイスドイツ語による例文の標準ドイツ語訳をイタリック体で(　)内に付記する。
3) 以下ではスイス式標準ドイツ語や方言で形成される例を適宜挙げていくが,スイス式標準ドイツ語の例として挙げたものに対応する方言の例をすべて記載できたわけではない。しかしながら,スイスドイツ語の拡充能力,つまり,外国語であれ標準ドイツ語であれ,本来はスイスドイツ語に存在しない語を音韻や形態の面でスイスドイツ語に同化させる能力から,スイス式標準ドイツ語で使用される語は,一般に方言においても使用可能であることが予測される。ただ,使用が可能であるとはいえ,本来の方言的な語がすでに定着しているため実際には使用されないというケースも多いと考えられる。

　また,方言の例として挙げたものに対応するスイス式標準ドイツ語の例をすべて記載できたわけでもないが,これに関しては,方言で用いられる語のすべてがスイス式標準ドイツ語で使用可能であるということにはならない。しかし,記載していないからといって,スイス式標準ドイツ語では使用が不可能であるということにはならない。
4) Meyer (1989: 50).
5) スイス式標準ドイツ語では,ß の代わりに ss を用いることが一般的である(6.5 を参照)。
6) Weber (^{3}1987: 347).
7) Meyer (1989: 50).
8) Weber (^{3}1987: 348-349).
9) Weber (^{3}1987: 348).
10) Meyer (1989: 48-49).
11) Weber (^{3}1987: 330).
12) Weber (^{3}1987: 330).
13) Meyer (1989: 47).
14) Weber (^{3}1987: 363-367).

第6章 スイスドイツ語の語彙と
スイス式標準ドイツ語

6.1 導　入

　スイス式標準ドイツ語を特徴付ける独自の要素をさす「スイス語法」は，狭義にはスイス式標準ドイツ語に特徴的な語彙のことを意味する。スイス式標準ドイツ語の語彙には，オーストリアやドイツ南部および西部など，スイスの近隣地域と共有されているものもあれば，スイスの一部の地域でしか使用されないものもある。

　本章では，まずスイス式標準ドイツ語の特徴が最も色濃く現れているといえる，語彙という側面を例に，スイス語法という概念について述べる(6.2)。この中では，スイス語法として特徴付けられる語彙の分類に言及したのち，スイスドイツ語とスイス式標準ドイツ語に共通する特徴を明らかにする。そして6.3では名詞の性について，6.4ではアクセントの置かれる母音の長さや位置について，6.5では正書法について言及する。厳密にいえば，本来これらは文法事項や発音，正書法という枠組みを設けるべき項目であるかもしれないが，語彙に付随する事柄ということで本章で取り上げることとした。

6.2　スイス式標準ドイツ語の語彙とスイス語法

　Meyer (1994: 23-25) によると，スイス語法として特徴付けられる語彙はその通用範囲という観点から，A)スイスでのみ使用されるもの(reine Helvetismen)に加え，B)スイスとその近隣地域で共通しているもの

(Helvetismen plus)，C)スイスの特定の地域でのみ使用されるもの(Helvetismen minus)に分類することができる。また，Haas (²2000b: 100-101)はドイツの標準ドイツ語における意味との相違という観点からの分類を導入している。それによると，上記のA)，B)，C)のように語彙がスイスに特徴的であるもの(Lexikalische Helvetismen)，D)語彙自体はドイツの標準ドイツ語でも用いられるが，意味がスイスに特徴的であるもの(Semantische Helvetismen)に分けられる。Meyer (1989) の辞典に約4000件が収められているように，その例となる語はきわめて多数であるため，本章ではその代表的なものを挙げるにとどめる[1]。

6.2.1　使用される地域による分類

通用範囲がスイスの領内と一致するスイス式標準ドイツ語の語彙としては，A1)日常生活に関連する事柄と，A2)社会・政治・軍事などの制度に関連する事柄を示す名詞が主である。これらは「国家的スイス語法(National-helvetismen)」と呼ばれることがある。

A1)	*shd.* **[Auto]car**	「バス」	*bdt.* [Omni]bus
	shd. **Camion**	「トラック」	*bdt.* Last[kraft]wagen
	shd. **Chauffeuse**	「運転手(女性)」	*bdt.* Fahrerin
	shd. **Coiffeuse**	「理髪師(女性)」	*bdt.* Friseuse
	shd. **Comestibles**	「珍味」	*bdt.* Feinkost
	shd. **Erdschlipf**	「地滑り」	*bdt.* Erdrutsch
	shd. **Fluh**	「岩壁」	*bdt.* Felswand
	shd. **Gotte**	「代母」	*bdt.* Patin
	shd. **Götti**	「代父」	*bdt.* Pate
	shd. **Jupe**	「スカート」	*bdt.* Rock
	shd. **Kefe**	「シュガーピー」	*bdt.* Zuckererbse
	shd. **Konfiserie**	「ケーキ屋」	*bdt.* Konditorei
	shd. **Papeterie**	「文房具店」	*bdt.* Papierwarenhandlung

	shd. **Töff**	「オートバイ」	bdt.	Motorrad
	shd. **Trottinett**	「足踏スクーター」	bdt.	Tretroller
	shd. **Türfalle**	「ドアの握り」	bdt.	Türklinke
	shd. **Velo**	「自転車」	bdt.	Fahrrad
	shd. **Zabig**	「夕食」	bdt.	zu Abend
	shd. **Zvieri**	「4時のおやつ」		
A2)	shd. **Ammann**	「市／町／村長」	bdt.	Gemeindepräsident, Bürgermeister
	shd. **Busse**	「罰金(刑)」	bdt.	Geldstrafe
	shd. **Eidgenosse**	「盟約者(＝スイス国民)」		
	shd. **Fourier**	「宿舎・会計係の下士官」		
	shd. **Fürsprech**[er]	「弁護士」	bdt.	Rechtsanwalt
	shd. **Hauptverlesen**	「点呼」	bdt.	Appell
	shd. **Kantonsrat**	「州議会，州議会議員」		
	shd. **Nationalrat**	「国民議会，国民議会議員」		
	shd. **Ständerat**	「全州議会，全州議会議員」		

また，A3)動詞，A4)形容詞，A5)前置詞，A6)副詞にもスイスに限定されるものがある。

A3)	shd. **äufnen**	「(財産などを)増やす」	bdt.	vermehren
	shd. **bodigen**	「地面に投げつける」		
	shd. **ferggen**	「発送する」	bdt.	abfertigen
	shd. **gaumen**	「保護する，維持する」	bdt.	hüten, bewahren
	shd. **knorzen**	「苦労する」	bdt.	sich abmühen
	shd. **lismen**	「編む」	bdt.	stricken
	shd. **parkieren**	「駐車する」	bdt.	parken
	shd. **vernütigen**	「中傷する」	bdt.	verleumden
A4)	shd. **blutt**	「裸の」	bdt.	nackt

	shd. **räss**	「辛味のある」	bdt. scharf
	shd. **stotzig**	「急傾斜の」	bdt. steil
	shd. **träf**	「適切な」	bdt. treffend
	shd. **urchig**	「自然のままの，土着の」	bdt. urwüchsig, bodenständig
	shd. **währschaft**	「力強い，粗野な」	bdt. kräftig, deftig
A5)	shd. **ennet**+Dat.	「……の向こう側で」	bdt. jenseits+Gen.
	shd. **innert**+Dat.	「……の内側で」	bdt. innerhalb+Gen.
A6)	shd. **bis anhin**	「今まで」	bdt. bis jetzt
	shd. **durchwegs**	「一貫して」	bdt. durchweg
	shd. **inskünftig**	「将来に」	bdt. in Zukunft

様々な語彙をスイスと共有する近隣地域とは，主に南ドイツやオーストリアといった，上部ドイツ語(Oberdeutsch)の使用地域である[2]。それらの地域と共有される語彙は，B1)南ドイツおよびオーストリアで用いられる語彙と共通するもの，B2)南ドイツの語彙と共通するもの，B3)ドイツ南西部，すなわちアレマン方言の使用地域で用いられる語彙と共通するもの，B4)オーストリアの語彙と共通するものに分けられる。

	shd. **aper**	「雪のない」	bdt. schneefrei
B1)	shd. **Geiss**	「山羊」	bdt. Ziege
	shd. **Kutteln**	「臓物料理」	bdt. Kaldaunen
	shd. **Runs, Runse**	「急な山腹の岩溝」	
	shd. **Stadel**	「干草を保管する納屋」	
	shd. **Tobel**	「峡谷」	bdt. Schlucht
	shd. **Wagner**	「車大工」	bdt. Stellmacher
B2)	shd. **Beige**	「堆積，山」	bdt. Stoß, Stapel
	shd. **beigen**	「積み重ねる」	bdt. aufschichten
	shd. **motten**	「かすかに光る，ふくらむ」	bdt. schwellen, glimmen

	shd. **Schaft**	「本棚，架台」	*bdt.*	Regal, Gestell
	shd. **Schoppen**	「哺乳瓶」	*bdt.*	Säuglingsflasche
	shd. **Schotte**	「乳清」	*bdt.*	Molke, Käsewasser
B3)	*shd.* **Hurde**	「果物やジャガイモの貯蔵棚」		
	shd. **Küfer**	「桶作り職人」	*bdt.*	Bötscher
	shd. **sturm**	「めまいのする，混乱した」	*bdt.*	schwindlig, betäubt, verwirrt
	shd. **Trotte**	「ぶどう搾り器」	*bdt.*	Kelter
	shd. **Wähe**	「タルト」	*bdt.*	Flachkuchen
B4)	*shd.* **antönen**	「ほのめかす」	*bdt.*	berühren, andeuten
	shd. **drausbringen**	「うろたえさせる」	*bdt.*	aus dem Konzept bringen
	shd. **Fauteuil**	「安楽椅子」	*bdt.*	Polstersessel
	shd. **Gilet**	「チョッキ」	*bdt.*	Weste
	shd. **heuer**	「今年」	*bdt.*	in diesem Jahr
	shd. **Heustock**	「納屋に積み重ねた干草」		
	shd. **Identitätskarte**	「身分証明書」	*bdt.*	Personalausweis
	shd. **Kassa**	「金庫」	*bdt.*	Kasse
	shd. **Matura**	「大学入学資格試験」	*bdt.*	Abitur
	shd. **Rahm**	「クリーム」	*bdt.*	Sahne
	shd. **retour**	「戻って」	*bdt.*	zurück
	shd. **Ross**	「馬」	*bdt.*	Pferd
	shd. **Schärmaus**	「モグラ」	*bdt.*	Maulwurf
	shd. **Spital**	「病院」	*bdt.*	Krankenhaus
	shd. **Wegleitung**	「指導，助言」	*bdt.*	Anleitung, Unterweisung

また逆に，スイスの一部の州や地域といった範囲でのみ標準変種に出現する語彙もある。これらは主に C1) 生活に関連する言葉や，C2) 政治や社会に

関する用語である。（　）内は使用される地域や州を示す。

C1)　*shd.* **Brente**　　　　　「背負って運ぶ牛乳用の甕」(西部)
　　　shd. **Tanse**　　　　　「背負って運ぶ牛乳用の甕」(東部)
　　　shd. **Clique**　　　　　「鼓笛隊を擁して謝肉祭のパレードに参加するチーム」(BS)
　　　shd. **Dähre**　　　　　「松」(SO, BE, FR, VS)　　*bdt.* Föhre
　　　shd. **Haab, Haabe**　　「ボートの停泊所」(ZH)
　　　shd. **Höckli**　　　　　「小さな家」(北部)　　　　*bdt.* kleines Haus
　　　shd. **Leset**　　　　　「ぶどう摘み」(西部)　　　*bdt.* Weinlese
　　　shd. **Wimmet, Wümmet**「ぶどう摘み」(東部)　　　*bdt.* Weinlese
　　　shd. **Mungg**　　　　　「アルプスマーモット」(中部) *bdt.* Murmeltier
　　　shd. **Nauen**　　　　　「大型貨物船」(ZG)
C2)　*shd.* **Amtei**　　　　　「役所」(SO)　　　　　　　*bdt.* Behörde
　　　shd. **Amtstatthalter**　「予審判事」(LU)　　　　　*bdt.* Untersuchungsrichter
　　　shd. **Anzug**　　　　　「書面により州議会に提出される動議」(BS)
　　　shd. **Regierungsstatthalter**「郡の行政や警察の責任者，自治体や役所の監督機関」(BE, VS)
　　　shd. **Teilsame**　　　　「組合」(OW)　　　　　　　*bdt.* Korporation

　以上で挙げた，スイス式標準ドイツ語の語彙に特徴的なのは，フランス語を起源とする借用語が(ある程度の意味の違いが生じているにせよ)多く含まれているという点である。そしてこのことは，方言と共有されている特徴でもある。以下に示すのは，スイス式標準ドイツ語における借用語と，それに対応するチューリヒ方言の例である。

shd. [**Auto**]**car**　*zd.* **Ggar**　　　「バス」　　　　　　　< *frz.* car
shd. **Billett**　　*zd.* **Billeet**　　　「乗車券」　　　　　 < *frz.* billet
shd. **Chauffeur**　*zd.* **Schofföör**　「運転手(男性)」　　 < *frz.* chauffeur

shd. **Coiffeur**	*zd.* **Gwaföör**	「理髪師（男性）」	<*frz.* coiffeur
shd. **Fourier**	*zd.* **Furer**	「宿舎・会計係の下士官」	<*frz.* fourrier
shd. **Jupe**	*zd.* **Schüp**	「スカート」	<*frz.* jupe
shd. **retour**	*zd.* **retuur, rötuur**	「戻って」	<*frz.* retour
shd. **Töff**	*zd.* **Töff**	「オートバイ」	<*frz.* teuf-teuf
shd. **Velo**	*zd.* **Velo, Welo**	「自転車」	<*frz.* vèlo

ここで挙げたのは少数であるが，Steiner (1921) がドイツ語圏スイスに入ってきたフランス語の語彙として約1000語を挙げていることから，実際には多数の借用語が方言に取り入れられていると考えられる。フランス語の語彙がまず方言に流入し，その上でそれがスイス式標準ドイツ語でも用いられるようになったのだとすれば[3]，スイス式標準ドイツ語で用いられるたいていの借用語は，方言の語彙としても定着しているということが推測される。

さらに方言では，挨拶言葉などの日常表現にもフランス語を起源とするものがある。これらはスイス式標準ドイツ語では用いられないが，スイスのドイツ語に対するフランス語の影響力の大きさがここからも見て取れる。

zd. **adie, adiöö, adee**	「さようなら」	<*frz.* adieu
zd. **äxgüsi**	「すみません」	<*frz.* excusez
zd. **mèrssi**	「ありがとう」	<*frz.* merci
zd. **sali, salü**	「やあ」	<*frz.* salut

スイスにおいて，ドイツ語がフランス語の影響を受けるに至ったのは中世盛期に始まるとされる。スイスを含めたドイツ語圏全体におけるフランス語からの借用は，11世紀から14世紀にかけて貴族階級に多大な影響を与えたフランスの文学や文化に源を発し，19世紀には，フランス語圏スイスで発展した時計産業がドイツ語圏スイスに進出したのに伴い，フランス語の語彙がスイスの標準ドイツ語や方言で使われるようになったといわれる[4]。

上で挙げたスイス式標準ドイツ語の語彙に関してもう一つ特徴的なのは，

古いドイツ語の語彙が（やはり多少の意味の違いが生じているにせよ）多く保持されているという点である。これらは，かつてはドイツ語圏全域で用いられていたが，現在のドイツの標準変種では古風なもの，あるいは廃れたものとみなされる[5]。こうした古い語彙が保たれているというのは，以下に示すように方言についても同様で，ここにもスイス式標準ドイツ語とスイスドイツ語の語彙における共通点を見出すことができる。

shd. **Amman**	*zd*. **Ame**	「市／町／村長」	<*mhd*. amman
shd. **aper**	*zd*. **aaber**	「雪のない」	<*mhd*. æber
shd. **Beige**	*zd*. **Biig, Biigi**	「堆積，山」	<*mhd*. bîge, pîge
shd. **blutt**	*zd*. **blutt**	「裸の」	<*mhd*. blôz, plôz
shd. **ennet**+Dat.	*zd*. **änet**	「…の向こう側で」	<*mhd*. jenenthalp
shd. **Fluh**	*zd*. **Flue**	「岩壁」	<*mhd*. vluo
shd. **Götti**	*zd*. **Götti**	「代父」	<*mhd*. göte
shd. **heuer**	*zd*. **hüür**	「今年」	<*mhd*. hiuer, hiwer
shd. **innert**+Dat.	*zd*. **inert, inet**+Dat.	「…の内側で」	<*mhd*. innerthalp
shd. **lismen**	*zd*. **lisme**	「編む」	<*mhd*. lismen
shd. **räss**	*zd*. **rèèss**	「辛味のある」	<*mhd*. ræze, râze
shd. **Ross**	*zd*. **Ross**	「馬」	<*mhd*. ros, roz, ors
shd. **Runs, Runse**	*zd*. **Rous, Rouss**	「急な山腹の岩溝」	<*mhd*. runs, runst
shd. **Trotte**	*zd*. **Trotte**	「ぶどう搾り器」	<*mhd*. trotte

次の語はスイスドイツ語の語彙で，方言的な語形のままスイス式標準ドイツ語で用いられているものである。つまり，語形までもが共通している例である。

zd. **Zaabig**	*shd*. Zabig	「夕食」
zd. **Zvieri**	*shd*. Zvieri	「4時のおやつ」

6.2.2　意味の独自性という観点からの分類

もう一つの観点からの分類は，Haas (²2000b: 100-101) に基づくものである。語彙自体はドイツの標準ドイツ語でも用いられるが，その意味がスイス独自のものとなっているというケースがD1)名詞，D2)動詞，D3)形容詞それぞれに見られる[6]。これは語の意味におけるドイツとスイスの差異を尺度としているので，6.2.1 での分類とで語の重複がある。【　】内には，ドイツの標準ドイツ語での意味を記す。

D1)　*shd.* **Abdankung**　　「教会での葬儀」【退職，辞任】
　　　shd. **Anzug**　　　　「書面により州議会に提出される動議」【背広】
　　　shd. **Bühne**　　　　「納屋の屋根裏の干草置き場」【舞台】
　　　shd. **Busse**　　　　「罰金，罰金刑」【悔い改め，賠償】
　　　shd. **Hausmeister[in]**「家主」【家屋の管理人，守衛】
　　　shd. **Kleid**　　　　「背広」【衣服】
　　　shd. **Packung**　　　「手荷物」【一包み，包装】
　　　shd. **Scheune**　　　「豚舎」【納屋，穀物倉】
　　　shd. **Vortritt**　　　「交差点・合流点での優先通行権」【先に行く権利】
D2)　*shd.* **abdanken**　　　「教会で葬儀を行う」【退職する，辞任する】
　　　shd. **büssen**　　　　「罰金刑を科す」【償いをする】
　　　shd. **vertragen**　　「(新聞などを)配達する」【耐える，折り合う】
　　　shd. **wundernehmen**「知りたいと思う」【訝しがらせる】
D3)　*shd.* **fest**　　　　　「太った」【堅い】
　　　shd. **streng**　　　　「難儀な，骨の折れる」【厳密な，厳格な】
　　　shd. **wüst**　　　　「騒々しい」【荒涼とした，乱雑な】
　　　shd. **zügig**　　　　「引く力の強い，人の心を引き付ける」【迅速な】

ドイツの標準ドイツ語で対応する語と意味が異なるものがあるというのも，スイス式標準ドイツ語と方言は共通している。次に示すのは，上記のスイス

式標準ドイツ語の例のいくつかと，それに対応する方言の語彙で，両者は同じ意味を有している。すなわち，ドイツの標準ドイツ語で対応するものとは意味が異なる。

shd. **Abdankung**	*zd.* **Abtankig**	「教会での葬儀」
shd. **Bühne**	*zd.* **Büüni**	「納屋の屋根裏の干草置き場」
shd. **Busse**	*zd.* **Buess**	「罰金，罰金刑」
shd. **Hausmeister**	*zd.* **Huusmäischter**	「家主」
shd. **streng**	*zd.* **sträng**	「難儀な，骨の折れる」
shd. **vertragen**	*zd.* **verträäge**	「(新聞などを)配達する」

ドイツの標準ドイツ語との意味的な差異に関して，方言とスイス式標準ドイツ語でどの程度共有されているかを検証するのは実際には容易ではない。というのは，たとえばある時点ではスイス式標準ドイツ語と方言で共通していても，しだいに方言の語彙のみがドイツの標準変種における意味を帯びるようになり，その結果スイス式標準ドイツ語と方言で意味が食い違ってくる，というような状況もないとは言い切れないためである。

6.3 名詞の性

文法事項に関して特徴的であるのは，名詞の性におけるドイツの標準変種との違いである。方言とスイス式標準ドイツ語との双方において A)男性名詞，B)女性名詞，C)中性名詞であるものそれぞれに，ドイツの標準変種のものと性が異なる名詞がある。こうしたものは借用語である場合が多い。

A) *shd.* **der Drittel**　*zd.* **de Drittel**　*bdt.* das Drittel　「3分の1」
　　shd. **der Couch**　*zd.* **de Ggautsch**　*bdt.* die Couch　「寝いす」
　　shd. **der Büschel**　*zd.* **de Pösche**　*bdt.* das Büschel　「小さな束／房」
　　shd. **der Taxi**　*zd.* **de Taxi**　*bdt.* das Taxi　「タクシー」

B) *shd.* **die Foto**　　*zd.* **d Foti**　　*bdt.* das Foto　　「写真」
　　shd. **die Halfter**　*zd.* **d Halftere**　*bdt.* der/das Halfter　「拳銃の革ケース」
　　shd. **die Pfingsten**　*zd.* **d Pfingste**　*bdt.* das Pfingsten　「聖霊降臨祭」
C) *shd.* **das Efeu**　　*zd.* **s Effòi**　　*bdt.* der Efeu　　「木蔦」
　　shd. **das Kamin**　*zd.* **s Chämis**　*bdt.* der Kamin　「暖炉」
　　shd. **das Kies**　　*zd.* **s Chìis**　　*bdt.* der Kies　　「砂利」
　　shd. **das Tram**　　*zd.* **s Tram**　　*bdt.* die Tram　　「路面電車」
　　shd. **das Tunell**　*zd.* **s Tunell**　*bdt.* der Tunnel　「トンネル」

方言では，さらに多くの名詞がドイツの標準ドイツ語と異なる性を有する[7]。すなわち，スイス式標準ドイツ語とドイツの標準ドイツ語の双方と性が異なるものがある。このことを示すのが以下の例で，方言の A)男性名詞，B)女性名詞，C)中性名詞それぞれで観察される。

A)　*zd.* **de Angel**　　*shd./bdt.* die Angel　　「釣り針」
　　zd. **de Bündel**　　*shd./bdt.* das Bündel　　「束」
　　zd. **de Egge**　　*shd./bdt.* die Ecke　　「かど，（図形の）角」
　　zd. **de Faane**　　*shd./bdt.* die Fahne　　「旗」
　　zd. **de Fald**　　*shd./bdt.* die Falte　　「折り目」
　　zd. **de Gluscht**　　*shd./bdt.* das Gelüste　　「欲求，衝動」
　　zd. **de Pracht**　　*shd./bdt.* die Pracht　　「華麗，豪華」
　　zd. **de Schèèrb**　　*shd./bdt.* die Scherbe　　「破片」
　　zd. **de Spitaal**　　*shd./bdt.* das Spital　　「病院」
　　zd. **de Truube**　　*shd./bdt.* die Traube　　「果実などの房」
B)　*zd.* **d Bale**　　*shd./bdt.* der Ball　　「ボール」
　　zd. **d Chüürbs**　　*shd./bdt.* der Kürbis　　「かぼちゃ」
　　zd. **d Floo**　　*shd./bdt.* der Floh　　「蚤」
　　zd. **d Frösch**　　*shd./bdt.* der Frosch　　「蛙」
　　zd. **d Gufere**　　*shd./bdt.* der Koffer　　「旅行かばん」

	zd. **d Puschle**	shd./bdt. das Büschel	「植物などの小さい房」
	zd. **d Raam**	shd./bdt. der Rahmen	「乳脂」
	zd. **d Schäitle**	shd./bdt. der Scheitel	「頭髪の分け目」
C)	zd. **s Bleistift**	shd./bdt. der Bleistift	「鉛筆」
	zd. **s Chriesi**	shd./bdt. die Kirsche	「桜，さくらんぼ」
	zd. **s Hungg**	shd./bdt. der Honig	「蜂蜜」
	zd. **s Kafi**	shd./bdt. der Kaffee	「コーヒー」
	zd. **s Phack**	shd./bdt. der Pack	「包み」
	zd. **s Riis**	shd./bdt. der Reis	「米」
	zd. **s Salb**	shd./bdt. die Salbe	「軟膏」
	zd. **s Sand**	shd./bdt. der Sand	「砂」

6.4 母音の長短とアクセント

発音に関しては，アクセントの置かれる母音の長短の差異が特徴的である。たとえば，ドイツの標準ドイツ語では短母音であるものが，スイスの標準ドイツ語では長母音となるようなケースがいくつかある。こうした現象は方言にも見られ，次の例では，アクセントのある母音（下線部）は方言とスイス式標準ドイツ語の双方で長母音である。これらは，対応するドイツの標準変種の語では短母音である。

zd. **H<u>oo</u>chsig, H<u>oo</u>chstig**	shd. **H<u>o</u>chzeit**	「結婚式」
zd. **N<u>aa</u>chber**	shd. **N<u>a</u>chbar**	「隣人」
zd. **R<u>aa</u>ch**	shd. **R<u>a</u>che**	「復讐」
zd. **R<u>oo</u>scht**	shd. **R<u>o</u>st**	「グリル」
zd. **V<u>oo</u>rtel**	shd. **V<u>o</u>rteil**	「利点」

逆に，ドイツの標準ドイツ語では長母音であるものが，スイス式標準ドイツ語と方言の双方で短母音となるケースもある。

第6章 スイスドイツ語の語彙とスイス式標準ドイツ語

zd. **Chräps**　　　　　*shd.* **Krebs**　　　「ザリガニ」
zd. **Liter**　　　　　　*shd.* **Liter**　　　　「リットル」
zd. **Stedt** (Pl.)　　　　*shd.* **Städte**　　　「都市」

　アクセントに関しては，借用語でドイツの標準ドイツ語とは異なり第1音節に置かれるものがある。

zd. **Balkoon**　*shd.* **Balkon**　*bdt.* **Balkon**　「バルコニー」＜*frz.* balcon
zd. **Büffé**　　*shd.* **Büffet**　*bdt.* **Büffet**　「食器棚」　　＜*frz.* buffet
zd. **Büro**　　*shd.* **Büro**　　*bdt.* **Büro**　　「事務所」　　＜*frz.* bureau
zd. **Telifoon**　*shd.* **Telefon**　*bdt.* **Telefon**「電話」　　＜*gr.* téole＋phōné

　第1音節にアクセントが置かれる借用語は，方言ではさらに多く観察される。次の例が示すように，スイスおよびドイツの標準ドイツ語では第1音節に強勢が置かれないが，方言では第1音節に置かれるというケースがある[8]。

zd. **Baromeeter**　*shd./bdt.* **Barometer**「気圧計」　　　＜*gr.* báro＋metron
zd. **Ggusiine**　　*shd./bdt.* **Cousine**　「従姉妹」　　　＜*frz.* cousin
zd. **Gitaare**　　*shd./bdt.* **Gitarre**　「ギター」　　　＜*span.* guitarra
zd. **Gotlett**　　*shd./bdt.* **Kotelett**　「カツレツ」　　＜*frz.* côtelette
zd. **Grawatt**　　*shd./bdt.* **Krawatte**「ネクタイ」　　＜*frz.* cravate
zd. **Limenaade**　*shd./bdt.* **Limonade**「レモネード」　＜*frz.* limonade
zd. **Model**　　　*shd./bdt.* **Modell**　　「モデル，ひな型」＜*it.* modello
zd. **Musig**　　　*shd./bdt.* **Musik**　　「音楽」　　　　＜*lat.* mūsica
zd. **Schoggelaade** *shd./bdt.* **Schokolade**「チョコレート」＜*frz.* chocolat
zd. **Sekriteèr**　*shd./bdt.* **Sekretär**　「秘書」　　　　＜*slat.* sēcrētārius
zd. **Terasse**　　*shd./bdt.* **Terrasse**　「テラス」　　　＜*frz.* terasse
zd. **Zigaar**　　*shd./bdt.* **Zigarre**　「葉巻」　　　　＜*span.* cigarro

zd. **Z**i**garett**　　*shd./bdt.* **Zigare̱tte**「紙巻タバコ」　　< *span.* cigarrito

6.5　正　書　法

　最後に，スイス式標準ドイツ語の正書法についても触れておきたい。特筆すべきは，ß が用いられないという点である。スイス式標準ドイツ語では，ß の代わりに ss が使用される（例：*shd.* **Busse**「罰金」，*bdt.* Buße；*shd.* **Strasse**「通り」，*bdt.* Straße）。図 23 は，チューリヒ大学本部と連邦工科大学チューリヒ校本部の間にある道路の標識である。そこには「カール・シュミット通り (Karl Schmid-Strasse)」と書かれている。

　スイス式標準ドイツ語で ß が用いられない要因として，Gallmann (1996) は方言に観察される重子音を挙げている。スイスドイツ語のほとんどの方言で，子音は（直前の母音が長母音や二重母音であっても）母音間で重子音となる (4.2 注 3 を参照)。それゆえ，この重子音が音節の境界を形成する[9]。次の例では，（　）内においてハイフンを用い音節の区切りを表現している。チューリヒ方言では重子音が生じないという理由から，ここでは重子音をもつ方言の一例として，隣接するツークの方言を取り上げた。

図 23　通り (Strasse) の標識

ässe   [ˈæsːə]   (äs-se)   「食べる」
Ströösse (Pl.) [ˈʒtrɔːsːə] (Strööss-se)「通り」
ghäisse   [ˈg̊hæɪsːə] (ghäis-se) 「……という名／意味である，命じる」

　こうした重子音による発音は，スイス式標準ドイツ語の発音に転用される。そのため，ドイツの標準ドイツ語の ß に相当する部分は，分割して発音される格好になる。つまり，スイス式標準ドイツ語で ß が用いられないのはこうした発音上の理由によるというのが Gallmann (1996) の説明である。このことは分綴のしかたにも表れており，スイス式標準ドイツ語では，ドイツの標準ドイツ語の ß と対応する部分である ss は s-s と分割される（例：*shd.* **Stras-se**「通り」，*bdt.* Stra-ße；*shd.* **reis-sen**「裂く」，*bdt.* rei-ßen）。これは，ドイツの標準ドイツ語では ß が長母音や二重母音と分離するのとは異なる点である。
　また，スイス式標準ドイツ語の正書法の特徴として，ウムラウトを伴う文字 ä, ö, ü が ae, oe, ue というように e を用いて表記されることがある。特に大文字 Ä, Ö, Ü, の場合は，Ae, Oe, Ue と表記されることが多い（例：*shd.* **Oesterreich**「オーストリア」，*bdt.* Österreich；*shd.* **Uetliberg**「ユートリベルク（山）」，*bdt.* Ütliberg）。図 24 は，チューリヒのユートリベルク山頂駅の建物で，Uetliberg と表記されている。

図24　チューリヒ・ユートリベルク山頂駅にて

方言には表記の規範があるわけではないが(1.3を参照)，表記の際にはスイス式標準ドイツ語と同様，ßはふつう用いられない。これに対し，ウムラウトを伴うÄ/ä, Ö/ö, Ü/üがAe/ae, Oe/oe, Ue/ueで代用されることはない。これは，長母音という点は，スイス式標準ドイツ語と異なる。というのは，重複によって長母音を表現すると混乱をもたらすからである(例：**schoeoen**/schöön「美しい」)。

6.6 ま と め

本章では前章に引き続き，ドイツの標準ドイツ語との差異という観点から，スイスドイツ語とスイス式標準ドイツ語の接点を探ってきた。この中では，ドイツの標準ドイツ語よりも借用語や古語を多く保っている点や，語彙自体はドイツの標準ドイツ語と共通するが意味が異なるものがあるという点が，方言とスイス式標準ドイツ語で共通する特徴であるということが確認された。

また，名詞の性やアクセントの置かれる母音の長短，借用語のアクセントの位置に関する両者の共通点にも触れた。

語彙という側面に関して，スイスドイツ語とスイス式標準ドイツ語の接点を探る上での今後の課題は，チューリヒ方言だけでなく，スイスドイツ語の様々な方言に対象を広げることである。それによって，前章でも述べたように，チューリヒ方言との比較だけでは認識されないような，スイス式標準ドイツ語と方言の接点をさらに見出すことを目指したい。

1) 出典はKaiser (1969, 1970), Meyer (1989, 1994), Russ (1994), Ammon (1995), Haas (²2000b), Rash (2002)である。*bdt.*欄には，ドイツの標準変種で対応するものとして引用元に記載されている語を記した。空欄は該当する語が存在しないなどの理由から，引用元に記載がないことを示す。語源として併記されている古語や借用語は筆者が追加したものである。
2) Meyer (1994: 24).
3) Rash (2002: 178).
4) Rash (2002: 178-179).
5) Rash (2002: 145).

6) Haas (²2000b: 101) はさらに，E)ドイツなど他の地域の標準変種にも存在し意味も同じであるが，スイスでのみ使用頻度が高い語彙(Frequenzhelvetismen)を示すカテゴリーを設けている(例：*shd.* **Entscheid**「裁定」，*bdt.* Entscheidung)。各々の標準ドイツ語における使用頻度を客観的に判定するのは困難であることから，ここでは考慮しない。
7) Weber (³1987: 119-121).
8) Weber (³1987: 51-52).
9) Dieth (1950: 420).

第7章 スイスドイツ語の統語現象①
―― zum 構文 ――

7.1 導　入

　本章と次章では，スイスドイツ語の統語現象を見ていく。1.2 で述べたように，スイスドイツ語の研究は，伝統的には主として音韻や形態の側面から行われてきたが，近年ではその統語論的側面にも注目が集まるようになっている。『ドイツ語圏スイス統語論地図 (*Syntaktischer Atlas der Deutschen Schweiz; SADS*)』(10.4.2 を参照) の調査対象が示すように，スイスドイツ語に特徴的な統語現象は数多く存在する。本書では，その中から2つの現象を取り上げ，それぞれ本章と次章で考察を行う。

　次のチューリヒ方言の文(1)では，zum Uushälffe が「zum＋名詞化された不定詞」という形式で「手伝うために」という「目的」の意味を表している。これは，標準ドイツ語でも可能であり，(1) の文は (2) のように直訳することができる。

(1) [zd.] D Frau Schniider chunt i s „Rössli" **zum Uushälffe**. (Beilstein-Schaufelberger 2005: 179)「シュニーダーさんがレストラン „Rössli" に手伝い (Uushälffe) に (zum) 来る。」

(2) [hd.] Frau Schnider kommt ins „Rössli" **zum Aushelfen**.

　興味深いのは，zum (*hd.* zum) が「方向」ないし「目的」の意味を表す前置

詞 zue (*hd.* zu) と与格の定冠詞 em (*hd.* dem) の融合形であるにもかかわらず、チューリヒ方言では zum を(3)のように「zum＋不定詞句」というかたちで用いることが可能だということである[1]。この場合、zum の右側に位置する不定詞は、補足成分をとっている。このような構文は標準ドイツ語では不可能であり、(3)を(4a)のように直訳することは容認されない。同等の意味の構文を標準ドイツ語で形成するには、(4b)のように「um ... zu＋不定詞」を用いる必要がある。

(3) [zd.] Da settid s doch scho lang dihäime sy **zum de zmittaag choche**. (Baur [12]2002: 76)「その時間、彼女らは昼食を(de zmittaag)作る(choche)ために(zum)すでに家に居なければならないのでした。」

(4) a. [hd.]*Da sollten sie doch schon lange daheim sein **zum das Mittagessen kochen**.
b. [hd.] Da sollten sie doch schon lange daheim sein, **um das Mittagessen zu kochen**.

この点から、不定詞句が名詞句と補文の中間のような統語的に曖昧な形式で、zum の右側の位置を占めているという、チューリヒ方言の興味深い独自性が浮き彫りになる。本章が目的とするのは、この zum 構文の特徴について論じることである[2]。まず、7.2 で zum 構文の形式的な特徴を示すべく、不定詞が様々な補足成分や添加成分をとる zum 構文の例を提示するとともに、zum 構文の変種について観察する。次に 7.3 において、標準ドイツ語の um ... zu 構文や zu 不定詞構文との比較というかたちで、zum 構文の意味的な特徴について述べる。そして 7.4 で zum 構文のチューリヒ方言の構造全体における位置付けについて検討したのち、最後に 7.5 で zum 構文の発達の歴史的経緯について考察する。

7.2 zum 構文の構造的特徴

ここでは，まず zum 構文に出現可能な補足成分や添加成分の種類について整理し，次に不定詞が不定詞標識を伴う zum 構文の変種について言及する。

7.2.1 補足成分と添加成分の種類

標準ドイツ語の um ... zu 構文のように，zum 構文では様々な補足成分や添加成分が不定詞句の中に出現することができる。名詞的な成分では，(5)のような無冠詞のものに加え，(6)や(7)のように定冠詞や不定冠詞を伴うものが，zum 構文の補足成分として可能である。

(5) Er hät mit de gäisle gchlöpft **zum ydruck schinde**. (Baur [12]2002: 150)「彼は注目を(ydruck)得る(schinde)ために(zum)鞭で音を立てた。」(*Er hat mit der Peitsche geklopft, um Eindruck zu schinden.*)

(6) Si isch in bluemelade **zum es gebùùrtstaagsbuggé pschtele**. (Schobinger [4]2003: 173)「彼女は一束の(es)バースデーブーケを(gebùùrtstaagsbuggé)注文する(pschtele)ために(zum)花屋にいる。」(*Sie ist im Blumenladen, um ein Geburtstagsbukett zu bestellen.*)

(7) Gang en schruubezier go hole **zum di lugge schrüübli aazie**. (Baur [12]2002: 151)「その(di)緩んだ(lugge)ねじを(schrüübli)締める(aazie)ための(zum)ドライバーを取りに行ってくれ。」(*Geh einen Schraubenzieher holen, um die lockeren Schräubchen anzuziehen.*)

例(8), (9), (10)が示すように，形容詞，指示代名詞，所有代名詞を伴う名詞も zum 構文に出現する。また，(11)から(14)のように，人称代名詞，再

帰代名詞，不定代名詞が単独で不定詞の補足成分となることも可能である。

(8) S läben isch z chuurz **zum offne wy trinke**. (Baur [12]2002: 152)「量り売りの安い(offne)ワインを(wy)飲む(trinke)[ことで時間を無駄にする]には(zum)人生は短かすぎる。」(*Das Leben ist zu kurz, um offenen Wein zu trinken.*)

(9) Ich ha nöd de zyt **zum dëë tägscht na emaale schrybe**. (Baur [12]2002: 151)「私には，この(dëë)文書を(tägscht)もう一度(na emaale)書く(schrybe)ための(zum)時間はない。」(*Ich habe nicht die Zeit, diesen Text noch einmal zu schreiben.*)

(10) Si händ dëë Gang pout zum en Fluchtwääg haa, aber au **zum ires Gold verstecke**. (Beilstein-Schaufelberger 2005: 242)「彼らは，逃げ道を確保するために，そしてまた彼らの(ires)金貨を(Gold)隠す(verstecke)ために(zum)木陰道を作った。」(*Sie haben diesen Gang gebaut, um einen Fluchtweg zu haben, aber auch, um ihr Gold zu verstecken.*)

(11) De räkter hät epaarne buebe grüefft **zum si kapitle**. (Baur [12]2002: 105)「校長先生は，彼らを(si)叱る(kapitle)ために(zum)数人の少年を呼び出した。」(*Der Rektor hat ein paar Buben gerufen, um sie zu kapiteln.*)

(12) Di äinte lueged Fëërnsee **zum sich wiiterbilde**, di andere lueged Fëërnsee **zum sich underhalte**. (Beilstein-Schaufelberger 2005: 179)「自己を(sich)さらに教育する(wiiterbilde)ために(zum)テレビを見る者もいるし，自己を(sich)楽しませる(underhalte)ために(zum)テレビを見る者もいる。」(*Die einen gucken Fernsehen, um sich weiterzubilden, die andern gucken Fernsehen, um sich zu unterhalten.*)

(13) Er macht daas nu **zum äim ëërgere**. (Weber ³1987: 302)「彼は，ただ単に人を (äim) 怒らせる (ëërgere) ために (zum) それをする。」(*Er macht das, nur um einen zu ärgern.*)

(14) De Leerer und sini Frau chömed i s „Rösli" **zum öppis trinke**. (Beilstein-Schaufelberger 2005: 179)「先生とその奥さんが，何か (öppis) 飲み (trinke) に (zum) レストラン „Rösli" に来る。」(*Der Lehrer und seine Frau kommen ins „Rösli", um etwas zu trinken.*)

(15) のような前置詞句や，(16) のような副詞および副詞的な用法の形容詞などの副詞的成分もまた，zum 構文の添加成分となることができる。

(15) Das isch ja es wätter zum schpaziere und nöd **zum im büro sitze**. (Baur ¹²2002: 25)「それはもう散歩をするための天気であり，オフィスで (im büro) 座っている (sitze) ための (zum) 天気ではない。」(*Das ist ja ein Wetter zum Spazieren und nicht um im Büro zu sitzen.*)

(16) Mer sind an Schatte glääge **zum echli verchuele**. (Weber ³1987: 302)「私たちは，少し (echli) 涼む (verchuele) ために (zum) 日陰に横たわった。」(*Wir haben im Schatten gelegen, um uns ein wenig abzukühlen.*)

また，例 (17) が示すように，不定詞句が補足成分となることも可能である[3]。

(17) De huusäigetumer hät nöd gnueg gält ghaa, **zum die hüüser la renoviere**. (Baur ¹²2002: 157)「大家には，これらの家を (die hüüser) 改築し (renoviere) てもらう (la) のに (zum) 十分な金がなかった。」(*Der Hauseigentümer hatte nicht genug Geld, um diese Häuser renovieren zu lassen.*)

以上のように，zum 構文の補足成分や添加成分となる要素はきわめて多様である。

7.2.2　zum 構文の変種としての「zum ... z 構文」

zum 構文には，不定詞が不定詞標識 z (hd. zu) を伴って z 不定詞[4]となる，zum ... z 構文という変種がある。それを示すのが次の例で，(18a)の文と(18b)の文はいずれも可能である。

(18) a. Mer bruuched daas **zum** de Waage reperiere. (Weber ³1987: 302)「その車を(de Waage)修理する(reperiere)ために(zum)私たちはそれを必要としている。」(*Wir brauchen das, um den Wagen zu reparieren.*)
b. [Mer bruuched daas] **zum** de Waage **z** reperiere. (Seiler 2005: 321)

この z は義務的に出現するというわけではなく，文脈の制約を受けるものでもない。これは任意に用いられる。たとえば次の(19)では不定詞 chatte は z を伴っていないが，(20)では不定詞 verbringe の前に z が出現している。

(19) Ich find das toll, dass ihr eu ziit nämäd, **zum** mit eus chatte!「君たちが僕らと(mit eus)チャットをする(chatte)［ための(zum)］時間をとってくれるなんて，すばらしいね！」(*Ich finde es toll, dass ihr euch Zeit nehmt, mit uns zu chatten!*)[5]

(20) Hoi zäme, es freut mich sehr, dass ich dörf da si **zum** mit eu de Mittag **z**'verbringe.「みなさん，こんにちは！　あなたたちと(mit eu)お昼を(de Mittag)過ごす(z'verbringe)ために(zum)この場に居させてもらえて，とても嬉しいです。」(*Hallo zusammen, es freut mich sehr, dass ich da sein darf, um mit euch den Mittag zu verbringen.*)[6]

ただし，zum ... z 構文は，常に補足成分や添加成分をとることが義務的である。言い換えれば，不定詞が補足成分や添加成分をとらない場合は，不定詞がzを伴うことは許容されない。それを示すのが次の例(21)である。

(21) a. I hä z wenig Gält zum es Huus (z) boue.「私は，家を(es Huus)建てる(boue/z boue)には(zum)あまりにわずかな金しかもっていなかった。」(*Ich habe zu wenig Geld, um ein Haus zu bauen.*)
  b. I hä z wenig Gält zum (*z) boue.「私は，家を建てる(boue)には(zum)あまりにわずかな金しかもっていなかった。」(*Ich habe zu wenig Geld zum Bauen.*)

7.3　zum 構文の意味的特徴

ここでは，zum 構文の担うことができる意味について，標準ドイツ語の um ... zu 構文および zu 不定詞句との比較という観点から考察する。zum 構文は，意味の上では標準ドイツ語の um ... zu 構文，また，部分的にのみ zu 不定詞句に相当するということを見る。

7.3.1　標準ドイツ語の um ... zu 構文との比較

zum 構文は主に「目的」の意味で用いられるが，(22)のような副詞的な用法と，(23)のような付加語的な用法の両方が可能である。また，(24)のような述語的な用法も見られる。

(22) Syn brüeder isch biräits i d schtadt gfaare **zum em e schtell sueche**. (Baur [12]2002: 51)「彼のお兄さんは，彼に(em)仕事を(e schtell)探してやる(sueche)ために(zum)街へ出た。」(*Sein Bruder ist bereits in die Stadt gefahren, um ihm eine Stelle zu suchen.*)

(23) Chraftüebig **zum d Muskle stärche** (Beilstein-Schaufelberger 2005: 326)

「筋肉を (d Muskle) 強化する (stèrche) ための (zum) 筋力トレーニング」(*Kraftübung, um die Muskeln zu stärken*)

(24) Das isch nu **zum de Lüüten Angscht mache**. (Weber ³1987: 302)「それは単に，人々を (de Lüüten) 不安 (Angscht) にさせる (mache) ために (zum) しかならない。」(*Das führt nur dazu, den Leuten Angst zu machen.*)

さらに，(25) と (26 (=17)) の例が示すように，zum 構文は z や gnueg などの程度を表す副詞と呼応することも可能である。

(25) Er isch z fuul **zum en brief schrybe**. (Baur ¹²2002: 108)「彼は，一通の手紙を書くには (zum en brief schrybe) あまりに (z) 怠惰で (fuul) ある。」(*Er ist zu faul, um einen Brief zu schreiben.*)

(26) De huusäigetumer hät nöd gnueg gält ghaa, **zum die hüüser la renoviere**.「大家には，これらの家を改築してもらうのに (zum die hüüser la renoviere) 十分な (gnueg) 金 (gält) がなかった。」

次の例は，「目的」という基本的な意味から拡張した表現で，(27) は逆説的な結果，(28) は注釈を述べている。(29) も注釈ではあるが，こちらは否定的な度合いがより強い内容を含意する[7]。

(27) Er isch choo **zum grad wider wääggaa**.「彼はやって来たが，すぐに (grad) また (wider) 行ってしま [う (wääggaa) に至] った (zum)。」(*Er ist gekommen, um gleich wieder wegzugehen.*)

(28) **Zum d Waret säge**, mer sind mit em nöd zfride.「本当のことを (d Waret) 言う (säge) [ために (zum) 話す] と，私たちは彼に不満がないわ

けではありません。」(*Um die Wahrheit zu sagen, wir sind mit ihm nicht zufrieden.*)

(29) Sie isch zimli rundlachtig **zum nöd säge tick**.「でぶ(tick)と［思ってはいるが］言わない(nöd säge)ように(zum)［言葉の選択を］しておくと，彼女はかなりふっくらしているといったところか。」(*Sie ist ziemlich rundlich, um nicht zu sagen dick.*)

7.3.2　標準ドイツ語の zu 不定詞句との比較

標準ドイツ語の zu 不定詞句は，付加語というかたちで「目的」の意味を表すことができる。このような用法は zum 構文も同様で，両者が対応するのは，専らこのケースである。次の(30)では，zum 構文が「目的」の付加語として機能している。

(30) I hä nüd emaal **der Zyt zum d Zytig lääse**. (Weber ³1987: 244)「私には，新聞を(d Zytig)読む(lääse)ための(zum)時間(der Zyt)すらない。」(*Ich habe nicht einmal die Zeit, die Zeitung zu lesen.*)

しかし，zum が「目的」という語彙的な意味をもたないケースでは，zum 構文の使用は不可能である。つまり，zum 構文は不定詞句を名詞的に用いるための手段とはならない。(31a)，(32a)，(33a)が示すように，zum 構文を主語や述語，目的語として用いることはできず，この場合は，標準ドイツ語と同様，(31b)，(32b)，(33b)のように z 不定詞を用いる必要がある。この現象は，zum 構文が部分的にしか標準ドイツ語の zu 不定詞句に相当しないということを示すものである。

(31) a. *****Zum** vil Gält duretue, isch nöd schwirig.
　　b. Vil Gält dure(z)tue, isch nöd schwirig.「たくさんのお金を(vil Gält)浪費することは(dure(z)tue)難しくない。」(*Viel Geld zu ver-*

schwenden, ist nicht schwierig.)

(32) a. *Au in andere länder versuecht amigs di zwäitgrööscht schtadt **zum** mit de grööschte konkuriere.
   b. Au in andere länder versuecht amigs di zwäitgrööscht schtadt mit de grööschte **z** konkuriere. (Baur [12]2002: 128)「他の国々でも，ふつうは第2の都市は，最大の都市と(mit de grööschte)張り合(konkuriere)おうとする(versuecht)。」(*Auch in anderen Ländern versucht gewöhnlich die zweitgrößte Stadt, mit der größten zu konkurrieren.*)

(33) a. *Min Wunsch isch, **zum** wider i d Schwiiz flüüge.
   b. Min Wunsch isch, wider i d Schwiiz **z** flüüge.「私の願いは，再び(wider)スイスに(i d Schwiiz)行く(flüüge)こと(z)です。」(*Mein Wunsch ist, wieder in die Schweiz zu fliegen.*)

7.3.3　zum の使用頻度における差異

　zum 構文と標準ドイツ語の um ... zu 構文および zu 不定詞句との対応に関してさらに言及しておきたいのは，チューリヒ方言における zum の使用頻度についてである。標準ドイツ語では，補足成分や添加成分をとらない不定詞によって「目的」の意味を表す場合，(34a)や(35a)のように「zum＋不定詞」が副詞的にも，付加語的にも用いられる。しかしながら，補足成分や添加成分をとる不定詞が「目的」の意味を表す場合は，(36a)と(37a)が示すように，副詞的用法では um ... zu 構文，付加語的用法では zu 不定詞句がそれぞれ用いられる[8]。

(34) a. [hd.] Ich bin zu faul {**zum** Aufstehen/**um** auf**zu**stehen}.
   b. [zd.] I bi z fuul **zum** Uufstaa. (Weber [3]1987: 244)「私は，朝起きる(Uufstaa)には(zum)あまりに怠惰だ。」

(35) a. [hd.] Es ist Zeit **zum** Kontrollieren.
   b. [zd.] Es isch zyt **zum** kontroliere. (Baur [12]2002: 152)「点検[をする (kontroliere)ため]の(zum)時間(zyt)になりました。」

(36) a. [hd.] Er ist zu faul, **um** einen Brief **zu** schreiben.
   b. [zd.] Er isch z fuul **zum** en brief schrybe.「彼は，一通の手紙を書くには(zum en brief schrybe)あまりに(z)怠惰で(fuul)ある。」

(37) a. [hd.] Ich habe keine Zeit, diesen Text noch einmal **zu** schreiben.
   b. [zd.] Ich ha nöd de zyt **zum** dëë tägscht na emaale schrybe.「私には，この(dëë)文書を(tägscht)もう一度(na emaale)書く(schrybe)ための(zum)時間はない。」

これに対しチューリヒ方言では，zum が用いられるのは(34b)と(35b)のように不定詞が補足成分や添加成分をとらない場合だけではない。(36b(=25))と(37b(=9))が示すように，zum は不定詞が補足成分や添加成分をとって「目的」を表現する際にも出現する。つまり，チューリヒ方言では，(38a)の文から(38b)の文に書き換えても zum は残留することができる。(39)に示されるように，これは標準ドイツ語では不可能である[9]。

(38) a. [zd.] Si suehed doch öpper **zum** Uushälffe-n-i de Wiirtschaft! (Beilstein-Schaufelberger 2005: 115)「あなたは，食堂での手伝い(Uushälffe i de Wiirtschaft)の[ための(zum)]人を(öpper)探していますよね。」
   b. [zd.] Si suehed doch öpper **zum** i de Wiirtschaft uushälffe!「あなたは，食堂で(i de Wiirtschaft)手伝う(uushälffe)[ための(zum)]人を(öpper)探していますよね。」

(39) a. [hd.] Sie suchen doch jemanden **zum** Aushelfen in der Wirtschaft!
b. [hd.] Sie suchen doch jemanden, {**um** in der Wirtschaft aus**zu**helfen/***zum** in der Wirtschaft aushelfen}!

このようなチューリヒ方言における zum の用法から推測されるのは，zum 構文は(1)や(34a)，(35a)のような「zum＋名詞化された不定詞」における不定詞が拡張して発生したということである[10]。というのは，これから示すように，チューリヒ方言では zum 構文以外にも「前置詞(と定冠詞の融合形)＋不定詞句」という構文が見られるからである。

7.4　チューリヒ方言における zum 構文の位置付け

チューリヒ方言では，様々な前置詞と定冠詞の融合形が不定詞句を支配することが可能である。この現象については，Weber (^{3}1987) の文法書では言及されていないが，Baur (^{12}2002) の教材では一つだけ例が挙げられている。

(40) De bueb hät nöd chöne gnueg überchoo **vom de züüg zueluege**. (Baur ^{12}2002: 108)「その少年は，［どれだけ］電車を(de züüg)眺め(zueluege)［ることによっ］て(vom)も満足できなかった。」(*Der Bub hat nicht genug davon bekommen können, den Zügen zuzusehen.*；逐語訳 „*Der Bub hat nicht können genug überkommen vom den Zügen zusehen.*")

(40)の文では，vom (*hd.* vom) の直後に不定詞句が出現している。また，次の(41)，(42)，(43)の例では，不定詞句が bim (*hd.* beim)，fürs (*hd.* fürs)，durs (*hd.* durchs) といった前置詞と定冠詞の融合形の右側に位置している。

(41) gschnäll **bim ununderbroche de ganz Taag schaffe**「一日中(de ganz Taag)絶え間なく(ununderbroche)働く(schaffe)際には(bim)迅速に」(*schnell dabei, ununterbrochen den ganzen Tag zu schaffen*；逐語訳

„schnell beim ununterbrochen den ganzen Tag schaffe")

(42) paraat **fürs al Brief underschriibe**「全ての手紙に (al Brief) 署名する (underschriibe)[ための (fürs)] 準備がある」(*dafür bereit, alle Briefe zu unterschreiben*；逐語訳 „*parat fürs alle Briefe unterschreiben*")

(43) starch **durs wuchelang Chraft träniere**「数週間にわたって (wuchelang) 筋力を (Chraft) トレーニングすること (träniere) を通じて (durs) 強く」(*dadurch stark, dass er wochenlang seine Kraft trainiert hat*；逐語訳 „*stark durchs wochenlang Kraft trainieren*")

この現象に関連して，さらに挙げておきたいのは，次のような am (hd. am) を用いた進行形の構文である。

(44) Ich bin **am es Buech schriibe**. (Lötscher 1993: 194)「私は，一冊の本を (es Buech) 書い (schriibe) ている」(*Ich bin dabei, ein Buch zu schreiben.*；逐語訳 „*Ich bin am ein Buch schreiben.*")

(44) の文では，am が不定詞句 es Buech schriibe の直前の位置を占め，sii (hd. sein「……である」) と結びついて「進行中の動作」を表現している[11]。

ここで明らかになったのは，zum 構文は「前置詞 (と定冠詞の融合形) ＋不定詞句」という現象の一つと捉えられるいうことである[12]。したがって，zum 構文は，それ自体として単独のかたちではなく，このような大きな枠組みで考察することが重要である。上で示したように，不定詞句の用いられる範囲が拡張しているという現象は，チューリヒ方言の特徴をよく表しているといえる[13]。

7.5 zum 構文の歴史的発達に関する考察

現在の形の zum 構文は，(Paul (1920) や Behaghel (1924) の研究を参照した限りでは)古高ドイツ語や中高ドイツ語ではほとんど例証されていないといえる[14]。したがって，zum 構文がどの時期に発生したのかは定かではない[15]。このような理由から，ここでできるのは zum 構文が発生するための前提と考えられる歴史的事象を取り上げ，それを手がかりに zum 構文の発達の経緯を探ることだけである。その際に着目すべきなのは，古高ドイツ語や中高ドイツ語では，zu 不定詞における zu の前置詞的性格と，不定詞の名詞的性格が現代のドイツ語よりも色濃かったこと，そして，不定詞が名詞としての機能と動詞としての機能を同時に担うことができたという点である。まず7.5.1では，主に Dal (³1966) の記述に基づいて，zum 構文の背景となる歴史的事象について観察する。そして7.5.2において，zum 構文が発達する下地ともいえる，チューリヒ方言のいくつかの現象を取り上げる。

7.5.1 不定詞の名詞的性質と統語的な二面性

西ゲルマン語は，ゲルマン共通基語の不定詞に加え，屈折不定詞，あるいは動名詞と呼ばれるような，j- 接尾辞で拡張された形式を有していた。これは，通常は与格として前置詞と結びついて出現する[16](例：*ahd.* za/zi nemanne, *mhd.* ze nemen(n)e「取る」)。この事実から見て取れるのは，zu の右側の不定詞が，名詞としての性格を現在よりも強く有しているということである。歴史的な観点から，zum 構文は古いドイツ語の前置詞と名詞からなる zu 不定詞の流れを汲むものであるということを出発点とするならば，このことは重要な意味をもつといえる。というのは，不定詞の本来的な役割は，意図や結果，あるいは実現されていない事柄を表すために，名詞や形容詞，動詞を補足することであったからである。

上記の本来的な意味は，次の古高ドイツ語の例に出現するような，前置詞 zu によって明確に表されるようになった。(45)と(46)は，名詞や形容詞の

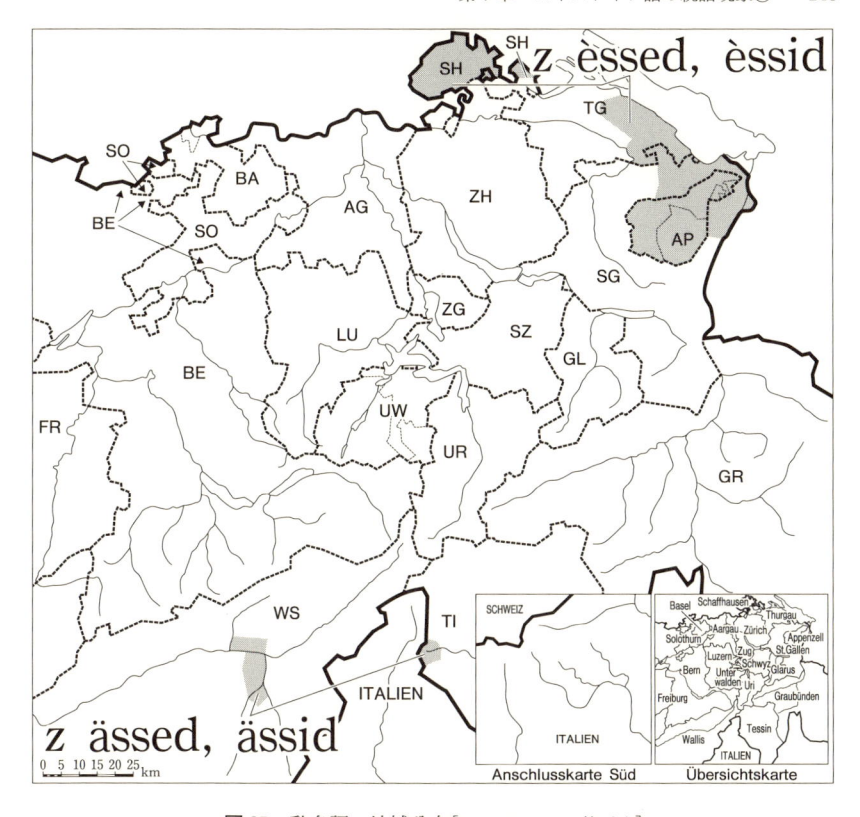

図 25 動名詞の地域分布［SDS (III: 1) に基づく］

補部である。このような zu 不定詞は，中高ドイツ語の時代に zu なし不定詞に完全に取って代わった[17]。

(45) ni uueist thaz ih haben giuualt thih **zi erhahanne** inti giuualt zi forlázzanne? (Tatian: 197, 8)「あなたを (thih) 絞首刑にする (erhahanne) ［ための (zi)］権限 (giuualt) や，解放する (forlázzanne)［ための (zi)］権限 (giuualt) を，私が有しているということがわからないのですか？」(*Weißt du nicht, dass ich die Gewalt habe, dich zu erhängen und dich zu entlassen?*)

(46) Sie sint fílu redie sih fíanton **zirrettinne** [...] (Otfrid: I. 1, 75)「彼らは，自分たちを(sih)敵から(fíanton)守るの(-rrettinne)に(zi-)万全の準備ができて(fílu redie)いる。」(*Sie sind viel bereit, sich vor den Feinden zu erretten [...]*)

(47)と(48)のような副詞的用法の zu 不定詞句は，のちに現在のような um ... zu 不定詞構文へと発達していった。

(47) [ahd.] Thar stuantun wázarfaz [...] then mánnon sus iowánne sih **zi wásganne**. (Otfrid: II. 8, 27-28)「そこには，人々にとって(then mánnon)そうやって(sus)いつも(iowánne)自らの身を(sih)清めること(wásganne)が可能になるために(zi)水瓶が置いてあった。」(*Da standen Wassergefäße [...] damit sich die Menschen immer so waschen können.*)

(48) [mhd.] arzte gewan her Gâwein [...] **ze heilenne** ir wunden. (Iwein: 7773-7775)「ガーヴァイン様は，彼らの傷を(ir wunden)治療する(heilenne)ために(ze)医者を呼んだ。」(*Herr Gawein holte Ärzte [...] um ihre Wunden zu heilen.*)

　zum 構文の発達に寄与したと推測される歴史的事象のもう一つは，「不定詞の統語的二面性」(Dal ³1966: 106)である。すなわち，不定詞は動詞としてその目的語をとる一方で，名詞として，それを修飾する語をとることができるのである。

(49) sît brâht' er an **ein lougen** die vil hêrlîchen meit/Ir ungefüeges willen [...] (Nibelungenlied: 675, 4-676, 1)「そして彼は，その堂々たる娘を，彼女の強情な意志の(ir ungefüeges willen)撤回(ein lougen)に(an)至らせ

た。」(*Danach brachte er das viel herrliche Mädchen zum Verleugnen ihres ungefügigen Willens [...]*)

(50) dâ vlôch man unde wîp/durch **behalten** den lîp (Iwein: 7735-7736)「そこで人々は男も女も，命を(den lîp)守る[こと(behalten)の]ために(durch)逃げ出した。」(*Da flohen Mann und Frau, um das Leben zu retten*)

(49)では，不定詞 lougen が名詞として不定冠詞 ein に支配されている一方で，動詞として補足成分の ir ungefüeges willen を支配している。(50)の例も同様で，不定詞 behalten が前置詞 durch に支配されているのと同時に，目的語である den lîp を支配している。この関連で付け加えておくと，例(48)では不定詞 heilenne が名詞として前置詞 ze に支配され，他方で動詞として目的語の ir wunden を支配している。興味深いことに，この構文は意味的にも構造的にも，zum 構文に類似している。以上の点から，不定詞の名詞的な性質の強さと統語的な二面性が，部分的であるにせよ，現在の zum 構文の基盤をなしていると捉えられる。

7.5.2 チューリヒ方言における不定詞の二面性

チューリヒ方言では，「動詞と名詞の間を揺れ動く不定詞の二面的な性質」(Wilmanns 1906: 124)と関連付けられる現象が，zum 構文を含めた「前置詞(と定冠詞の融合形)＋不定詞句」の構文以外にもいくつか観察される。その一つは，「tue (*hd.* tun)＋不定詞句」という形式をとる不定詞構文である。tue は本来，「……する」という意味をもつ動詞であるが，次のようなかたちで用いることができる。

(51) Miir gfalt s deet und **fische tue**n i gëërn. (Baur [12]2002: 30)「私はそこに居るのが気に入ってるし，魚を釣る[ことを(fische)する(tue)]のが好きだ。」(*Mir gefällt es dort und fischen tue ich gern.*)

(52) Iich **tuene** de Baum **schüttle**, duu **tuesch** d Öpfel **uuflääse**, und iir **tüend uufpasse!** (Weber ³1987: 249)「僕はこの木を(de Baum)揺する[ことを(schüttle)する(tuene)]，君はりんごを(d Öpfel)拾い上げる[ことを(uuflääse)する(tuesch)]，そしてお前たちは周りを見張る[ことを(uufpasse)する(tüend)]んだ！」(*Ich schüttle den Baum, du liest die Äpfel auf, und ihr passt auf!*)

(51)では，不定詞 fische を名詞と捉えることができる。すなわち，「魚を釣ること」を「する」(のが好きである)ということを述べているのが文の後半部である。この観点を導入すると，(52)の不定詞 schüttle と uuflääse もそれぞれ名詞と理解することが可能である。しかし，これらは同時に目的語 de Baum や d Öpfel を支配している。つまり，これらの不定詞は，名詞と動詞の両方の機能を果たしているという見方ができるわけである。この点から，「tue＋不定詞句」もまた不定詞の統語的な二面性という枠組みで捉えられる現象であると考える[18]。そして注目すべきなのは，この構文がチューリヒ方言では様々な機能を担うことができ[19]，しかもきわめて頻繁に用いられるという点である。この事実は，これまで述べたような不定詞の二面性に対する，チューリヒ方言の寛容性を示しているように思われる。

　また，類似した現象として，「移動」を表す動詞による表現も注目に値する。それは，(53)のように前置詞としての zu を伴う zu 不定詞が，「移動」の動詞と結びついて「移動の目的」という意味を表す，すでに早い時期から見られた構文である[20]。

(53) samaso zi thiobe **giengut** ir mit suerton inti mit stangon mih **zi fahanne**. (Tatian: 185, 7)「あなたたちは盗人に対するように，剣や槍を持って(mit suerton inti mit stangon)私を(mih)捕らえ(fahanne)に(zi)出てきたのですか(giengut)。」(*Wie zu einem Dieb kamt ihr mich mit Schwertern und mit Spießen fangen.*)

この例のように，古高ドイツ語では zu 不定詞が用いられていたが，現代のチューリヒ方言で不定詞が gaa (*hd.* gehen「行く」)のような「移動」を表す動詞と結びついて「移動の目的」を示す際には，「方向」や「対象」の意味を表す前置詞 gegen に由来する，不変化の go (または ga)が不定詞の左側に出現する。

(54) Ich **gaane go fische**. (Baur ¹²2002: 31)「私は釣りをし(fische)に(go)行く(gaane)。」(*Ich gehe fischen.* ; 逐語訳 „*Ich gehe gegen fischen.*")

go の元々の前置詞的な性質にのみ着目してよいのであれば[21]，(54) の go の右側の不定詞 fische は名詞的な性質を有するものと分析することができると考える。そして次の(55)と(56)のケースでは，不定詞 mache や schnappe は名詞としてだけではなく，同時に動詞として機能し，補足成分や添加成分をとっていると捉えられる[22]。

(55) Mer gönd **go** en psuech **mache**. (Baur ¹²2002: 150)「私たちは人を訪ね(en psuech mache)に(go)行く(gönd)。」(*Wir gehen einen Besuch machen.*)

(56) Ich gane uf de Züribëërg **go** echli frischi luft **schnappe**. (Baur ¹²2002: 152)「私はチューリヒベルクへと，ちょっと(echli)新鮮な空気を(frischi luft)吸い(schnappe)に(go)行く(gane)。」(*Ich gehe auf den Zürichberg, um ein wenig frische Luft zu schnappen.*)

この現象もまた，上述の「統語的な二面性」がチューリヒ方言で強く保持されていることを示すと考える。Weber (³1987: 302) は，zum 構文について「z 不定詞構文の代わりに用いられるのは，名詞化された不定詞である。これは，補足成分を，しかも標準ドイツ語よりも包括的に支配することができる。」

と述べているが，これはそうしたチューリヒ方言の不定詞の性質を反映しているものと思われる。

以上の事柄に加えて見落とせないのは，チューリヒ方言では z 不定詞の代わりに「zum＋名詞化された不定詞」を用いることが好まれるという点である[23]。このことは，形容詞の補部(57)や名詞の規定(58)で観察される。

(57) a. [zd.] S isch schwëër **zum** Verdaue. (Weber ³1987: 244)「それは，消化する(Verdaue)には(zum)難儀である(schwëër)。」
　　b. [hd.] Das ist schwer zu verdauen.

(58) a. [zd.] s Rächt **zum** Reklemiere (Weber ³1987: 244)「異議を申し立てる(Reklemiere)[ための(zum)]権利(s Rächt)」
　　b. [hd.] das Recht zu reklamieren

このように，不定詞が「統語的な二面性」を容易に発揮することができるという事実と並んで，「zum＋不定詞」の使用が標準ドイツ語よりも頻繁に見られるということもまた，zum 構文の発達の上で大きな役割を果たしたといえるだろう[24]。

7.6　ま　と　め

以上，本章では zum 構文の様々な特徴が明らかになった。7.2 では，標準ドイツ語の um ... zu 構文や zu 不定詞句と同様，zum 構文では不定詞が様々な補足成分や添加成分をとることができるということを見た。7.3 では，zum 構文は意味の上では標準ドイツ語の um ... zu 構文と対応するが，zu 不定詞句とは部分的にしか相当しないということを示した。7.4 で観察したのは，チューリヒ方言では「前置詞(と定冠詞の融合形)＋不定詞句」の構文が様々なかたちで見られるということで，zum 構文はこの現象の枠組みで捉えるべきとした。そして 7.5 では，zum 構文は名詞的性質と動詞的性質と

いう，不定詞の統語的な二面性と，チューリヒ方言における「zum＋不定詞」の広範な使用を背景に発達したと推測した。

さて，今後の課題としてさらに問うべきは，（とりわけ補足成分や添加成分に関して）どのような条件のもとで zum 構文以外の「前置詞（と定冠詞の融合形）＋不定詞句」の構文が許容されるのかということ，そして，それらの地域分布は zum 構文のものと一致するのか，つまりチューリヒやバーゼルなどといったスイス北部および東部でのみ通用するものであるのかということである。また，本書では解明できなかった，zum 構文の発生時期と発生地についても，今後つきとめる必要がある。この関連において明らかにしなくてはならないのは，なぜ zum 構文がスイスの北部と東部にのみ分布し，西部や南部では用いられないのかという問題である。その解明には，社会言語学的な背景を通時的に考察することが重要であるように思われる。

1) このような「zum＋不定詞句」の構文を本書では「zum 構文」と呼ぶ。
2) 本章で用いるスイスドイツ語の例文は，主にチューリヒ方言の文法書や教材から引用したものである。これらのうちいくつかは，本文中で重複して用いている。また，これに加えてチューリヒ方言の母語話者に提示されたもの，あるいは母語話者の監修のもと筆者が作成もしくは既存の例文を一部改変したものも用いる。これらの例文の許容度について母語話者に意見を伺っているが，その数はそれぞれの例文で1人から4人の範囲で異なる。留意すべきは，ある文の許容度に関して母語話者の意見が一致しないケースもあるという点である。
3) チューリヒ方言では，支配される不定詞は原則として支配する不定詞の右側の位置を占める。
4) チューリヒ方言の不定詞標識 z は，前置詞 zue (*hd.* zu) が弱化したものである。
5) この例は，2004年9月28日付インターネット版 20 Minuten 紙 (www.20min.ch) のインタビュー記事からの引用である。
6) この例は，2007年8月2日付インターネット版 Blick 紙 (www.blick.ch) のインタビュー記事からの引用である。
7) これらの用法は，標準ドイツ語の um ... zu 構文からの影響によるもので，本来の方言的な表現ではないという母語話者の意見もあった。
8) 例文 (34a) から (37a) は，チューリヒ方言の例文 (34b) から (37b) を標準ドイツ語に訳したものである。
9) 例文 (39a) と (39b) は，チューリヒ方言の例文 (38a) と (38b) をそれぞれ標準ドイツ語に訳したものである。

10) この観点から，筆者は zum 構文を前置詞句としての性格を強く帯びているものと捉える。そしてまた，zum が(34b)から(37b)のような文において，「目的」という本来の語彙的な意味を保っているという点，および，これらの文の構造を統一的に説明するのに有用である点から，この見解は妥当であると考える。

標準ドイツ語の um ... zu は，多くの辞書や文法書で「接続詞」と扱われている。たとえば Hentschel/Weydt (^{3}2003: 290, 298) はこれを「不定詞接続詞(Infinitivkonjunktion)」あるいは「目的の接続詞(finale Konjunktion)」と呼んでいる。標準ドイツ語の「目的」を表す um ... zu 構文は，(i)のように「目的」の意味を表す接続詞を用いた副文で書き換えることができる。このことは，(ii)に示されるように，zum 構文にも当てはまる。この場合，チューリヒ方言ではふつう das (hd. dass「……ということ」)が用いられるが，前置詞 für (hd. für「……のために」)を伴って für das となることもある。また，demit (hd. damit) も可能であるが，これは標準ドイツ語から借用された用法である。

(i)a. [hd.] Er muss sich beeilen, **um** den Zug noch **zu** erreichen. (Helbig/Buscha 2001: 581)「なんとか(noch)電車を(den Zug)つかまえる(zu erreichen)ために(um)，彼は急ぐ必要があった。」

b. [hd.] Er muss sich beeilen, **damit** er den Zug noch erreicht. (Helbig/Buscha 2001: 581)「[彼が(er)]なんとか(noch)電車を(den Zug)つかまえ(erreicht)られるように(damit)，彼は急ぐ必要があった。」

(ii)a. [zd.] Er isch ggränt **zum** na uf de letscht zùùg möge. (Schobinger ^{4}2003: 173)「なんとか(na)最終電車に(uf de letscht zùùg)間に合う(möge)ために(zum)彼は走った。」(*Er ist gerannt, um noch den letzten Zug erreichen zu können.*)

b. [zd.] Er isch ggränt, {**das/für das/demit**} er na uf de letscht zùùg mag. 「[彼が(er)]なんとか最終電車に間に合う(na uf de letscht zùùg mag)ように(das/für das/demit)，彼は走った。」(*Er ist gerannt, damit er noch den letzten Zug erreicht.*)

このような意味では，um ... zu はたしかに「目的」の不定詞接続詞として機能しているといえるかもしれない。そしてそれに伴って zum もまた不定詞接続詞，あるいは目的の接続詞といったものとみなせるかもしれない。しかし，補足成分や添加成分の有無という基準によって「zum＋名詞化された不定詞」の zum は前置詞句を導く前置詞であり，他方，zum 構文は文相当のものを導く接続詞であるといった分類をされてしまうとしたら，それはあまりに硬直した捉え方であるように思われる。

11) zum 構文とは異なり，am は不定詞句の内部，つまり不定詞のすぐ左側の位置を占めることもできる。(44)の文は，次の(iii)のようにいうことも可能である。

(iii) Ich bin es Buech **am** schriibe. (Lötscher 1993: 194)(逐語訳 „Ich bin ein Buch am schreiben.")

12) (41)，(42)，(43)の例文は，ある母語話者より提供されたものである。そして，別

の母語話者からは，(41)と(42)では不定詞がzを伴って出現することも許容されるとの指摘を頂いた。それを示すのが(iv)と(v)の文である。これに対し(43)では，(vi)に示されるように不定詞がzを伴うことは不可能とのことであった。というのは，Chraft と träniere は結びつきが強く，Chraft z träniere というように両者がzによって分断されることが好まれないためである。

(iv) gschnäll bim ununderbroche de ganz Taag **z** schaffe.
(v) paraat fürs al Brief **z** underschriibe.
(vi) starch durs wuchelang Chraft (*z) träniere.

ただし，(41)，(42)，(43)の文および(iv)，(v)，(vi)の文のように，zum以外の前置詞と定冠詞の融合形の右側に不定詞句がくる構文の許容度については，インフォーマント間で差異が見られた。

13) チューリヒ方言と標準ドイツ語の間の「前置詞（と定冠詞の融合形）+不定詞句」という構文の生産性における差異は，um ... zu 構文に関する文法記述にも表れているように思われる。標準ドイツ語文法において um ... zu 構文を接続詞とする捉え方は，標準ドイツ語において zu 不定詞と結びつくことができる前置詞が um と ohne と (an)statt のみというように，きわめて限られているという事実に帰せられる。

私見では，標準ドイツ語の um ... zu 構文は前置詞 um と，それに支配される不定詞句からなる前置詞句と分析するのが妥当と考える。ドイツ語文法において，前置詞は文相当の構成素を支配できないという発想が固持されねばならない理由はないはずである。

14) 中高ドイツ語のデータベース Mittelhochdeutschen Begriffsdatenbank (MHDB-DB; http://mhdbdb.sbg.ac.at: 8000) において，zum ... z 構文の例が1件だけ見られる。

(vii) Zum ein salsenn von weichselnn zu machen. (Kochbuch Meister Eberhards I, 1)「マハレブチェリーのジャムを(ein salsenn von weichselnn)作る(zu machen)ために(zum)」(*Um eine Salse von Weichseln zu machen*)

15) ベルン方言やヴァリス方言のような，古いドイツ語の特徴をチューリヒ方言よりも多く保っている西部および南部の方言では zum 構文が用いられないという事実を鑑みると，zum 構文は比較的遅い時代に発生した，周辺的な現象と考えられるかもしれない。

西部や南部の方言では，補足成分や添加成分を伴う不定詞句が「目的」の意味を表す際，通常は für ... z 構文のみが用いられる。それゆえベルン方言の文法書(Marti 1985)には，zum 構文への言及がない。Hodler (1969: 556) は，z 不定詞句は方言的でないとする Weber (³1987: 301-302) の記述に対し，次のように反論している。

ベルン方言に関しては，私は決してこのような極端なかたちでこの文言に同意したくはない。(中略)我々は「目的」を表す für z' という，この土地に根ざした表現のしかたをもっているではないか。我々は，zum de Wage Repariere (我々は車を修理するためにそれを必要としている)ではなく，Mir bruche das für dr

Wage z'repariere と言う。

für ... z 構文は標準ドイツ語の um ... zu に相当する構文で，ドイツ語圏スイス全域の方言において有効である。チューリヒ大学の Projekt Dialektsyntax des Schweizerdeutschen による，目的文の地域分布に関する調査結果については Glaser (2003) および Seiler (2005) を参照。

16) Lockwood (1968: 147) によれば，動名詞は初期新高ドイツ語においても用いられている。また，中高ドイツ語では不定詞の与格を表す -enne という語尾が -ende というかたちで現れることもあった。

現代のスイスドイツ語に関しては，Sonderegger/Gadmer (1999: 165-166) によると，動名詞はアッペンツェル方言において z' ĕssed/ĕssid (hd. zu essen) というかたちで保たれている。SDS (III: 1-2) によると，アッペンツェル州全域(AP)，ザンクトガレン州の北端部(SG)，トゥルガウ州東部(TG)，シャフハウゼン州の西端部と東端部を除くほぼ全域(SH)，ヴァリス州中部(WS)，ティチーノ州(TI)およびイタリア北端部の孤立言語圏で動名詞が保たれているということが明らかになっている(図25を参照)。

17) Dal (³1966: 100-101).

18) Dal (³1966: 107) や Lockwood (1968: 150) は，この構文の不定詞を対格目的語として名詞化されたものとみなしている。そしてこれがさらに動詞として，補足成分や添加成分をとる機能も担うとしている。Dal (³1966: 107) によると，この構文は 11 世紀末から見られ，後期の中高ドイツ語ではじめて頻繁に用いられるようになった。そして，Paul (1920: 102) によれば 16 世紀以降は衰退していったものの，話し言葉としての方言においては，現在も活発に用いられている。

(viii) daz si in heten **grüezen** sô rehte scônê **getân** (Nibelungenlied: 105, 4)「自分に対して(in)，彼らが実に丁重に(sô rehte scônê)挨拶[することを(grüezen)]し(getân)た(heten)ということ」(*dass sie ihn so recht höflich begrüßt hatten*)

(ix) wie stêt iu daz [...] daz ir manlîche sinne und herzehaften hôhen muot alsus **enschumpfieren tuot**? (Parzival: 291, 5-8)「[貴方様が]雄々しい心と勇敢なる気質を(manlîche sinne und herzehaften hôhen muot)そのように(alsus)打ち負かす[ことを(enschumpfieren)する(tuot)]ことが，どれほど貴方様にふさわしいことでありましょうか？」(*Wie geziemt es Euch [...] dass Ihr männliches Herz und tapferen großen Mut besiegt?*)

19) Baur (¹²2002: 32) の説明によると，スイスドイツ語では tue は動詞の強調(x)，進行形の形成(xi)，命令文の形成(xii)，疑問文の形成(xiii)といった機能も担うことができる。

(x) Iich tuene fische. (Baur ¹²2002: 32)「私は[散歩に行くのではなく]釣りをする[ことを(fische)する(tuene)]。」(*Ich fische [und gehe nicht spazieren]*.)

(xi) Ich tuene fische. (Baur ¹²2002: 32)「私は釣りを[することを(fische)]してい

る(tuene)。」(*Ich bin dabei, zu fischen.*)
　　(xii) Tue das publiziere! (Baur ¹²2002: 32)「それを(das)出版[することを(publiziere)]しなさい(tue)！」(*Publiziere das!*)
　　(xiii) Tuesch bäble? (Baur ¹²2002: 32)「君は，お人形遊びを[することを(bäble)]しているの(tuesch)？」(*Spielst du mit Puppen?*)
20) Dal (³1966: 102).
21) 現在では，一般に go は動詞 gaa が短縮された語形で，「移動の目的」を表す要素と理解される。Lötscher (1993) および Id. (II: 324-326) によると，この構文はドイツ語圏の南部において，前置詞 gan/gon/gen (*nhd.* gegen「……に対して」) と動詞 gan/gon (*nhd.* gehen「行く」) の音韻的な類似が要因となって，両者の混淆が生じたことに端を発するとされ，16 世紀から例証が見られるようになった。次の (xiv) では，前置詞 gegen と動詞 gehen は表記の上で区別されているが，これに対し (xv) では両者が区別されていない。
　　(xiv) so du **gen** schlafen **gon** willt (Lötschter 1993: 188; Id. II: 323)「もし君が寝(schlafen)に(gen)行く(gon)つもりである(willt)ならば」(*wenn du schlafen gehen willst*；逐語訳 „*wenn du gegen Schlafen gehen willst*")
　　(xv) Ich **gan** weder **gan** bredigen, noch **gan gan** toufen. (Lötscher 1993: 183; Id. II: 326)「私は説教をし(bredigen)に(gan)行か(gan)ないし，洗礼をし(toufen)にも(gan)行か(gan)ない。」(*Ich gehe weder bredigen, noch gehe taufen.*；逐語訳 „*Ich gehe weder gegen/gehen predigen, noch gehe gegen/gehen taufen.*")
(54) のような構文は，こうした背景から発達したと考えられているが，次の例に示されるように，この「反復規則」(Lötscher 1993) はそこから類推的に cho (*hd.* kommen「来る」)，laa (*hd.* lassen「させる」)，aafaa (*hd.* anfangen「始める」) という動詞にまで拡張していった。その結果，ga (go), cho, la, afa はいずれも動詞の短縮形とみなされるに至った。
　　(xvi) Ich gang **ga** der Onkel bsueche. (Lötscher 1993: 180)「私は伯父を(der Onkel)訪ね(bsueche)に(ga)行く(gang)。」(*Ich gehe den Onkel besuchen.*)
　　(xvii) Er chunt **cho** der Onkel bsueche. (Lötscher 1993: 180)「彼は伯父を(der Onkel)訪ね(bsueche)に来る(chunt ... cho)。」(*Ich komme den Onkel besuchen.*)
　　(xviii) Er laat d Vaase **la** gheie. (Lötscher 1993: 180)「彼は花瓶を(d Vaase)落下(gheie)させる(laat ... la)。」(*Er lässt die Vase fallen.*)
　　(xix) Si faat **afa** s Zmittag choche. (Lötscher 1993: 181)「彼女は昼食を(s Zmittag)作り(choche)始める(faat ... afa)。」(*Sie fängt an, das Mittagessen zu kochen.*)
22) am を用いた進行形 (7.4 を参照) のケースと同様に，go は不定詞のすぐ左側の位置を占めることも可能である。

(xx) Ich gang der Onkel ga bsueche. (Lötscher 1993: 180).
23) Weber (^{3}1987: 244).
24) こうした事象は，チューリヒ方言の「前置詞（と定冠詞の融合形）＋不定詞句」の構文は，zum 構文から発祥したということを示唆するものであるかもしれない。もし，7.4 で言及した「vom＋不定詞句」のような構文が単に zum 構文の類推として生じたものであるとしたら，そうした構文の許容度が必ずしも高くない理由が見えてくるかもしれない。

第8章　スイスドイツ語の統語現象②
——wo 関係節——

8.1　導　入

　スイスドイツ語では，関係節化された名詞句の格にかかわらず，関係節の導入に不変化の wo (*hd.* wo) が用いられる。(1)では，pändler が wo vo deet uf Züri faared によって，主格として関係節化されている。これは，標準ドイツ語では(2a)のような定関係代名詞を用いた関係節に相当する。(2b)が示すように，このようなかたちで wo を用いることは標準ドイツ語では不可能である。

(1) [zd.] Es hät ebe mee pändler, **wo** vo deet uf Züri faared als umgcheert.
　　(Baur [12]2002: 127)「そこから(vo deet)チューリヒへ(uf Züri)移動する(faared)通勤者(pändler)の方が，逆方向よりも多くいる。」

(2) a. [hd.] Es gibt eben mehr Pendler, **die** von dort nach Zürich fahren, als umgekehrt.
　　b. [hd.] *Es gibt eben mehr Pendler, **wo** von dort nach Zürich fahren, als umgekehrt.

　本章の目的は，スイスドイツ語の wo 関係節[1]の構造的な特徴を，その発達の歴史的経緯およびスイスドイツ語の構造全体[2]との関連から，包括的に記述することである。8.2 では，関係節化された名詞句の格に応じて，スイス

ドイツ語ではどのように関係節が形成されるのかということについて，チューリヒ方言[3]を例に観察する。8.3においては，スイスドイツ語のwoと標準ドイツ語の定関係代名詞における統語的な差異に言及する。そして8.4では，すでに明らかになっている歴史的事象に基づいて，wo関係節がスイスドイツ語に定着した歴史的経緯について，独自の考察を加える。

8.2　wo関係節の形式

ここで見ていくのは，スイスドイツ語の関係節の形式的な特徴についてである。8.2.1では，関係節化される名詞句の格に応じた関係節の用法を概説し，8.2.2では特定の格の関係節に出現する再述成分の音韻的性質および統語的性質を観察する。

8.2.1　格の明示における相違

上で見たのは，スイスドイツ語では関係節がwoによって導入されるという，標準ドイツ語との相違についてであるが，これに加え，スイスドイツ語では標準ドイツ語とは異なり，関係節化された名詞句の格の明示のしかたが一律ではないという相違もある。特徴的なのは，主格と対格では格が明示されないのに対し，それ以外の格では代名詞が関係節の内部に出現することによって格が明示されるという点である。

次の(3)は主格，(4)は対格であるが，いずれも関係節化された名詞句の格は明示されない。

(3) De trämler, **wo**n am kontroler gschtanden isch, isch schwëër verletzt woorde. (Baur [12]2002: 98)「操縦パネルに(am kontroler)立っていた(gschtanden)た(isch)路面電車の操縦士は(de trämler)重傷を負った。」(*Der Straßenbahner, der am Fahrerpult gestanden hatte, ist schwer verletzt worden.*)

(4) Magsch du dich no a das Liebeslied erinere, **wo** d Aglaja im Konzèrt gsunge hät? (Beilstein-Schaufelberger 2005: 265)「君は今でも，アグラーヤが (d Aglaja) コンサートで (im Konzèrt) 歌っ (gsunge) た (hät) ラブソングを (das Liebeslied) 覚えているかい？」(*Kannst du dich noch an dieses Liebeslied erinnern, das Aglaja im Konzert gesungen hat?*)

これに対し，その他の格では，関係節化された名詞句が代名詞というかたちで関係節内部で再述される。(5) が示すのは与格で，関係節の中に与格の人称代名詞 ene (*hd.* ihnen) が出現している[4]。これによって，関係節化された名詞句の格が明示される。

(5) Di junge lüüt, **won ene** d fërie verrägnet woorde sind, wänd nüme go zälte. (Baur [12]2002: 148)「［彼らにとって (ene)］休暇が (d fërie) 雨にたた (verrägnet) られ (woorde) た (sind) その若い人たちは (di junge lüüt)，もうテント泊をしに行きたがらない。」(*Die jungen Leute, denen die Ferien verregnet sind, wollen nicht mehr zelten gehen.*；逐語訳 „*Die jungen Leute, wo ihnen die Ferien verregnet worden sind, wollen nicht mehr gehen zelten.*")

再述成分は，関係節化された名詞句が前置詞の補部となる場合にも出現する。先行詞が人である場合は (6) のように「前置詞＋人称代名詞」というかたちで，事物である場合は (7) のように「de(r)/d(e)r[5]＋前置詞」によって再述される。

(6) Das isch d schnyderi, **won i bin ere** mys nöi chläid laane mache. (Baur [12]2002: 148)「こちらは，私が (i)［彼女のところで (bin ere)］私の新しい洋服を (mys nöi chläid) 作って (mache) もらう (laane) 仕立屋さん (d schnyderi) です。」(*Das ist die Schneiderin, bei der ich mein neues Kleid machen lasse.*；逐語訳 „*Das ist die Schneiderin, wo ich bei ihr*

mein neues Kleid lasse machen.")

(7) d fraag, **wo** mer is scho mängsmaal **drüber** underhalte händ (Baur [12]2002: 148)「我々が(mer)もう(scho)［それについて(drüber)］何度か(mängsmaal)話し(is … underhalte)た(händ)問題(d fraag)」(*die Frage, über die wir uns schon manchmal unterhalten haben*；逐語訳 „*die Frage, wo wir uns schon manchmal darüber unterhalten haben*")

属格に関しては，スイスドイツ語では形態的な属格が消失しているため，厳密には「属格相当表現」ということになる。所有を表す手段は2通りあり，所有の与格(8a)や前置詞 vo (*hd.* von) が用いられる(5.2.1を参照)。

(8) a. **Em** mäitli **syni** gygen isch wägchoo. (Baur [12]2002: 147)「その女の子［にとって(Em mäitli)彼女］の(syni)バイオリンが(gyge)なくなってしまった。」

　 b. D gyge **vom** mäitli isch ewägchoo. (Baur [12]2002: 147)「その女の子(-m mäitli)の(vo-)バイオリンが(d gyge)なくなってしまった。」

これらの表現は，関係節には次の(9)のように反映される。(9a)は所有の与格，(9b)は前置詞 vo を用いた形式である。属格相当の関係節においては，(9a)が示すように与格の人称代名詞の省略が可能である。

(9) a. S mäitli, **wo**n (**em**) **syni** gyge wägchoo isch, isch truurig. (Baur [12]2002: 147)「［彼女にとって(em mäitli)彼女の(syni)］バイオリンが(gyge)なくなってしまっ(wägchoo)た(isch)その女の子は(s mäitli)悲しんでいる。」(*Das Mädchen, dessen Geige weggekommen ist, ist traurig.*；逐語訳 „*Das Mädchen, wo ihm seine Geige weggekommen ist, ist traurig.*")

　 b. S mäitli, **wo** d gyge **vo**n **em** wägchoo isch, isch truurig. (Baur [12]2002:

147)「[彼女(em)の(vo)]バイオリンが(d gyge)なくなってしまっ(wägchoo)た(isch)その女の子は(s maitli)悲しんでいる。」(逐語訳 „Das Mädchen, wo die Geige von ihm weggekommen ist, ist traurig.")

vo によって所有を表す際，先行詞が人であれば(10)のように「vo＋人称代名詞」，事物であれば(11)のように「da(r)＋前置詞」の devo (hd. davon) が用いられる。

(10) Das isch de maa, **wo** mer s auto **von em** so guet gfale hät. (Baur [12]2002: 148)「こちらが，[彼(em)の]所有する(vo)車を(s auto)私が(mer)大変よく(so guet)気に入っ(gfale)た(hät)男性(de maa)です。」(Das ist der Mann, dessen Auto mir so gut gefallen hat.；逐語訳 „Das ist der Mann, wo mir das Auto von ihm so gut gefallen hat.")

(11) Das isch s auto, **wo** mer d farb **devoo** so guet gfale hät. (Baur [12]2002: 148)「これは私が(mer)[それ(de-)の(-voo)]色を(d farb)大変よく(so guet)気に入っ(gfale)た(hät)車(s auto)です。」(Das ist das Auto, dessen Farbe mir so gut gefallen hat.；逐語訳 „Das ist das Auto, wo mir die Farbe davon so gut gefallen hat.")

以上で述べた，スイスドイツ語における格の明示のしかたを，標準ドイツ語との比較というかたちでまとめたのが表9である[6]。たとえばスイスドイツ語の与格の場合，他の格と同様に関係節の導入には不変化の wo が用いられ

表9 格の明示の有無

	関係節化の形式	主格	対格	与格	前置詞補部	(属格)
標準ドイツ語	関係代名詞	＋	＋	＋	＋	＋
スイスドイツ語	関係節の導入要素	－	－	－	－	－
	代名詞による再述	(－)	(－)	＋	＋	＋

表10　3人称・単数／複数の与格の人称代名詞

		強形	基本形	弱形
3. Sg.	m.	imm	im	em
	f.	ire	ire, ere	ere, re
	n.	imm	im	em
3. Pl.		ine	ine, ene	ene, ne

表11　3人称・単数／複数の対格の人称代名詞

		強形	基本形	弱形
3. Sg.	m.	inn	in	en
	f.	sii	si	si
	n.	ins	ins, es	s
3. Pl.		sii	si	s

るが，これ自体は関係節化される名詞句の格を明示しないので，「関係節の導入要素」の欄には「−」の記号が入る。しかし，再述される代名詞によって格が明示されるので，「代名詞による再述」の欄は「＋」の記号が付される。(−)の記号は，スイスドイツ語では主格と対格において代名詞による再述自体が生じないため，格が明示されないことを示す。

8.2.2　再述成分の特徴

ここでは，与格および前置詞補部を示す再述成分は強勢をもたない要素であり，このことが再述成分の語順にも反映されるということを示す[7]。重要なのは，スイスドイツ語の人称代名詞はその発音の強勢に応じて大きく3段階に分けられるということである(5.2.1を参照)。表10は与格の人称代名詞，表11は対格の人称代名詞で，ともにチューリヒ方言のものである。表ではwo関係節に関与する3人称のみを挙げている。

8.2.2.1　音韻的性質

再述成分としてwo関係節に出現する与格の人称代名詞は，通常は(12a)のように弱形で発音され，基本形(12b)や強形(12c)とはならない。また，(13)が示すように，前置詞補部の場合においても同様に人称代名詞は弱形と

なり，強形や基本形は用いられない。

(12) a. Dë maa, won **em** ales abverheit isch, hät uufggëë. (Baur ¹²2002: 148)「[彼にとって(em)]何もかもが(ales)失敗に終わっ(abverheit)た(isch)この男(dë maa)は，諦めてしまった。」(*Dieser Mann, dem alles verdorben ist, hat aufgegeben.*)
b. *Dë maa, won **im** ales abverheit isch, hät uufggëë.
c. *Dë maa, won **imm** ales abverheit isch, hät uufggëë.

(13) a. die Lüüt, wo mer byn **ene** gwont händ (Baur ¹²2002: 147)「私たちが(mer)[彼らのもとに(byn ene)]住み込んでい(gwont)た(händ)人々(die Lüüt)」(*die Leute, bei denen wir gewohnt haben*)
b. *die Lüüt, wo mer byn **ine** gwont händ

「da(r)＋前置詞」の場合は，da(r) の部分が強勢をもたずに発せられる。(14)が示すように，通常は -mit のような前置詞の部分に相対的な強勢が置かれ，de- が強勢をもつことはない[8]。大文字は，アクセントが置かれていることを示す。

(14) Di nöi gondelbaan, wo me {deMIT/*DERmit} i de chüürzischte zyt cha uf 2000 meeter ue faare [...](Baur ¹²2002: 148)「[人々が(me)それによって(demit)]最短の時間で(i de chüürzischte zyt)標高2000メートルまで(uf 2000 meeter ue)行くことが(faare)できる(cha)新しいロープウェー(di nöi gondelbaan)」(*Die neue Gondelbahn, mit der man in der kürzesten Zeit auf eine Höhe von 2000 Meter fahren kann [...]*)

これは wo 関係節に限られた現象ではなく，「da(r)＋前置詞」全般において強勢は常に前置詞の部分に置かれるという[9]，チューリヒ方言の特徴から説明される。

ここで問題になってくるのは，なぜ再述代名詞は常に弱形で現れるのか，言い換えれば，なぜ強形や基本形で現れないのかということである。Weber (³1987: 154) の説明によると，チューリヒ方言に関しては，強形の代名詞が出現するのは Miich oder diich? (「私か，それとも君か？」)のように複数の代名詞が対比的に用いられる場合や，Wëë chumt mit?——Iich! (「誰が来るのですか？」「私です！」)のように質問に対する応答となる場合である。このような人称代名詞は，文中で最も強く発せられる要素となる。また，情報として重要な要素と解釈される場合には，人称代名詞は強形や基本形で出現する。つまり，これらに該当しないものが弱形で出現するということになる。人称代名詞よりも重要な要素が文中に存在していれば，強勢はそこに置かれ，人称代名詞自体は相対的に弱形となる。関係節における主題と捉えられうる，そしてまた強勢が置かれるべき重要な新情報に相当しない再述代名詞はその一例といえる。次の(15)でこのことを示すと，再述成分である em を含む wo 関係節では，情報の重要度という観点から d verlobig と uufgchündt が強勢を要する。それに伴い em は強勢を与えられず弱形となる。

(15) Geschter isch öisi tanten us Bëërn bin öis uf psuech gsy, wäisch di säb, wo mer amigs als chind **zue**n **ere** i d fërie händ töörffe. Si hät en huuffe gwüsst z verzele vo öisne verwandte, aber au vo lüüt, wo mer vorane nie öppis ghöört händ **vo**n **ene**. Öppis, wo si psunders lang prichtet hät **devoo**, isch e gschicht gsy vo äim, won **em** d bruut d verlobig uufgchündt hät, grad en taag vor em hoochsig, wo s natüürli scho ali gescht uufpote händ **dezue**. (Baur ¹²2002: 145)「昨日，ベルンから私たちの伯母さんが訪ねてきたんだけどね，知ってるでしょ，私たちが(mer)子供の頃(als chind)いつも(amigs)[彼女の所へ(zuen ere)]休暇を過ごしに行か(i d fërie)せてくれ(töörffe)た(händ)，あの人(di säb)。あの伯母さんは，私たちの親戚について話すようなことをいろいろ知ってたでしょ。あと，私たちが(mer)それまで(vorane)[彼らについて(von ene)]何も(öppis)聞いた(ghöört)ことがなかっ(nie)た

(händ)人たち(lüüt)についても。彼女が(si)[それについて(devoo)]特に長々と(psunders lang)伝えてき(prichtet)た(hät)こと(öppis)は，彼ら新郎新婦が(s)当然のことながら(natüürli)すでに(scho)全員の参列者を(ali gescht)[それへ(dezue)]招待し(uufpote)ていた(händ)結婚式(em hoochsig)のまさに前日に(en taag vor)お嫁さんが(d bruut)[自分に(em)]婚約を(d verlobig)解消することを伝え(uufgchündt)た(hät)人(äim)の話だよ。」(*Gestern war unsere Tante aus Bern bei uns auf Besuch, weißt du jene, zu der wir immer als Kinder in die Ferien haben gehen dürfen. Sie hat einen Haufen gewusst, von unseren Verwandten zu erzählen, aber auch von Leuten, von denen wir vorher nie etwas gehört haben. Etwas, von dem sie besonders lang berichtet hat, war eine Geschichte von einem, dem die Braut die Verlobung aufkündigt hat, gerade einen Tag vor der Hochzeit, zu der sie natürlich schon alle Gäste eingeladen hatten.*)

人称代名詞が強形や基本形で出現する条件は「前置詞＋人称代名詞」についても同様であるが，人称代名詞に強勢が置かれない状況では，bii mer(「私の所で」)のように前置詞の部分が相対的に強勢をもつのに対し，人称代名詞に強勢が置かれる場合は bi miir(「私の所で」)というように，前置詞は相対的に強勢を失う[10]。(15)の zuen ere や von ene では，前置詞の zue や vo が強勢を有する。これらを含む wo 関係節において強勢が置かれるのは，als chind および nie である。「da(r)＋前置詞」については，上述のように強勢が置かれるのは常に前置詞の部分であり，文中での重要度という観点からも代名詞の部分には強勢は置かれ難い。devoo および dezue を含む関係節では，psunders lang や ali gescht が強勢が置かれるべき要素となりうる。このように，関係節化された名詞句の格を明示する再述代名詞が弱形で出現するという特徴には，文中での重要度という側面が大きく関与すると考えられる。

8.2.2.2 統語的性質

与格の再述成分は，通常は wo の直後の位置を占める。次の例では，Baur (¹²2002) によるものである(16a)が可能であるのに対し，em が関係節の主語の次に位置する(16b)は容認度が低く，それよりも後方である(16c)は容認されない[11]。これは，与格の再述成分が左文枠への接語化を要する軽小な要素であるということの表れといえる。実際，wo と代名詞 em は一つの音韻語として発せられる。人称代名詞というもの自体が文脈の中ではじめてその指示対象を割り当てられる要素であることに加え，再述される代名詞は，関係節において新情報としての重要度が低いために弱形を示す。つまり，関係節化された名詞句の格を明示することが，その主たる役割である。このように軽小な要素が中域の先頭の位置を占めるという点では，その語順はヴァッカーナーゲルの法則に反しないかたちとなっている[12]。

(16) a. de chrank, won **em** de tokter so guet ghulffe hät (Baur ¹²2002: 146)
「その医者が(de tokter)実に見事に(so guet)[彼を(em)]救っ(ghulffe)た(hät)患者(de chrank)」(*der Kranke, dem der Arzt so gut geholfen hat*)
b. ?de chrank, wo de tokter **em** so guet ghulffe hät
c. *de chrank, wo de tokter so guet **em** ghulffe hät

ただし，wo 関係節の主語が弱形の人称代名詞である場合には，再述成分は通常は(17b)のように主語の直後に位置することになる。

(17) a. ?e Magd, won **ere** s alls händ chönen aavertroue
b. e Magd, wo s **ere**n alls händ chönen aavertroue (Weber ³1987: 299)
「彼らが(s)全てを(alls)[彼女に(ere)]任せることが(aavertroue)でき(chönen)た(händ)女中(e Magd)」(*eine Magd, der sie alles haben anvertrauen können*)
c. *e Magd, wo s alls **ere** händ chönen aavertroue

しかし(17a)のように与格の再述成分が弱形の主語代名詞の前であると，不可能とはいえないまでも容認度は低くなる。(17c)は主語が弱形の代名詞ではないケースと同様，不可能である。これは，チューリヒ方言の従属節全般について，弱形の主語代名詞は補文標識の直後に位置しなくてはならないという原則があるためで[13]，(17)の示す現象もまた関係節に特有というわけではない。このことを示すのが次の(18)で，従属節において弱形の主語代名詞の前に別の要素が出現することは通常は許容されない。

(18) a. das i halt de Nina s Buech ggee han (Werner 1999: 46)「ともかく(halt)私が(i)ニーナにその本をあげてしまったということ」(*dass ich halt Nina das Buch gegeben habe*)
b. *das halt i de Nina s Buech ggee han (Werner 1999: 46)

関係節化される名詞句が前置詞補部であると，その位置は与格の場合と逆の様相を呈する。「前置詞＋人称代名詞」では，(19)が示すように前方の位置であると容認度が低くなり，比較的後方の位置を占めるのが原則である。(19b)や Weber ([3]1987: 300) の例である(19c)と(19d)は可能であるが，再述成分が主語の前に位置する(19a)は容認されない。これは(20)のような「da(r)＋前置詞」のケースでも同様である。

(19) a. *de Suu, wo **für en** d Mueter irer Läbtig gspaart hät
b. de Suu, wo d Mueter **für en** irer Läbtig gspaart hät
c. de Suu, wo d Mueter irer Läbtig **für en** gspaart hät (Weber [3]1987: 300)「母が(d Mueter)自らの生涯にわたって(irer Läbtig)[彼の]役に立つように(für en)貯蓄をしてき(gspaart)た(hät)息子(de Suu)」(*der Sohn, für den die Mutter auf Lebenszeit gespart hat*)
d. de Suu, wo d Mueter irer Läbtig gspaart hät **für en** (Weber [3]1987: 300)

(20) a. *Spargimänter, wo **draab** all Lüüt händ müese lache
   b. Spargimänter, won all Lüüt **draab** händ müese lache
   c. Spargimänter, won all Lüüt händ müese lache **draab** (Weber ³1987: 300)「すべての人々が(all Lüüt)[それについて(draab)]笑わ(lache)ずにはいられなかっ(müese)た(händ)悪ふざけ(Spargimänter)」
   (*Possen, über die alle Leute haben lachen müssen*)

このとき再述代名詞は、前置詞に支配されることで、中域の先頭への移動を要する軽小な要素ではなくなる。上述のように弱形の人称代名詞と結びつく前置詞や「da(r)+前置詞」の前置詞が強勢をもつということ、そして(19d)や(20c)が示すように枠外配置までもが可能になるということがこれを表している。関係節化された名詞句が前置詞補部となる再述成分の位置については、Baur (¹²2002: 147) と Weber (³1987: 300) がそれぞれ次のように説明している[14]。

> 関係代名詞が人物を関係節化する場合は、その一部をなす人称代名詞が前置詞に後続する。そのペアは主語のすぐ後に位置することもあれば、文の後域になってはじめて現れることもある。(Baur ¹²2002: 147)

> 関係代名詞が前置詞に支配される場合は、先行詞が[文末の]動詞の前あるいは(頻繁に見られ、そしてより適切であるのだが)後の位置で再述される。(Weber ³1987: 300)

Baur (¹²2002: 147) は主語の直後と後域、Weber (³1987: 300) は動詞(群)の直前と直後と表現しているように、記述に若干の相違が見られるが、枠外への配置は両者ともに可能であるとしている。枠外配置もまた関係節独自の構造というわけではなく、これは副詞成分や前置詞句全般で頻繁に生じるものである[15]。この現象について、Weber (³1987: 311) は次のような例を挙げている。

(21) Wäisch na, wo mer um die Zyt gsy sind **s letscht Jaar**? (Weber ³1987: 311)「去年(s letscht Jaar)，今頃の時期に僕らはどこにいたか，まだ覚えているかい？」(*Weißt du noch, wo wir um diese Zeit vergangenes Jahr gewesen sind?*)

(22) I cha mi nüd gnueg verwundere **über sy Tümi**. (Weber ³1987: 311)「彼の愚かさには(über sy Tümi)，いくら驚いても十分ではない。」(*Ich kann mich nicht genug über seine Dummheit verwundern.*)

8.3 「関係詞」wo の統語的性質

　ここでは，統語論的な観点から wo の性質についての注釈を加えたい。関係節を導入する wo は，よく「関係代名詞(Relativpronomen)」と呼ばれることがある。たとえば Weber (³1987) がそうした表現を用いている。しかし，この関係代名詞という呼称は適切ではない。たしかに冒頭の(1)と(2a)の文を並べて見ると，スイスドイツ語の wo と標準ドイツ語の関係代名詞はともに関係詞として同等に機能しているように思われる。しかし，統語的な機能の上では，両者は異なるものである。

　このことを説明するのに参考になると思われるのは，英語の関係節を形成する who/which と that の差異である。スイスドイツ語の wo と標準ドイツ語の定関係代名詞の差異は，これらの差異と類似しているといえる。Radford (2004: 173-177) の説明によると，(23)の who が導入する関係節では，空の補文標識の WH 素性および EPP 素性によって，関係代名詞 who が CP 指定部へと移動する。そして(24)の that 節の場合は，補文標識 that の WH 素性および EPP 素性によって，関係代名詞 who が CP 指定部となるが，who は PF 部門で空の書き出しを与えられる。

(23) a. It's hard to find someone **who** you can relate to. (Radford 2004: 173)

b. [CP **who**[C Ø ~~WH, EPP~~][TP you[T can][VP[V relate][PP[P to]~~who~~]]]]
 (Radford 2004: 173)

(24) a. It's hard to find people **that** you can trust. (Radford 2004: 176)
 b. [CP ~~who~~[C **that** ~~WH, EPP~~][TP you[T can][VP[V trust]~~who~~]]](Radford 2004: 177)

この観点を導入してみると，標準ドイツ語の関係節はWH移動に類するもので，次の(25(=2a))が示すように関係代名詞はCP指定部の位置を占める。これに対してスイスドイツ語のwoは，(26)が示すようにCP主要部Cの位置を占めると捉えることができる。

(25) a. [hd.] Pendler, die von dort nach Zürich fahren
 b. Pendler[CP **die**[C Ø]~~die~~ von dort nach Zürich fahren]

(26) a. [zd.] pändler, wo vo deet uf Züri faared
 b. [CP ~~die~~[C **wo**]~~die~~ vo deet uf Züri faared]

もう一つ，woが補文標識であることを示すのは，スイスドイツ語の関係節にはdëë wo (hd. der wo)，すなわち「指示代名詞＋wo」の形式[16]が周辺的に存在するという事実である。

(27) Me^n hed halt dōmōls no^{ch} Wassermanne^n g'cha^n, **die wo** rīchere^n Lüte^n om zëhe^n Rappe^n e^n Ta^{n}se^n voll Wasser all Stëgen ūf 'treit hend. (Id. XIII: 1092)[17]「とにかく当時はまだ，裕福な人々に(rīchere^n Lüte^n) 10ラッペンで(om zëhe^n Rappe^n)瓶いっぱいの水を(e^n Ta^{n}se^n voll Wasser)階段を全部上って(all Stëgen ūf)運ん(treit)だ(hend)水の配達人(Wassermanne^n)がいたのだ。」(*Man hatte halt damals noch Wassermänner, die reicheren Leuten für zehn Rappen eine Tanse voll*

Wasser alle Stiegen hinauf getragen haben.)

(27)では，関係節を導入する要素として，関係代名詞 die (*hd.* die) と不変化の導入要素 wo が同時に出現している。これは die が CP 指定部，wo が主要部 C の位置を占め，関係代名詞 die が空の書き出しを与えられていない状態である[18]。以上の点から，スイスドイツ語の関係節を導く wo は補文標識と捉えられる[19]。

8.4　wo 関係節の歴史的経緯

wo 関係節は，歴史的には比較的新しい現象であり，文献にはじめて出現したのも遅い時代である[20]。Dalcher (1963: 121-122) によれば，スイスでは 16 世紀まで遡ることができ，ベルン方言では 1532 年，チューリヒ方言では 1551 年には文献に登場していたことが確認されている[21]。そして 1800 年以降には，wo 関係節は完全にスイスドイツ語に定着していたと Dalcher (1963: 122) は述べている。次の例は 1811 年のものである。

(28) Der Meister nimmt das schlechteste Messer, **wo** er hat [...](Hebel: 179, 2)「親方は，自分が (er) 持っている (hat) [中で] 最もひどいナイフ (das schlechteste Messer) を手に取る。」(*Der Meister nimmt das schlechteste Messer, das er hat [...]*)

以下では，wo 関係節の発達に関与したと考えられる歴史的事象を取り上げ，そこからどのように wo 関係節が確立したのかについて，2 つの段階に分けて考察する。

8.4.1　der wo 型の発達

wo 関係節の発達における第 1 段階の出発点として着目したいのは，本来は「場所」の意味を表す疑問詞である wo が関係副詞の領域に進出してきた

という現象である。(29)から(32)が示すように，場所や時間，状況などの先行詞を関係節化する関係副詞として，古高ドイツ語から新高ドイツ語にわたって用いられていたのは，古高ドイツ語の thâr に由来する場所の副詞 da[22] である[23]。しかし中世末期以降，関係副詞の da はしだいに wo に取って代わられ[24]，競合の末 1800 年頃には(33)のように wo が関係副詞として定着していた[25]。

(29) [ahd.] in Júdeono lant, **thar** ther sin fríunt was ju ér, lag fíardon dag bigrábaner [...](Otfrid: III 24, 1-2)「かつてその昔(ju ér)彼の友人(sin fríunt)であった(was)者が(ther)[そこに(thar)]埋葬され(bigrábaner)眠ってから(lag) 4 日になる(fíardon dag)ユダヤ人の国(Júdeono lant)へ」(*ins Land der Juden, wo der, der früher einmal sein Freund war, den vierten Tag begraben lag [...]*)

(30) [mhd.] in sîn heimlîch gemach, **dâ** ez ir herre niene sach [...](Heinrich: 1181-1182)「[そこで(dâ)]彼女の主人が(ir herre)それを(ez)目にすることの(sach)ない(niene)，人目につかない彼の部屋(sîn heimlîch gemach)へ」(*in sein heimliches Gemach, wo es ihr Herr nie sah [...]*)

(31) [fnhd.] ZV DER ZEIT/**DA** VIEL VOLCKS DA WAR/VND hatten nicht zu essen (Luther: Marcus VIII 1)「[その時に(da)]大勢の群集が(viel Volcks)その場に(da)いて(war)，そして(vnd)食べるため[のものを](zu essen)何ももっていなかった(hatten nicht)とき(der Zeit)に」(*Zu der Zeit, als wieder eine große Menge da war und sie nichts zu essen hatten*)

(32) [nhd.] vor einem Gewölbe, **da** wohl zwanzig Stufen hinab gehen (Goethe: 9, 8-9)「20 段ほどの階段(wohl zwanzig Stufen)が[そこで(da)]下に(hinab)のびている(gehen)穴ぐら(einem Gewölbe)の前に」

(33) [nhd.] Besser, Fiesco läßt Oheim und Neffen zu einem Gastmahle laden, **wo** sie dann [...] die Wahl haben, den Tod entweder an unsern Dolchen zu essen, oder in gutem Cyprier Bescheid zu tun. (Schiller: 286, 29-32)「もっとよいのは，フィエスコが叔父と甥を，[その席上で]彼らが(sie)われわれの刃にかかって死を被るか，良質のキプロスワインで乾杯を返すか，どちらかの選択肢を(die Wahl)得る(haben)饗宴に招くことだ。」

こうした da から wo への交替は，古高ドイツ語の ther thâr に由来する導入形式[26]においても同様に発生したと考えられる。(34)から(36)に示されるように，古高ドイツ語から初期新高ドイツ語にかけて，「場所」の意味が希薄になった da が指示代名詞と結びついて関係節を導入する der da の形式が存在した[27]。そして現代では，8.3 で言及したように(37(=27))の例のような der wo の形式が現代のスイスドイツ語に周辺的に存在する。この2つの事実を結びつけるのは，場所の関係副詞における da から wo への移行と連動して，der da から der wo への変化が生じたということである[28]。

(34) [ahd.] bithiu uuanta thû ni giloubtus minen uuortun, **thiu thar** gifultu uuerdent in iro ziti (Tatian: 2, 9)「時がくれば(in iro ziti)実現(gifultu)される(uuerdent)私の言葉を(minen uuortun)あなたが信じなかったから」(*weil du nicht meinen Worten glaubtest, die zu ihrer Zeit erfüllt werden*)

(35) [mhd.] [...] dû tuost als diu kint **diu dâ** gæhes muotes sint [...] (Heinrich: 949-950)「あなたはせっかちな[気質(gæhes muotes)である(sint)]子供たち(diu kint)のように振舞っておられますな。」(*[...] du tust wie die Kinder, die voreiligen Gemütes sind [...]*)

(36) [fnhd.] [...] allerley Thier/**das da** lebt vnd webt/vnd vom Wasser

erreget ward [...](Luther: 1. Mose I 21)「生命を宿して(lebt)活動し(webt)，水[の流れ]に(vom Wasser)突き動かさ(erreget)れる(ward)すべての生き物(allerley Thier)」([...] alles Getier, das da lebt und webt, davon das Wasser wimmelt [...])

(37) Me^n hed halt dōmōls no^{ch} Wassermanne^n g'cha^n, **die wo** rīchere^n Lūte^n om zëhe^n Rappe^n e^n Ta^{n}se^n voll Wasser all Stëgen ūf 'treit hend. (Id. XIII: 1092)「とにかく当時はまだ，裕福な人々に(rīchere^n Lūte^n) 10 ラッペンで(om zëhe^n Rappe^n)瓶いっぱいの水を(e^n Ta^{n}se^n voll Wasser)階段を全部上って(all Stëgen ūf)運ん(treit)だ(hend)水の配達人(Wassermanne^n)がいたのだ。」

この形式は，次の(38)から(40)のように関係代名詞が先行詞の役割を兼ねている，あるいは先行詞となる指示代名詞が省略されたと解釈される関係節にも見られる。(41)は現代のスイスドイツ語の例で，der wo 型の導入形式というよりは，先行詞である指示代名詞を wo が関係節化していると捉えるべき構造である。したがって(38)から(40)の導入形式と(41)の導入形式は異なる構造であるということになるが，両者は同等の意味を有する。

(38) [ahd.] **Tház thar** nu gidán ist, thaz was io in góte sos iz ist, was giáhtot io zi gúate in themo éwinigen múate [...](Otfrid: II 1, 41)「今(nu)創造され(gidán)た(ist)[結果ここにある]ものは(tház)，[実際に今]そうであるように，いつも神の中にあったのであり，いつも慈悲深くこの永遠の心の中で熟慮されていたのです。」(Das, was nun geschaffen ist, war immer in Gott, wie es ist und war immer gnädig in diesem ewigen Herzen überlegt.)

(39) [mhd.] **Die dâ** torsten vehten, die lâgen alle erslagen (Nibelungenlied: 98, 1)「戦いを(vehten)挑んだ(torsten)者たちは(die)，みな打ち殺され

地面に伏してしまった。」(Die, die zu fechten wagten, lagen alle erschlagen am Boden.)

(40) [fnhd.] [...] **die da** sassen/am ort vnd schatten des tods/den ist ein Liecht auffgangen. (Luther: Matthäus IV 16)「死の地、死の影に(am ort vnd schatten des tods)座していた(sassen)者たち(die)に光が上った。」([...]denen, die saßen am Ort und im Schatten des Todes, ist ein Licht aufgegangen.)

(41) **Dëë**, **wo** d fäischterschybe ygschlage hät, isch verwütscht woorde. (Baur [12]2002: 90)「窓ガラスを(d fäischterschybe)損壊し(ygschlage)た(hät)者が(dëë)捕まった。」(Der, der die Fensterscheibe eingeschlagen hat, ist erwischt worden.)

そこで現代のドイツ語における関係節の形式から推察すると、この der da の導入形式から da が欠落し der だけ残留したのが標準ドイツ語の定関係代名詞であり[29]、他方、現代のスイスドイツ語に周辺的に残存する、あるいは他のいくつかの方言で用いられている der wo への変化を経て、der が消失し wo だけが残ったのが現代の wo 関係節であるという見方ができる。次では、それがどのようにして起こったのかについて考察する。

8.4.2 「da(r)＋前置詞」型の再述成分の発達

der wo からの der の欠落をもたらした現象を探る上での手がかりとなるのは、「wo の関係節の標識への文法化」は前置詞補部に端を発し、それが主格、対格、与格へ拡張したと推測できるという Fleischer (2004a: 234) の記述である。これは、主格・対格・与格で wo が用いられる変種では、前置詞補部についても wo の使用が可能であるという Fleischer (2004a, 2004b) 自身の調査結果、そして主格と対格で wo を用いることができる変種よりも、前置詞補部のみで wo が用いられる変種の方が多いという Weise (1917: 67) の指

摘に基づいている。

　不変化の導入要素と再述代名詞を用いる形式が定着したことで，関係代名詞としての指示代名詞の存在意義が薄れるようになったとすると，このことが発達の第2段階の始まりと考えられる。ここで見ていくのは，中高ドイツ語や初期新高ドイツ語に見られた「da(r)＋前置詞」という形式をとる関係節に生じた変化である。この「da(r)＋前置詞」には(42)や(44)のように前置詞が da(r) と結びついて「da(r)＋前置詞」として出現するものに加え，(43)や(45)のように前置詞が da(r) から分離して「da ... 前置詞」となるものが存在した[30]。

(42) ein kefse […] **dar ûffe** Parzivâles hant swuor einen ungevelschten eit
(Parzival: 459, 25-27)「パルツィファルが(Parzivâles hant)［その上に(dar ûffe)手を置いて］嘘偽りのない誓いを(einen ungevelschten eit)立てた(swuor)聖遺物匣(ein kefse)」(*ein Reliquiar […] auf den Parzival einen ungefälschten Eid schwor*)

(43) dez kastelân, **dâ** Parzivâl der wol getân unversunnen **ûffe** saz
(Parzival: 288, 8-9)「見目麗しい(der wol getân)パルツィファルが(Parzivâl)［その上に(dâ ... ûffe)］失神したまま(unversunnen)騎乗していた(saz)カスティーリャ馬(dez kastelân)」(*das kastilische Pferd, auf dem der schöne Parzival bewusstlos saß*)

(44) Bis das du wider zu Erden werdest/**da von** du genomen bist (Luther: 1. Mose III 19)「あなたが，［そこから(da von)］自らが(du)取られ(genomen)た(bist)土(Erden)に帰るまで」(*bis du wieder zu Erde werdest, davon du genommen bist*)

(45) Jst das ewer jüngster Bruder/**da** jr mir **von** sagetet? (Luther: 1. Mose XLIII 29)「こちらが，あなたたちが(jr)［彼について(da ... von)］私に

(mir)言っていた(sagetet)あなたたちの一番下の兄弟(ewer jüngster Bruder)なのか？」(*Ist das euer jüngster Bruder, von dem ihr mir sagtet?*)

注目すべきは，(43)や(45)のように前置詞が da(r) から分離した「da ... 前置詞」の形式である。ドイツ語圏の南部では，(46)のような分離した前置詞がさらに da(r) と結びついた「da ... da(r)＋前置詞」という形式が発達し，そこから場所の関係副詞と同様に，wo が da に取って代わるかたちで(47)のような「wo ... da＋前置詞」の形式が新たに生じた[31]。その(47)は現在の wo 関係節の形式に相当する。

(46) Weib, nenn mir die würcz noch ainmal, /**Da** der hirsprey wirt gelb **darfon**. (Sachs: 79, 130-131)「妻よ，キビ粥が(der hirsprey)［それによって(darfon)］黄色く(gelb)なる(wirt)薬味(die würcz)の名をもう一度私に言ってくれ。」(*Frau, nenn mir die Würze noch einmal, von der der Hirsebrei gelb wird.*)

(47) Daß das gar ein schöner Fuchs ist, **wo** Ihro Gnaden **drauf** hergeritten sind. (Hebel: 327, 27)「それが，まさに閣下が(Ihro Gnaden)［その上に(drauf)］乗って来られ(hergeritten)た(sind)美しい栗毛馬(ein schöner Fuchs)ということですな。」(*Dass das gar ein schöner Fuchs ist, auf dem Ihre Gnaden hergeritten sind.*)

この場合，(46)のように「da(r)＋前置詞」が「da ... da(r)＋前置詞」へと変化した段階で，先行詞を指示する役割は前部の da ではなく，後部の da(r) が担うという再分析が可能となる。これは，前部の da は補文標識と捉えられることを意味する。現代の wo 関係節に相当する(47)の例においても同様，drauf が関係節化された名詞句を再述し，wo は補文標識として機能する。こうして前置詞補部の関係節化では wo が単独で関係節を導入し，関係節化

された名詞句が「da(r)＋前置詞」によって再述される形式が確立したといえる。すなわち，上述の「wo の関係節の標識への文法化」である。そしてスイスドイツ語において，この形式が広く普及したのに伴い，前置詞補部では(48)のような der wo 型が後退していったのではないかと考える。もし，格を明示する形式に見られるこうした変化が前置詞補部に始まるものであるならば，それは与格に波及し，与格においても同様に(49)のような関係代名詞で格を明示する der wo 型は衰退し現在に至るということになる。

(48) [I^ch] ha^n Die nie [schmecke^n] möge^n, **bi Dëne^n wā**'s g'heisse^n hed: Gasse^nlächer, Hūshächler. (Id. IX: 895)^32)「私は，家では無愛想なくせに，外では愛想を振りまく者と(Gasse^nlächer, Hūshächler)[彼らについて(bi Dëne^n)]言われてい(s g'heisse^n)た(hed)，この人たちには(die)我慢ならなかった。」(*Ich habe diese nie leiden können,* **bei denen** *es geheißen hat: Freundlichtuer.*)

(49) Der Ueli, **dëm wo**-n-er sīnerzīt der Kabilänz abe^ng'läse^n hät, hät 'ne^n nümme^n lëbig a^n'troffe^n. (Id. XIII: 1092)^33)「その男が(er)かつて(sīnerzīt)[彼に対して(dëm)]お説教を(der Kabilänz)し(abe^ng'läse^n)た(hät)ウエリは(der Ueli)，もう彼の生きている姿を見ることはなかった。」(*Der Ueli,* **dem** *er seinerzeit eine Strafpredigt gehalten hat, hat ihn nicht mehr lebend angetroffen.*)

この観点からすると，主格および対格においても der wo 型はスイスドイツ語では勢力を弱めることになったわけであるが，すでに述べたように，現代のスイスドイツ語では主格や対格の再述代名詞は関係節には出現しない^34)。これは，与格や前置詞補部の場合とは異なる点である。

　スイスドイツ語の関係節において，関係節化された名詞句が主格や対格となる場合に再述成分が出現しない理由として考えられるのは，それらが再述成分なしで理解可能だということである。また逆に，与格と前置詞補部(お

よび属格と比較級の目的語)の場合に関係節化された名詞句が代名詞によって再述されるというのは，再述成分なしでは理解が困難になるからである。Keenan/Comrie (1977) は，関係節化における優位性の階層(主語＞直接目的語＞間接目的語＞斜格＞所有格＞比較級の目的語)とは，理解の容易さの階層であるとしており[35]，関係節化に際しては主格が最も理解しやすく，比較級の目的語が最も理解し難いということを示している。

　Fleischer (2004a, 2004b) がドイツ語の諸方言[36]に焦点を当てて明らかにしたのは，関係節化された名詞句の格を明示しない形式は専ら，主格と対格で用いられること，そして前置詞補部では必ず格が明示されなくてはならないということである[37]。たとえば不変化の導入要素を用いる形式では，Fleischer (2004a, 2004b) の調査対象となったすべての変種において，人称代名詞による再述は主格と対格では生じないが，前置詞補部では再述成分が出現するということが明らかになっている[38]。また，関係代名詞が出現可能な形式にも理解のしやすさの階層が反映されており，階層の下位では関係代名詞は義務的に使用される[39]。

　以上のように，wo 関係節は der da 型の導入形式に由来し，そこから生じた der wo からの指示代名詞 der の脱落は，前置詞補部の関係節における「da(r)＋前置詞」による形式から「da ... da(r)＋前置詞」による形式への発達が決定づけたと考えられる。

8.5　ま　と　め

　以上，本章では，関係節を導く wo は，統語的には補文標識と捉えられるということ，主格・対格以外の格に再述成分として出現する人称代名詞は常に弱形で出現するものであり，このことが再述成分の出現する位置に反映されているということを示した。そして，wo 関係節は，古高ドイツ語に存在した ther thâr によって導入される関係節に由来するという点，また，「wo(r)＋前置詞」型の関係副詞の発達が，wo 関係節がスイスドイツ語に定着するにあたり大きな役割を果たしたと考えられるという点を指摘した。

今後の課題は，場所の関係副詞である wo は補文標識と捉えるべきか，そしてスイスドイツ語においても関係節化の優位性の階層は，主題化の優位性の階層に相当するのかを検討することである。

1) 考察対象は，(1)のような標準ドイツ語の定関係代名詞による関係節に相当する wo 関係節である。本章の「wo 関係節」はこれをさすものとし，関係副詞の wo による関係節に対応するものは対象外である。
2) 本章では，スイスドイツ語の様々な現象について，特定の方言に関する先行研究に基づいて言及する場合には，「チューリヒ方言では……」のように表現する。
3) 本章で使用するチューリヒ方言の例文は，主に文法書や教材を出典としている。また，これらの例文を非文あるいは容認度の低い文へと変更したものも用いる。
4) このようなはたらきをする代名詞を，以下では再述代名詞あるいは再述成分と呼ぶ。
5) 代名詞と前置詞の融合形には地域変異によって様々な語形があるため，代名詞の部分については，以下では標準ドイツ語の語形 da(r) で代表させる。
6) 主格，対格，与格，前置詞補部，属格という区分は，Keenan/Comrie (1977) による「関係節化における優位性の階層(Accessibility Hierarchy)」の主語(SU)，直接目的語(DO)，間接目的語(IO)，斜格(OBL)，所有格(GEN)の各項目をドイツ語で相当するものに置き換えたものである。それに伴い本章では，形態上は与格や対格となる前置詞補部を一つの格として扱っている。スイスドイツ語に現存しない属格については「(属格)」と表記した。比較級の目的語(COMP)は，Keenan/Comrie (1977: 76-69, 93) の調査結果ではスイスドイツ語チューリヒ方言，標準ドイツ語でともに関係節化が可能とされているが，実際に使用されるのは稀であるため省略した。
7) 以下，属格相当表現(所有の与格および vo 前置詞句)については，構造上は与格および前置詞補部に相当するため考察の対象としない。
8) Weber (^{3}1987: 233-234) や Baur (^{12}2002: 89) によると，チューリヒ方言では前置詞の補部となる代名詞を強調する必要がある場合，通常は「da(r)＋前置詞」の代わりに「前置詞＋指示代名詞」が用いられる。そして多くの場合，「da(r)＋前置詞」は (i-a)のように文末に配置，「前置詞＋指示代名詞」は(i-b)のように文頭に配置というように使い分けられる。
 (i) a. I bi nüd zfride **demit**. (Weber ^{3}1987: 234)「私はそれに(demit)満足していない。」(*Ich bin nicht damit zufrieden.*)
  b. **Mit dëm** bin i nüd zfride. (Weber ^{3}1987: 234)「それには(mit dëm)私は満足していない。」(*Damit bin ich nicht zufrieden.*)
9) Weber (^{3}1987: 234).
10) Weber (^{3}1987: 154-155).
11) 本章における例文の容認度の判定については，チューリヒ方言の母語話者 2 名に意見を伺っている。ある文を一方が可能，もう一方が不可能と判定した場合，あるいは

少なくとも一方が完全には許容できないと判定した場合，それを容認度の低い文として「？」の記号で示した．
12) Maxwell (1979: 357) は，関係節で与格の人称代名詞が再述される言語においては，通常は人称代名詞が基底の位置に残留すると述べている．Maxwell (1979: 367-368) はチューリヒ方言を，その例外にあたる「再述代名詞が，関係節化される名詞句と関係節の主語の間に配置される言語」の一つとしている．
13) Cooper (1999: 719), Werner (1999: 45-75).
14) この説明においては，「関係代名詞」は wo と再述代名詞をさす．
15) Weber (^{3}1987: 310-311) は，チューリヒ方言は語順が比較的自由で，可能な限り左文枠と右文枠を近づける傾向があると述べている．すなわち，チューリヒ方言では可能であれば枠外配置が無標であるということになる．上記の Weber (^{3}1987: 300) の説明の中で枠外配置が「より頻繁で，より適切」とされているのは，この点が反映されていると捉えることができる．ただし Weber (^{3}1987: 310-311) によると，(ii)のような慣用表現などで動詞との結びつきが強い前置詞句では，枠外配置は許容されない．

 (ii) Er isch **i der Zytig** choo. (Weber ^{3}1987: 312)「彼のことが，新聞に(i der Zytig)話題として出(choo)た．」(*Es war von ihm in der Zeitung die Rede.*)

関係節の場合も同様で，druf (*hd.* darauf) と sii (*hd.* sein) のように動詞と補部の結びつきが強いと枠外配置は許容され難い．

 (iii) a. das er de hoof, wo das gschlächt scho sid gänerazioone **druf sig**, verchaufft heb (Baur ^{12}2002: 145)「一族の者が(das gschlächt)もう(scho)何代にもわたって(sid gänerazioone)[そこに(druf)暮らして]いたという(sig)農場(de hoof)を，彼が売却したということ」(*dass er den Hof, auf dem die Familie schon seit Generationen sei, verkauft habe*)
  b. *das er de hoof, wo das gschlächt scho sid gänerazioone **sig druf**, verchaufft heb
16) 指示代名詞，そして不変化の関係節導入要素である wo の語形には地域差があるため，以下では標準ドイツ語の語形 der wo で代表させる．
17) アッペンツェル方言，1901 年．
18) Fleischer (2004a, 2004b) によると，der wo の形式で導入される関係節は，モーゼルフランケン方言や東フランケン方言にも観察される．また，この形式は主に南部の方言に見られるものとして Duden (^{7}2005: 878, 1050) でも言及されている．

 (iv) Du bist der beste Sänger, **den wo** ich kenn. (Duden ^{7}2005: 878)「君は，私が(ich)[それを(den)]知っている(kenn)[中で]最高の歌手(der beste Sänger)だ．」
19) Salzmann (2006: 214-215) は，理由(v)や様態(vi)とは異なり，場所(vii)の関係副詞が補文標識 dass (*hd.* dass) を伴う構文はきわめて許容度が低いということを指摘している．この現象は，場所の関係副詞 wo が，統語上は補文標識と捉えられる可能性を示唆している．容認度の判定は Salzmann (2006) による．

(v) de Grund, **werum dass** de Peter z spaat choo isch (Salzmann 2006: 215)「ペーターが (de Peter) あまりに遅く (z spaat) 来 (choo) た (isch) 理由 (de Grund)」(*der Grund, warum Peter zu spät gekommen ist*)

(vi) D Art, **wie dass** de Peter s Problem gglööst hät, hät mi beiidruckt. (Salzmann 2006: 215)「ペーターが (de Peter) その問題を (s Problem) 解決し (gglööst) た (hät) 方法は (d Art) 私に感銘を与えた。」(*Die Art, wie Peter das Problem gelöst hat, hat mich beeindruckt.*)

(vii) De Ort, **wo** (??**dass**) er wont, will er niemertem verraate. (Salzmann 2006: 215)「自分が (er) 住んでいる (wont) 場所について (de Ort)、彼は誰にも漏らそうとしない。」(*Den Ort, wo er wohnt, will er niemandem verraten.*)

20) Behaghel (1928: 736).
21) スイス以外では，1514年の例が DWb. (XXX: 916) に挙げられている。
22) 以下，現代の標準ドイツ語の語形で da と記す。
23) Lockwood (1968: 244), Dal (^{3}1966: 204).
24) Behaghel (1928: 732).
25) Lockwood (1968: 247).
26) 以下，現代の標準ドイツ語の語形で der da と記す。
27) Paul (1920: 191), Behaghel (1928: 715), Dal (^{3}1966: 205), Lockwood (1968: 249), Ebert (^{2}1999: 161).
28) Fleischer (2004a: 219) によると，der da の形式はライプツィヒで話されるオーバーザクセン方言で現在も用いられている。
29) Ebert (^{2}1999: 161) によると，der da の形式は16世紀まで頻繁に用いられていた。
30) Paul (1920: 210-211, ^{25}2007: 407).
31) Paul (1919: 158), Behaghel (1928: 733), Dal (^{3}1966: 205).
32) グラウビュンデン方言，1884年。
33) グラールス方言，1904年。
34) 再述代名詞の発達が der wo から der が消失した要因であると一般化する場合，「主格と対格では再述代名詞が出現しない」というよりは，「主格と対格では再述代名詞が音形をもたずに出現する」という表現が適切であるかもしれない。
35) Kuno (1976) は意味論的な観点から，関係節化における優位性の階層を，主題化における優位性の階層と解釈している。つまり，主語＞直接目的語＞間接目的語＞斜格＞所有格＞比較級の目的語，の順で名詞句は主題化されやすいというものであり，これが関係節化のしやすさに表れる。
36) 調査対象は低地ドイツ語，中部ドイツ語，高地ドイツ語の諸方言に孤立言語圏の変種を加えた13変種である。属格については，構造上は与格もしくは前置詞補部に相当するという理由から，そして比較級の目的語については，使用頻度の少なさという理由から考察の対象外となっている。
37) Fleischer (2004a: 230).

38) wo を用いた形式では，ともに低地アレマン方言に属するスイスドイツ語バーゼル方言とフライブルク(Freiburg im Breisgau)の北西に位置するオーバーロートヴァイル(Oberrotweil)の方言においては，主格と対格では再述代名詞は出現しないが，前置詞補部では代名詞の再述が生じる。しかし与格については，バーゼル方言では再述代名詞が出現するのに対し，オーバーロートヴァイル方言では出現せず wo が単独で用いられるというように，不安定な存在である(Fleischer 2004a: 224-225, 231, 2004b: 75, 80)。また，不変化の was を主格，対格，与格，前置詞補部で用いるスロバキア東部の孤立言語圏ルビツァ(L'ubica)の変種とイディッシュ語では，ともに主格と対格においてのみ was を単独で用いることが可能で，それ以外では再述代名詞が義務的に出現する(Fleischer 2004a: 223-224, 2004b: 73)。

39) 東ポンメルン方言では，関係代名詞は与格と前置詞補部の場合のみ用いられ，主格と対格では不変化の was が用いられる(Fleischer 2004a: 218-219, 227, 2004b: 65)。また，wo と結びついて der wo 型をなす形式に関しては，主格，対格，与格で用いられるモーゼルフランケン方言では与格においてのみ der の出現が義務的であるが，主格，対格，与格，前置詞補部で用いられる東フランケン方言では，der の出現はすべての格で義務的である(Fleischer 2004a: 219, 2004b: 67)。

第9章　スイスドイツ語の社会的位置付け①
──方言使用──

9.1　導　入

　ここからは，ドイツ語圏スイスにおいて方言がどのように位置付けられているかを見ていく。1.1で述べたように，ドイツ語圏スイスでは社会階層や身分を問わず，あらゆる人々が方言を話す。これは，方言が人々にとって大切なものであり，方言が高い地位を得ているということである。本書は，このことが表れている現象として，ドイツ語圏スイスにおける言語使用と方言保護に着目した。まず本章ではスイスドイツ語がどのような場で，どのように使用されているのかを述べるが，その前に触れておきたいのが，ドイツ語圏スイスにおいて方言は威信の上で標準ドイツ語に劣るものではないという点である(9.2)。それに引き続いて，9.3では学校や放送など，従来は標準ドイツ語を用いるべきとされた場において，方言の使用範囲が拡張してきたという現代の言語状況を観察する。

9.2　ドイツ語圏スイスにおける「二言語」の共存

　スイスドイツ語の社会的位置付けを語る上で，まず着目すべきなのはドイツ語圏スイスにおける方言と標準ドイツ語の共存関係についてである。ある言語の2つの変種が一つの言語共同体で共存し，それぞれが特定の役割を担っている状況を，Ferguson (1959: 325) は「ダイグロシア (diglossia)」と呼んだ。2つの変種とは，たいていの場合は方言と標準変種に相当する。

Ferguson (1959: 336) の定義による標準変種とは，方言とは大きく異なる言語構造を示し，高度に規範化され，文法的にもより複雑であるケースが多い上位の変種であり，古い時代や他の言語共同体の名声ある文学作品を大量に媒介する変種であり，主として学校教育の中で習得し，書かれるものの大部分や，あらたまった発話状況で用いられる変種であり，日常会話の言語としてはどの社会集団も使用しない変種であるような言語である。こうした標準変種が方言と安定して並存している状態がダイグロシアなのである。そこからFergusonはいくつかの言語について標準変種を「上位変種(high variety)」，方言を「下位変種(low variety)」として区別している。

しかしながらドイツ語圏スイスの状況は，Ferguson (1959) のダイグロシアのモデルを完全には適用できるものではない。それは，ドイツ語圏スイスにおいては方言と標準変種の地位的な上下関係が存在するとは捉えられないためである[1]。その言語使用で特徴的なのは，方言と標準変種の使用領域が明確に区別されていることである。大まかにいえば「書く者は標準語を選び，話す者は方言を選ぶ」というように，口頭のコミュニケーションでは方言を用い，文書によるコミュニケーションでは標準語を用いるという言語使用の原則がドイツ語圏スイスに定着しているのである。このことが意味するのは，すでに述べたように，あらゆる職業や身分，社会階層の人々が，様々な場で方言を用いるということである。言い換えれば，他のドイツ語圏諸国では標準変種が用いられて然るべきであるような状況においても，ドイツ語圏スイスでは方言が用いられる。他方，標準ドイツ語[2]は新聞や書籍，雑誌などの出版物や，公文書や広告，看板などといった，書かれるもの全般に用いられる。すなわち，スイスドイツ語と標準ドイツ語の間にあるのは，言語としての威信の違いではなく，役割の違いなのである。

Ferguson (1959) のダイグロシアという考え方をドイツ語圏スイスに適用するにあたっては，ダイグロシアの意味を限定した用語も提案されている。Sieber/Sitta (1986: 20) は，「人々は標準語で書き，方言で話す」ということを示す「媒体依存ダイグロシア(mediale Diglossie)」という用語を用いている。すなわち，文書という媒体では標準変種，発話という媒体では方言と

いうように，選択される媒体に依存して，使用される言語形式が決定されるということである。ただし，必ずしも標準変種によって書かれるわけではない文書もある。Sieber/Sitta (1986: 20-21) はこの用語を極端な一般化と断っており，個人的な手紙が方言で書かれる場合もあることや，方言文学も古くから確立していることに言及している。また，近年では電子メールや SMS，あるいはインターネットの掲示板やブログ，ツイッターなどが方言で書かれることも見受けられる。他方，口頭でも標準ドイツ語が使用される状況がある。たとえばスイスドイツ語の話者ではない人々との会話や，会議や式典，あるいは報道などにおいて標準ドイツ語で書かれた原稿を読み上げる場合がそれに相当する。また，あらたまった状況や公的な場であれば，標準ドイツ語が用いられる。学校や放送，議会，教会，軍隊などがそれに含まれるが，これから見ていくように，近年ではこうした場での方言使用が増加している。こうした事実を考慮すると，Rash (2002: 47) の提案する「機能的ダイグロシア (funktionale Diglossie)」という表現がより適切であろう。これは，口頭か文書かというように媒体に依存するのではなく，口頭であるにせよ文書であるにせよ，その状況に応じて方言と標準変種の言語選択がなされる状態をさすものである。つまり，ドイツ語圏スイスにおいて方言か標準変種かという言語選択の基準は，話し言葉体が要求されるか，書き言葉体が要求されるかによると捉えられる。

　こうした言語状況は，新高ドイツ語の文章語がスイスに定着した 16 世紀から 18 世紀に遡るとされる。5 世紀に今日のドイツ語圏スイスがアレマン化し始めて以来[3]，ドイツ語圏スイスでは，全ドイツ語圏各地でそうであったように，方言色のある文章語が用いられていた。当時の作家や年代記編者，宗教改革者，外交官といった人々が用いていたのは，アレマン文章語 (Schriftalemannisch) と呼ばれるスイス独自の文章語である[4]。それゆえ人々の話す言葉と書く言葉の間にはそれほど違いはなく[5]，言語状況は方言と標準ドイツ語という 2 つの言語形式が並存するような現在とは異なるものであった。

　この状況に変化が生じたのは，スイスにおいて新高ドイツ語が使用される

ようになってきたことが契機となっている。新高ドイツ語文章語への移行は急速に進行したわけではなく[6),7)]，また，政治的な決断に起因するものでもなかったが[8)]，官庁の言語を端緒として，しだいに他の領域に波及していった[9)]。宗教的な文書では，1525年に出版されたツヴィングリのチューリヒ聖書は完全にスイスの文章語で書かれていたが，のちの新版ではしだいに新高ドイツ語に近づいていき，1868年の版は完全に新高ドイツ語によるものとなった[10),11)]。Stäuble (1990: 52) がチューリヒ聖書とルター聖書の言語的差異から読み取れるとしているように，スイスでは文章語の上で新高ドイツ語に従属せず，独立を保とうという奮闘がドイツよりも長い期間見られたようである。この状態は新高ドイツ語が確立してから200年以上続いたが[12)]，最終的には新高ドイツ語の文章語がスイスに定着するに至った。その要因の一つとされるのは，ドイツ語圏スイスにおける出版事情である。スイスの出版業者は国外にも製品を売りたいと考えたため，使用する言語を新高ドイツ語としたのである。こうした出版業者による言語的な同化は，当初は個別に，そしてのちに組織的に実行され，17世紀末には完了していた[13)]。

　ドイツ語圏スイスにおいて，書くための言語が方言色のあるアレマン文章語から統一的な新高ドイツ語へ移行した一方で，話すための言語は依然として方言ないし民衆語，つまりスイスドイツ語のままであった。かくして現在のドイツ語圏スイスでは，標準ドイツ語とスイスドイツ語という，構造が明確に異なる2つの言語体系が並び立つという言語状況が確立したわけである。

9.3　現代のドイツ語圏スイスにおける方言使用

　ドイツ語圏スイスにおいて，方言と標準ドイツ語という言語構造の明確に異なる2つの変種が上下関係なく並存しているという状況は，方言を放棄することなく，保ち続けたいという人々の意識があってこそであるといえよう。しかし現代において，その状況は少しずつ変化を示すようになった。すなわち，方言が使用領域をしだいに拡大してきたのである。これはドイツ語圏スイスの人々にとっては好都合なことであるが，他の言語地域の人々にとって

は批判すべき変化である。ここでは，どのような領域に方言が進出してきたか，そして，方言の過剰な使用がどのような問題を引き起こしているのかということについて見ていく。

9.3.1 方言に対する意識

歴史を通じて，ドイツ語圏スイスにおける方言の地位は概して高いものである。新高ドイツ語というかたちで流入してきた当初，標準ドイツ語はドイツ語圏スイスでは単に文書に用いられるのみで，文字どおり「文章ドイツ語[14]（Schriftdeutsch）」であった[15]。しかし，標準ドイツ語はしだいに口頭でも用いられるようになった。はじめは一部の知識階級で話されるのみであったが，19世紀初頭の一般的な就学義務の導入に伴い，あらたまった状況の全般で標準ドイツ語を話すという習慣が人々の間に定着した[16]。

これによって標準ドイツ語の「威信」は高まったということになるが，これは相対的なものであるといえる。つまり，社会的地位や学歴の高い者ほど標準ドイツ語を使用する能力や機会を多く有していたのは確かであるが，方言が社会的に地位の低い，あるいは教育水準の低い者に特有の言語であったということではない。このことは，ルツェルンの聖職者フランツ・ヨーゼフ・シュタルダー（Franz Joseph Stalder, 1757-1833）の記述からうかがい知ることができる。シュタルダーは著書『スイスの国語，あるいはスイス方言学――批判的言語観察による解明，およびスイスの全方言での放蕩息子のたとえ話[17]（*Die Landessprachen der Schweiz oder Schweizerische Dialektologie, mit kritischen Sprachbemerkungen beleuchtet, nebst der Gleichnisrede von dem verlorenen Sohne in allen Schweizermundarten.*）』（Stalder 1819）の導入部で次のように述べている。

> 他の大部分のドイツ語圏の国々では知識階級の人々の言葉と民衆の言葉は大きくかけ離れているのに，われわれの土地では，つまり都市でも農村でも，一つの同じ言葉，すなわち民衆の言語が広まっている。それゆえ，高貴な官吏の話し方と下賤の日雇い労働者の話し方の間には，目

立った違いはほとんど感じられない。(Stalder 1819: 9)

また，トゥルガウの歴史家・神学者ヨハン・カスパー・メリコーファー (Johann Casper Mörikofer, 1799-1877) は，著書『標準ドイツ語の文章語との比較におけるスイス方言——国家の特徴・言語・授業・国民性・文学の観点から (*Die Schweizerische Mundart im Verhältniß zur hochdeutschen Schriftsprache, aus dem Gesichtspunkte der Landesbeschaffenheit, der Sprache, des Unterrichtes, der Nationalität und der Literatur.*)』(Mörikofer 1838) の中で，方言があらゆる身分の人が日常会話で用いる言語として重要な意味をもつこと，そしてそうした状況がドイツとは大きく異なっていることを指摘している。

いうまでもなくドイツでは，下賤とか粗野といったイメージがすでに方言と結びついてしまっている。それゆえ方言は知識階級からますます憚られてしまい，彼らにとっては無作法で無教養なものに映る南ドイツ，そして何よりスイスの話し方は，嘲りや謗りを免れない。(Mörikofer 1838: 12-13)

この中で述べられている状況は，今日のドイツ語圏スイスの状況とも合致している。

では，なぜドイツ語圏スイスでは，方言が決して社会的に低く見られることがなく，むしろ尊重すらされているのか。この要因としては，言語内のものと言語外のものを含めた様々な側面が指摘されている。Sieber/Sitta (1994: 200) によれば，方言は帰属意識や国民の象徴を示す機能を有するものであること，多様な文化や言語から構成されているというスイスの特性，スイスドイツ語の諸方言の拡充能力[18]，あるいは必ずしもすべてにおいて円満というわけではない，ドイツ語圏スイスのドイツに対する関係性などが大きく関連しているという。言語構造が方言と明確に異なる新高ドイツ語がスイスに定着した時点で，人々は方言を放棄，あるいは新高ドイツ語に同化しよ

うと思えばできたはずであろう。しかしそうした選択はなされず，方言は新高ドイツ語との明確な言語的差異を保ち続けている。

9.3.2 方言使用の現状

従来，方言は日常会話など私的な状況でのみ用いられ，あらたまった状況や公的な発話状況では標準ドイツ語が用いられてきた。しかし全体的な傾向として 1920 年代から，それまでは標準ドイツ語が話されるべきとされた状況においても方言が用いられるようになり，1960 年代にはこの現象が顕著になった[19]。方言使用が増加した領域として，とりわけ興味深いのは学校と放送である。これらの機関における方言使用の増加は社会的にも問題視されており，様々な議論を呼んでいる現象である。なお，ここで扱う学校とは，義務教育[20]の場である。また，放送については，民間放送ではなく公共放送[21]を中心に扱う。以下では，この 2 つの領域を中心に，その背景も交えながら方言使用の現状について概観していく。

9.3.2.1 学校における方言使用

義務教育の場では，低学年から中学年・高学年へ，また，技能科目から主要科目へというかたちで方言使用の領域が拡張していった。1950 年代までは，方言は最初の 2 学年でのみ用いられており，それ以降の学年ではすべての科目において標準ドイツ語が教育言語であった[22]。しかし 1960 年代以降，方言はすべての学年，また，すべての科目で用いられるようになり，標準ドイツ語の使用機会は減少した[23]。図画工作や音楽，体育のような実技科目に関しては，しだいに方言が教育言語として定着していった[24]。また，国語・算数・理科・社会といった主要科目の授業は，基本的に標準ドイツ語で行われるが[25]，実際にはこれらの科目においても方言の使用は増加している[26]。

標準ドイツ語で進められる授業であっても，方言の話される余地は様々な局面で生じる。Ris (1979: 45) や Schläpfer (1994: 21) が指摘するところによると，国語の時間における議論のときにも頻繁に方言が用いられる。あるいは，特に自発的な発話がなされる状況，たとえばうちとけた雰囲気やグループ作

業の中であるとか[27]，生徒が教師の発言を理解できなかった場合に教師が方言で言い直したり，授業の内容に付随して個人的なやりとりが生じたりする状況[28]でも起こる。このような場合，方言の使用は生徒の側にも教師の側にも生じうる。たしかに教師は生徒が標準ドイツ語を使うように促すわけであるが，教師自身が生徒に誘導されるかたちで方言へと切り替えてしまうこともある[29]。

9.3.2.2 放送における方言使用

公共放送において方言使用の増加が始まったのは，1970年代である[30]。番組のジャンルでいえば，娯楽番組からニュースや時事解説へと方言使用の領域が拡張した。また，あらゆる番組で方言によって進行される時間が増え続けていた[31]。これについてSchwarzenbach (1983: 202) は，テレビやラジオの番組における言語使用は1960年代中頃と比べ，方言と標準語の割合[32]という面で明らかに変化したと述べている。

Fricker (1988: 30) によると，テレビでもラジオでも，その創成期には専ら標準ドイツ語が用いられていた。しかし，しだいにテレビで方言が使用されるようになり，ラジオもそれに追随した[33]。そして現在では，様々な基準により方言か標準ドイツ語かという言語形式の選択がなされるようになった。Fricker (1988: 29) によると，言語選択を決定付けるのは番組の内容や対象とする視聴者であり，たとえばニュース，天気予報，国際情勢，学術，宗教，教養，文学，クラシック音楽などに関する番組では標準ドイツ語が用いられ，それ以外の家族向けの番組や，日常生活や私的なテーマを扱う番組，農業や大衆文化，軽音楽などに関する番組では方言が用いられる。また，娯楽番組や子供番組も方言で進行される[34]。

同じ分野の番組でも，そのフォーマルさの度合いが言語選択に関与するケースもある。Lötscher (1983: 131) は，政治の報道や評論に際してもそれが決定的な役割を果たすことがあると述べており，Ris (1979: 46) は，政治の討論番組やインタビューでも方言が用いられると報告している。

また，一つの番組で使用言語が不変というわけでもない。たとえばニュー

ス番組に時折見られる光景として，キャスターが視聴者に向けてニュースを伝える場合には標準ドイツ語で原稿を読み上げる一方，(取り上げる話題によるが)中継先もしくは同席するキャスターや記者と話す場合に方言を用いるというケースがある。あるいは市民や専門家，著名人のインタビューが方言でなされることが多く見られる。Burger (²1990: 226-234) が示しているように，トーク番組で司会者が観客には方言で話しかけ，他の言語を母語とするゲストに対しては標準ドイツ語を用いるというような場合もある。

　方言使用の余地が与えられる要素としては，スイスに関する話題を扱う番組内容というものもある。ホルヌセン(球技の一種)やシュヴィンゲン(スイス相撲)のようなスイス独自のスポーツに関連する番組でも方言が用いられる[35]。また，ニュースないし時事解説といった性質の番組でも方言が話される[36], [37]。

9.3.2.3 教会における方言使用

　他にも，従来は標準ドイツ語が用いられていたが，現在では方言が多く話されるという領域がある。たとえば教会で行われる宗教的行為のいくつかは，方言で行われるようになった。ドイツ語圏スイスの教会では従来，カトリックにせよプロテスタントにせよ使用する言語形式に関する規則は存在しないものの，標準ドイツ語のみが礼拝に不可欠な厳粛さを有するものと考えられていた[38]。しかし近年では，家庭礼拝・青年礼拝・夕方礼拝や洗礼，婚礼で方言が用いられるようになっている[39]。

9.3.2.4 議会における方言使用

　議会もまた，方言の進出が見られる領域の一つである。Ris (1979) の記述があった時代には，方言による発言が各地の州議会や市町村議会で支配的であることが観察されている[40]。たとえばチューリヒ市議会の本会議では，Baur (1983: 73) によれば，Schwarzenbach (1969) が調査を行った1966年の時点では標準ドイツ語が話されていたが[41]，1982年には方言が用いられるのが一般的となっている。

9.3.2.5　軍隊における方言使用

　第1次大戦当時，スイス軍の士官は服務を離れたところでも標準ドイツ語を話していた[42]。当時のスイス軍はプロイセンの軍隊に範をとるものであったため[43]，言葉遣いもそれに従い，プロイセン的な「スタッカート言語」(Ris 1979: 45)のような標準ドイツ語が使用されていた。この傾向は第2次大戦時にも見られたが[44]，それ以降は Ris (1979: 45) や Baur (1983: 80) によると，指令のための言語としては(通常の)標準ドイツ語が用いられ，公的な度合いの低い局面では方言が用いられる。

9.3.3　方言使用の増加に至る社会的背景

　様々な領域において方言使用が増加しているという現状に至る背景として挙げられるのは，コミュニケーション形態や社会構造，価値観の変化，および標準ドイツ語に対する否定的な評価である。こうした要素と9.3.1で見た方言を尊重する精神が絡み合い，方言の使用領域が拡張してきたと考えられる。

　コミュニケーション形態の変化とは，音声による情報伝達の機会が増加してきたことをさす。これをもたらしたのは音声メディアの発達である。かつては本や新聞，雑誌あるいは信書といった活字メディアだけが情報伝達の手段であったが，現在ではテレビやラジオ，あるいは電話や録音機器などの音声メディアが重要性を高めてきた[45]。こうした中で言葉を書くよりも話す機会の方が多くなった結果，様々な局面で方言の使用が増加しているのだと Baur (1990: 5) は述べている。

　社会構造の変化とは，スイスにおいて第3次産業が発達したことである[46]。それにより口頭コミュニケーションの重要性が高まり，同時に，高等教育の裾野が広がった[47]。こうした高等教育の大衆化に伴って新たに知識階層となった人々は実学重視の傾向を示し，口頭コミュニケーションの向上という社会の要請に応える状態に至ったのである[48]。そうして社会進出を遂げた新たな知識階層の人々が，自分たちの言語習慣に従い，本来は標準ドイツ語で話すべきとされた局面においても方言を使用し続けた結果，社会における方

言使用が増加した[49]。

　価値観の変化として指摘されている現象は，地域文化の重要性の向上である。Schläpfer (1994: 25) は，世界的な地域主義への傾向，あるいは文化的な画一化への反動という背景にも着目する必要があるとし，多くの国で地域言語の価値の上昇が生じたことが，ドイツ語圏スイスにおいて方言が台頭する契機となった可能性があると述べている。Lötscher (1983: 186) は，カトリック教会の礼拝で方言が用いられるようになったのは，1962年から1965年に行われた第2バチカン公会議[50]の結果も部分的に影響しているのではないかと推測している。

　標準ドイツ語使用の減少という視点から見れば，標準ドイツ語に対する否定的な評価という要因も挙げられる。これはドイツ語圏スイスに特有の現象であり，後述のようにドイツ語圏スイスにおいて，標準ドイツ語は学校の言語，あるいは権威や規範の言語とみなされる[51]。そうした影響から，標準ドイツ語を話すことは，形式ばった堅苦しい振舞いや，聞き手との距離を作る行為として捉えられ，それへの反感が，様々な領域で見られる方言の進出につながっている[52]。

　学校教育と公共放送の領域では，以上に加えてそれぞれの事情が方言使用の増加を誘発している。学校での方言使用が増加した背景として指摘されているのは，授業形式の変化である。Schläpfer (1994: 26) によると，従来の講義形式の授業に代わって1960年代から教育学で新たに重要性が認識された，共同作業を伴う授業形態が，あらゆる学年・科目での方言使用を容易にした。こうした授業はペアもしくはグループによる作業や，いわゆるプロジェクト授業の枠組みで行われるものである。作業中の生徒は互いに方言で話し，また，教師がクラス全体あるいは個々のグループに指示や助言を与えたり，手を貸したりなどする場合には，生徒と教師は方言で話す[53]。

　放送における方言使用の増加には，視聴者本位の番組作りという意図が大きな役割を果たしていた。このことは特にラジオ番組で顕著に表れており，フォーマルな雰囲気を抑えた番組の増加が方言使用の増加につながり，標準ドイツ語で制作されるのは少数の番組だけという状態に至った[54]。こうした

流れは，1970年代にラジオのワイド番組が確立し，発達したことによってもたらされた[55]。番組内では様々な情報が手短に伝えられ，音楽が随時はさみ込まれる[56]。その際に話し手は，聴取者に自分の言葉で直接語りかけるかたちで番組を進行する[57]。方言は，こうした性格の番組にとって格好の言語形式というわけである。

9.3.4 方言使用の増加に対する批判と現場の問題点

ここまで見たように，方言は現代のドイツ語圏スイスにおいて様々な領域で使用範囲を拡大してきた。このことは，スイスドイツ語がその地位を高め続けてきたということを示し，それが本来的に人々が貴ぶ言葉であることの表れといえる。しかし，ある領域においては方言使用の増加が議論を巻き起こしているという側面もある。その領域とは学校と放送であり，方言の使用が好まれるあまり，標準ドイツ語の使用範囲が縮小しているという事態が双方に共通して問題視されている。特に，各言語地域間の相互理解と交流促進を旨とする，スイス全体の文化政策[58]という観点からは，各方面から懸念が表明されている[59]。つまり，放送の中で方言の使用が増加し，標準ドイツ語が減少すれば，（標準ドイツ語は理解するが）方言を理解しない他の言語地域（フランス語・イタリア語・レトロマンス語）の人々にとって放送内容の理解がますます困難になる。そして学校においては，授業での方言使用の増加に伴う標準ドイツ語使用の減少によって，他の言語地域の人々との交流の手段となるべき標準ドイツ語の技能養成が滞るという結果になる。

次で見ていくのは，学校と放送それぞれの現場での方言使用の抑制，言い換えれば，標準ドイツ語の使用促進のために解決されるべき問題点についてである。これらは方言使用の増加の要因ともいえることであるが，上で見た社会的背景とは異なり人為的な側面を含むものである。

9.3.4.1 学校教育と標準ドイツ語に対する態度

ドイツ語圏スイスでは，日常のあらゆる会話で方言が用いられるということはすでに述べたが，これが意味するのは，生徒たちは就学してはじめて本

格的に標準ドイツ語を学ぶということである。特に，標準ドイツ語を話す技能となると，学校や教師はそれを根本から養成するという重要な立場にある。

　Sieber/Sitta (1994: 199) によると，言語習得の上ではその言語に対する態度というものが重要な役割を果たす。それゆえ生徒たちの標準ドイツ語の使用促進および技能向上のために求められるのは，教師が生徒たちの標準ドイツ語に対する態度を肯定的なものへと導くことである[60]。しかしドイツ語圏スイスにおいては，標準ドイツ語に対する生徒たちの態度は概して否定的であり[61]，それを引き起こす中心的な役割を担ってしまっているのが他ならぬ学校教育であるということが指摘されている。就学前の子供たちには標準ドイツ語に対する否定的な態度が見られないのに対し，就学直後の段階ではこのような態度は変化を見せ始め，義務教育が終わりを迎える頃には，明らかに異なったものになっているということが観察されている[62]。Sieber/Sitta (1994: 201-204) によれば，子供たちは中学年になると標準語に対して反感を抱くようになり，高学年になると標準ドイツ語を外国語あるいは学校での規範とされる言語としか考えなくなってしまうという。

　子供たちの標準語に対する態度が否定的なものに転じてしまう主な要因として，Sieber/Sitta (1994: 201-204) は学校に特有な形式の標準ドイツ語や，書き言葉の知識を詰め込みすぎていることを挙げている。それによって子供たちは，学校で教えられる標準ドイツ語は，人工的で文書のための言語であり，自分がテレビやラジオの中で親しんだ標準ドイツ語とはかけ離れたものという意識をもってしまうとしている。

　さらに，学校という場，あるいは学校における特定の状況と特定の言語形式の使用があからさまに結びついていることもその要因であるとSieber/Sitta (1994: 201-204) は述べている。教師の側での言語選択が内包する「非常に硬直した方向付け」(Sieber/Sitta 1994: 203) とは，生徒の間，教師の間，生徒と教師の間でA)方言は「休み時間の言語」であり，標準ドイツ語は「授業時間の言語」である，B)方言は「実技科目の言語」であり，標準ドイツ語は「主要科目の言語」である，C)方言は「うちとけた状況や，自発的に話すときの言語」であり，標準ドイツ語は「あらたまった状況や，考えて話

すときの言語」である，といったものである[63]。

　Sieber/Sitta (1994: 204) は，こうした状況は標準ドイツ語に対する肯定的な態度を築くのに有効な前提とはいえないと述べている。また，Ahokas (2003: 47) は，こうした一貫性のない言語使用がなされることで，標準ドイツ語を話すことが重要であるという印象が薄れてしまい，標準ドイツ語は逆に主要教科を学習するためだけに強制される規範的な言語という位置付けになってしまうのだと述べている[64]。こうしたことから Sieber/Sitta (1994: 207-208) は，態度に関する問題は生徒の問題というよりもまず教師の問題であり，教師の態度が生徒の態度に著しく影響を与えると結論付けている。

　学校での標準ドイツ語使用を促進する上で「態度」が重要な要因であるということは，近年になって制度的にも認識されるようになった。これに関して Sieber/Sitta (1994: 211) は，1991年のチューリヒ州と1992年のソロトゥルン州の学習指導要領の例を挙げ，それぞれが標準ドイツ語の技能向上や習得，使用の促進のために標準ドイツ語への肯定的な態度を育成することの重要性に言及していることを指摘している。また，Sieber/Sitta (1994: 210-211) は上述のソロトゥルン州の学習指導要領を例に，近年では明確な理由付けのない言語選択を避けることが教師に求められていると述べている。実践の面では，語学教育を工夫し，たとえば従来のぎこちないものではなく，何らかの状況を設定した自然な会話などを練習することで，標準ドイツ語を話すことへの自信をつけさせ，そうして肯定的な態度を喚起することが可能になると Ahokas (2003: 48) は述べている。

9.3.4.2　公共放送と言語選択の基準

　公共放送での言語選択に際して求められることは，文化政策の要請に応えた言語使用である。放送の中で方言が用いられることについては，大部分のドイツ語圏スイスの人々に歓迎されているのに対し[65]，他の言語地域の公的機関や有識者，視聴者からは批判が寄せられている[66]。SRG は国からの助成を受けた公共放送であり，国内の言語集団の構成を考慮に入れることが要請されているが[67]，このことが意味するのは，地域言語のみならず国家の多

言語主義に配慮する義務が課せられているということである[68]。つまり，これはスイスの文化政策に沿うものであり，公用語である標準ドイツ語を公共放送から排除してはならないということである[69]。

すでに述べたように公共放送で方言の使用が増加したのは1970年代であるが，こうした中，1982年にSRGの内部で放送での言語使用に関するガイドラインがまとめられた[70]。これはあらゆる放送で考慮されるべき事柄で，その柱となっているのはA)標準ドイツ語を口頭で用いるということが軽視されてはならない，B)視聴者層にスイスドイツ語を理解しない集団が含まれると考えられる場合には標準ドイツ語を用いるべきである，C)それぞれの番組に関して，いずれの言語形式が最も適切であるかについての意識的な，そして筋の通った決定がなされねばならないという原則である[71]。

しかしながら，このガイドラインに基づく標準ドイツ語の使用は徹底されていない。それは，DRSは方言使用を明確に規制しているわけではなく，また，番組の言語選択にあたり考慮すべきとされる様々な要素[72]も番組制作者が自由に解釈できるものであることによる[73]。また，番組制作者がこのガイドラインの存在をよく認識していないという批判も現場に寄せられている[74]。結局，実際には使用言語の選択は成り行きに任され，方言が優勢になってしまっている[75]。法規的な面でも諸規則の曖昧さが指摘されており，Rash (2002: 55) によると，ラジオ・テレビ放送法の第26条は，増加の一途を辿る方言使用を正当化していると解釈できるものである[76]。また，Ramseier (1988: 32-33) が指摘するところによると，SRGの定款では言語形式の選択に関しては明言されていない[77]。

もし厳守されていれば他の言語地域からの批判を受けるような現状は生じなかったであろうとRash (2003: 115) が述べているように，まずは上記のガイドラインに沿った言語選択が番組制作者に求められているといえよう。他の言語地域との相互理解を完遂するには方言を放送から排除することが不可欠ということになるが，もちろんこれは現実味を欠く。それは，DRSが抱える視聴者の大部分による要望も無視できないからである。したがって，放送で用いられる言語形式の選択に際しては，標準ドイツ語の必要性を訴える

文化政策からの要請を考慮に入れなくてはならない一方で，方言を歓迎する視聴者の大多数の要望に応えることが要求されるというのが現実というわけである。Schläpfer/Gutzwiller/Schmid (1991: 197) は，近年の SRG はこうした状況の中で言語選択の重要性に対する職員の意識を高めることに努めているが，それでもなお番組制作にすべての視聴者のニーズを取り込むことは不可能であるため，番組制作者は引き続き様々な批判に直面することになると予測している。

9.4 ま と め

　以上，ドイツ語圏スイスにおける方言について概観した。この中で示されたのは，まずドイツ語圏スイスにおいて，スイスドイツ語はきわめて高い地位を得ているということである。そしてこの関連から，方言は威信の上では標準ドイツ語と相違はなく，さらにはドイツ語圏スイスの社会の変化とともに，しだいに勢力を拡大してきたということを観察した[78]。しかしそれと同時に明らかになったのは，学校や放送の領域では，過剰な方言使用は批判の対象となるということである。これは文化政策の上で支障が出るというのが主たる理由であり，それぞれの現場での曖昧な言語選択が引き起こしたものである。

　今後の課題としては，まず本章で取り上げた各事象の最新状況を調査することが挙げられる。参照した先行研究のいくつかはいくぶん古く，現状に沿っていない可能性もある。したがって，このテーマには最新の研究成果を収集することが不可欠である。特に，学校教育や公共放送における言語使用については現在も議論が絶えないため，自ら現地調査や聞き取り調査などを行うことも必要であると考える。また，各領域における言語使用の状況に関しては，本書では先行研究に基づき一般的な傾向というかたちで記述した。今後はこれをさらに細分化し，個別の分野，個々の地域，個々の現場などにおける言語使用の状況や変遷について，それぞれの事情や背景を考慮しながら観察を続けたい。

1) Ammon (1995: 285-286), Rash (2002: 48-49).
2) スイスにおける標準ドイツ語とは，スイス式標準ドイツ語であるが，以下では便宜上「標準ドイツ語」と称する。
3) Schläpfer (1994: 16).
4) Dieth (1943: 9-10).
5) Schläpfer (1994: 16).
6) Baur (1990: 15).
7) Lötscher (1983: 59) によると，バーゼルやシャフハウゼン，ザンクトガレンでは新高ドイツ語が比較的容易に受け入れられたのに対し，チューリヒやルツェルン，ベルンは新高ドイツ語の受け入れに際しては保守的であった。
8) Baur (1990: 15).
9) Dieth (1943: 10).
10) Dieth (1943: 10).
11) 最も早くチューリヒ聖書に取り入れられた新高ドイツ語の言語現象は，二重母音化である。それによって zyt/üch/vff などに代わり zeyt/euch/auff という語形が用いられるようになった。Russ (1987) はチューリヒ聖書の各版を比較し，新高ドイツ語の様々な言語現象が取り入れられた過程を明らかにしている。その概要については，Rash (2002: 77) を参照。
12) Stäuble (1990: 52).
13) Baur (1990: 15).
14) ドイツ語圏スイスでは，標準ドイツ語を「文章ドイツ語(Schriftdeutsch)」と呼ぶことが多い。
15) Schläpfer (1994: 16).
16) Schläpfer (1994: 16-17).
17) 以下，書名および引用の和訳は筆者による。
18) 方言が拡充されるというのは，方言が日常的なやりとりにとどまらず，あらゆる話題について用いられるということである。Ammon (1995: 293-294) はこれを方言が現代化されることと言い換え，大学での教員と学生，あるいは実験室での研究者の専門的な内容の方言による会話をその例として挙げている。その際に生じる現象は，スイスドイツ語の話者の間で専門的な用語や新しい術語が話題に上ったとき，それを語彙としては標準変種から借用するかたちになるが，音韻や形態の面で方言に同化させるというものである。
19) Rash (2003: 110).
20) スイスの学校制度は州によって異なるが，義務教育は9年で，最初の4年から6年が初等教育にあたる。
21) スイスにおける公共放送とは，スイス放送協会(Schweizerische Radio- und Fernsehgesellschaft; SRG)である。SRG はスイスの各言語地域に下部組織を有しており，ドイツ語使用地域ではドイツ語・レトロマンス語圏スイス放送協会(Radio- und

Fernsehgesellschaft der deutschen und rätoromanischen Schweiz; DRS)を運営している。以下，機関・団体名の和訳は筆者によるものである。

22) Ris (1979: 45) によると，休み時間に教師に呼び出されて謝る場合といったような授業以外の状況においても，部分的にせよ標準ドイツ語が用いられていた。

また，Weber (1984: 124-125) によれば19世紀後半までは，教師の標準ドイツ語の能力が不十分であったため方言が授業で広く用いられていた。

23) Ris (1979: 45), Schläpfer (1994: 21).
24) Ris (1979: 45), Schläpfer/Gutzwiller/Schmid (1991: 108), Sieber/Sitta (1994: 203).
25) Schläpfer/Gutzwiller/Schmid (1991: 108), Sieber/Sitta (1994: 203).
26) Rash (2002: 51).
27) Schläpfer/Gutzwiller/Schmid (1991: 108).
28) Rash (2002: 52).
29) Ahokas (2003: 46).
30) Schläpfer (1994: 24).
31) Schläpfer (1994: 24).
32) Fricker (1988: 31) によれば，ラジオ放送における方言の占める割合は1970年で全体の3分の1，1979年で約半数，そして1987年では全体の3分の2に達している。テレビ番組の方言使用の割合は，ラジオ番組のものと比べるとやや低く，Oppenheim (1990: 161) はテレビ放送における方言の割合は全体の4分の1であると報告している。Oppenheim (1990: 162-163) によると，これは他のドイツ語圏諸国の放送局と共同制作される番組があることや，番組を国外の放送局に売却する可能性が考慮されているためである。
33) Fricker (1988: 30).
34) Rash (2002: 56).
35) Rash (2002: 56).
36) Rash (2002: 56).
37) DRSの方言ニュースには，"Kassensturz"のようにキャスターは方言を用いるが，VTRのナレーションが標準ドイツ語である番組や，"Schweiz Aktuell"のようにすべて方言で進行される番組がある。
38) Rash (2002: 60).
39) Ris (1979: 46), Schläpfer (1994: 23).
40) Ris (1979: 47) によると，かつては代表的な政治家が方言で演説することは不祥事に値するものであったとのことである。
41) Schwarzenbach (1969: 256, 465-469). 104名の議員が回答したアンケートの結果は，46%が標準ドイツ語のみを用い，40%が標準ドイツ語と方言の両方を用いるというものであった。
42) Ris (1979: 45).
43) Baur (1983: 79).

44) Ris (1979: 45).
45) Sieber/Sitta (1986: 26-27).
46) Sieber/Sitta (1986: 23-24).
47) Sieber/Sitta (1986: 24).
48) Sieber/Sitta (1986: 24).
49) Sieber/Sitta (1986: 24-25).
50) 礼拝に関して，その国の言語で行うことや地域文化を考慮して行うことが認められた。
51) Schläpfer (1994: 25).
52) Lötscher (1983: 133).
53) Schläpfer (1994: 26).
54) Van den Bulck/Van Poecke (1996: 169-170).
55) Fricker (1988: 31) によると，1968年の "Rendez-vous am Mittag" の開始を契機として，1970年代にこの種の番組が相次いで制作された。"Rendez-vous am Mittag" は，Schwarzenbach (1983: 203) によれば主に政治的な話題を取り上げる番組であったが，方言による番組進行の動機は，それに対する特別な関心や知識のある人だけでなく，できるだけ多くの聴取者を引き付けようというものであった。
56) Fricker (1988: 31) はこれを「ラジオ・スタイル (Radio-Stil)」と表現している。
57) Fricker (1988: 31).
58) 現行の憲法 (2000年1月1日施行) では，第70条「言語」の第3項で「連邦および州は各言語共同体間の相互理解と交流を促進する。」と述べられている。
59) その他の懸念としては，いわゆる「オランダ化 (Hollandisierung)」によって，ドイツ語圏スイスがドイツ語文化圏から孤立すること，標準ドイツ語の言語能力が損なわれること，方言間の同化が生じることなどが挙げられる。Ramseier (1988: 18-19) や Schläpfer/Gutzwiller/Schmid (1991: 82-89) が指摘するように，様々な批判の中には感情的で学術的根拠を欠く論調もある。
60) ここでいう標準ドイツ語に対する態度とは，標準ドイツ語を自分で話すことへの態度である。また，標準ドイツ語の技能とは，標準ドイツ語を話す技能をさす。
61) 正確にいえば，否定的なのは標準ドイツ語を話すことへの態度である。Sieber/Sitta (1986: 32) によれば，標準ドイツ語を耳に入れることに関しては，ドイツで制作されたテレビ・ラジオ番組も好まれているように，否定的な態度は引き起こされない。他方，標準ドイツ語で会話をすることは歓迎されず，人々はドイツ人と話すときでもフランス語や英語で話すことを望むほどであると Sieber/Sitta (1986: 32-33) は述べている。
62) Sieber/Sitta (1994: 201-204), Ahokas (2003: 46).
63) Sieber/Sitta (1986: 170, 1994: 203).
64) Schläpfer/Gutzwiller/Schmid (1991: 108).
65) Fricker (1988: 32-33), Schläpfer/Gutzwiller/Schmid (1991: 196-197).

66) Rash (2003: 115), Schläpfer/Gutzwiller/Schmid (1991: 196-197).
67) Ahokas (2003: 129).
68) このことは憲法で規定されており，第93条「ラジオおよびテレビ」の第2項に「ラジオおよびテレビは，わが国の特性と各州の要請を考慮するものとする。」という文言がある。また，同様の事柄がSRGの定款第2条で述べられている。
69) これに対しチューリヒのTele Züriやベルンの Tele Bärn など民間の地方局が制作する番組では，視聴者が地域的に限定されているためほぼ全面的に方言が使用される(局名のZüriやBärnという地名が方言的な語形・表記になっている)。Rash (2002: 54)の指摘によると，ローカル局の放送で優先的に用いるのを期待されている言語形式は方言であるという点が，ラジオ・テレビ放送法(Bundesgesetz über Radio und Fernsehen; RTVG)の第21条から読み取れる。この中では，「地域および地方で放送を行う者は，対象とする地域の特性を第一に考慮するものとする。」と述べられている。なお，2006年に改正された現行法にはこの文言がない。
70) Rash (2003: 115).
71) Rash (2003: 115).
72) Ramseier (1988: 35)によると，番組の意図や性格，番組を取り巻く環境，視聴者による理解の可能性(年齢や教育水準など)，発話形態(一人語りか，対話か)，制作の条件(生放送か，収録か)，放送作家や出演者の言語能力，経済性(番組の交換や売却)が考慮される。
73) Rash (2002: 54-55), Ramseier (1988: 34-36).
74) Rash (2003: 116).
75) Rash (2002: 54).
76) Rash (2002: 55)は，第2項にある「(SRGは)番組全体としてわが国の特性と各州の要望に配慮する。」，および第2項bにある「(SGRは)特に，国や言語使用地域という単位を優先的に考慮した客観的な情報を通じ，自由な世論形成(に寄与する。)」という文言をそれに該当するものとみなしていると思われる。2006年に改正された現行法では，前者の文言は第24条第1項b，後者は第24条第4項aに相当する。ただし，後者では「国や言語使用地域という単位を優先的に考慮」という表現は用いられていない。
77) 現行のSRGの定款では，第2条第5項で「重要かつ国や言語使用地域の境を越えて関心を引く情報番組は，原則として標準語を用いるものとする。」と述べられている程度である。
78) 方言に対する人々の意識の高さゆえに，古くはスイスに新高ドイツ語が流入してきた時期，現代では隣国の標準ドイツ語の影響力が増してきた時期に方言が放棄されなかった，そしてまた，学校や放送での方言使用を制度的に規制できていないと考えることができる。

第10章　スイスドイツ語の社会的位置付け②
——方言保護——

10.1　導　入

　前章では，方言の地位の高さと，現代における方言の使用領域の拡張という側面からスイスドイツ語の社会的位置付けについて論じた。これに引き続いて本章で見ていくのは，ドイツ語圏スイスにおける方言保護である。本書ではこれを，スイスドイツ語の社会的位置付けという枠組みで扱う。というのは，方言を保護しようという取り組みは，方言に対する人々の意識を象徴するものと考えられるからである。

　ドイツ語圏スイスにおける方言保護には様々なかたちがあるが，それに寄与してきたものとして取り上げたいのは，実践的・理論的な活動を繰り広げる民間団体(10.3)，様々なアプローチからの方言研究に従事する研究者(10.4)，それを財政的に支援する公的機関(10.5)である。現在，方言が様々な領域に進出してきたことから，後述のように方言保護のあり方に変化が見られるが，方言保護の必要性が訴えられるに至った背景にあるのは，これから述べるように方言が危機に瀕したことである。

10.2　方言の危機

　19世紀後半，方言は大きな危機を迎えた。それ以前にも新高ドイツ語の文章語が書籍や新聞，学校や官庁，役所という領域に進出してきたことが方言にとっての脅威と認識されていたが[1]，とりわけ19世紀末から20世紀初

頭にかけてのドイツ人移住者の急増が契機となり，頻繁に方言の危機が叫ばれるようになった。

ドイツ人の流入をもたらしたのは，19世紀後半に見られた産業の発展である。こうしたドイツ人たちは経済的に重要な位置を占めるようになり，その結果，スイス社会ではドイツ人とのコミュニケーションの増加に伴い，標準ドイツ語の使用機会が増加した。すなわち，スイスドイツ語が話される局面が減少したのである。こうした言語状況は特にベルン，チューリヒ，バーゼルのような主要都市で顕著に見られ，これらの都市ではドイツ人が人口の4分の1以上を占めていた[2]。こうしたドイツ人の移住者の急増に伴い言語的なドイツ化への不安も高まった[3]。

この状況の中，ドイツ語圏スイスでは各地の知識人がスイスドイツ語諸方言の危機を憂いていたが，その象徴的な論説として挙げられるのが，バーゼル大学のロマンス語学文学の教授エルンスト・タポレット (Ernst Tappolet, 1870-1939) の『ドイツ語圏スイスおよびフランス語圏スイスにおける方言の現状について (*Ueber den Stand der Mundarten in der deutschen und französischen Schweiz.*)』(Tappolet 1901) である。その中でタポレットは，まずチューリヒがスイスで最初に標準ドイツ語化する都市となる運命を辿り，程なくバーゼルやザンクトガレン，ヴィンタートゥーアなどの都市がそれに追随するだろうという予測を展開している。

こうした方言の危機は第1次大戦を機に去ったかに見えたが，これで終わりではなかった。ドイツの敗戦に伴いスイス国内のドイツ人は激減したが，その後復興した隣国ドイツの脅威は続いていた。当時のドイツの経済的な推進力はますます脅威と感じられ，さらにナチスの権力掌握によって，スイスにとっての危険は増大した。人々は，これを背景として言語的な壁によって隣国ドイツから自分たちを守ろうとし始めた[4]。このとき，方言保護は，政治的な動機による関心事という性質を帯びたということになる。

10.3　組織的な方言保護

20世紀はじめ以降，いくつかの言語保護団体が出現した。これらの立場は様々で，標準ドイツ語の保護の一環としてそれに取り組むもの，そして方言の保護に主眼を置くものがあった。後者には急進的な路線と穏健な路線があった。

10.3.1　ドイツ語圏スイス言語協会(DSSV)

ドイツ語圏スイスで組織的な方言保護に最初に関与したのは，1904年9月20日に設立されたドイツ語圏スイス言語協会(Deutschschweizerischer Sprachverein; DSSV)である[5]。この団体はスイスドイツ語の保護のみを目的としていたわけではないが[6]，数々の出版物を通じてドイツ語圏スイスにおける方言と標準ドイツ語のあり方に関する主張を展開し，現在に至る。機関紙としては1917年から1944年まで発行されていた『ドイツ語圏スイス言語協会月報(*Mitteilungen des Deutschschweizerischen Sprachvereins*)』と，1945年以降続いている『シュプラーハ・シュピーゲル(*Sprachspiegel*)』がある。

DSSVの方言保護への関心は，方言の使用を促進することよりもむしろ，方言と標準ドイツ語の使用領域を明確に画定することにあった。当時のDSSVの方言保護は，方言だけでなく標準ドイツ語もまた母語であるから，この両者を「内なる敵(＝両者の混合や同化)」と「外なる敵(＝外来語)」から守るべきという観点からのものであった。そしてそのためには，領域に応じてこれらを明確に使い分けるべきであり，文書はもちろんのこと，公の場では標準ドイツ語を用い，方言は日常的あるいは個人的な交流に限るという，伝統的な言語使用を保持すべきとしている[7]。DSSVにとっては，公的な発話で方言を用いることは方言と標準ドイツ語の混合を招くことであり，拒絶すべきものであったのである[8]。つまり，DSSVにとって方言保護の問題は，標準ドイツ語保護の問題でもあったといえる。

10.3.2 スイス言語活動家連盟(SSB)

　国家社会主義がドイツを支配した時代，ドイツ語圏スイスではこの第3帝国との差別化を図り，方言保護の運動が最高潮に達した。この頃，いわゆる「精神的国土防衛」を背景に，スイスドイツ語の保護を目的とする団体が出現した。その一つとして特筆すべきなのが，神学者で東洋学者のエーミール・ベール(Emil Baer, 1884-1945)が中心となって結成されたスイス言語活動家連盟(Schwizer Sprach-Biwegig; SSB)である。ベールの活動は，1931年6月に「スイスドイツ語の生存競争について(*Vom Daseinkampf des Schweizerdeutschen.*)」と題した一連の論説[9]を Neue Zürcher Zeitung 紙上で発表した，ローベルト・フォン・プランタ(Robert von Planta, 1864-1937)の呼びかけに応じたものであった[10]。

　ベールが目的としたのは，スイスドイツ語を人工的に統一した言語を作り出すことであった。それは，スイスドイツ語を新たな文章語として確立することによって，ドイツ語圏スイスを言語的に全ドイツ語圏から独立させようという試みである。ベールの考えでは，著書『アレマン語——スイスの魂の救い(*Alemannisch. Die Rettung der eidgenössischen Seele.*)』(Baer 1936)に記されているように，方言はアレマン人の魂を映し出すものであり，方言が損なわれることは「われわれのアレマン人の魂，われわれのアレマン人としての民族性を没落の危機にさらすもの」(Baer 1936: 28)であった。ベールは，かつてプランタが訴えていたように，こうした危機を脱するためには統一されたスイスドイツ語が必要と考え，以下のようにその必要性を説いている。

　　必要なのは，今日話されている，まだある程度は混じり気のないアレマン人のスイスの方言から，特定の規範に従った一つの新しい純粋な，そして標準ドイツ語とは鮮明に区別される言語を作り出すことである。この言語は現存するどの方言とも完全に重なり合うわけではないが，文や形態，単語において忠実に，そして正確に全アレマン人の言語による感じ方，考え方にぴったりと合致するものであり，その結果スイスのあら

ゆるアレマン人（いくつかの最も古めかしいヴァリス地方の方言は例外かもしれないが）がその言語の中にアレマン人の魂を感じ取り，心の故郷を見出すのである。たしかにこの言語は形態に関しては，特に動詞ではやむを得ずアレマン諸方言の中の一つの語形を採用してそれを規範へと高め，そしてそこから逸脱した他の方言の語形を退けねばならなくなっている。しかし，豊富な語や用法，比喩的表現に関しては，この言語はすべての方言から取り入れられており，すべての方言の中に眠っている見事なまでに豊富なもの，そのできる限り多くをわがものとするであろう。(Baer 1936: 47-48)

この枠組みでは，標準ドイツ語は中等教育に上がってはじめて習うような外国語という位置付けであった[11]。こうした中，ベールは1937年4月25日に自らを名誉総裁としてSSBを結成し[12]，さらにはその手引書『話すように書こう！——スイス民衆の正書法の手引き(Šribed wien er reded! Ifüerig id šwizer folchsšrift.)』(Baer/Baur 1937)を刊行して，統一スイスドイツ語の普及を目指した。

しかしベールの提案は，方言の多様性を損ねるという点や，ドイツ語圏スイスの言語的・文化的孤立を招くという点，他の言語使用地域の人々に習得の負担を強いることになるという点などから各方面から多大な批判を浴び，拒絶された[13]。これはスイスの文化政策に鑑みれば当然の結果といえる。結局，SSBは1938年1月23日をもって解散と短命に終わり，以来ベールは表舞台から姿を消した[14]。

このようにベールの表立った活動は短期間であり，また，方言保護に寄与したとは言い難い。しかしながら，ベールの活動は，その過激さとインパクトゆえに，ドイツ語圏スイスの方言保護を記述しようとする研究者が必ずといってよいほど取り上げる話題である。中でもWeber (1984: 115)は，方言の危機を民衆に周知したという点や，その反動として穏健な方言保護の活動が起こるきっかけとなった点をベールの功績として認めている。

10.3.3　スイスドイツ語同盟(BST)

SSBの急進的な方言保護活動に対する反動のように結成されたのがスイスドイツ語同盟(Bund Schwyzertütsch; BST)である[15]。BSTは1938年5月15日，英語英文学者で音声学者のオイゲーン・ディート(Eugen Dieth, 1893-1956)とジャーナリストで雑誌編集者のアードルフ・グッケンビュール(Adolf Guggenbühl, 1896-1971)によって結成された[16]。ディートとグッケンビュールは，スイスドイツ語の統一はドイツ語圏におけるスイスの文化的孤立と方言の多様性の損失を招くとしてベールを批判し，SSBを解散に至らせていた[17]。BSTもまた，元々はSSBと同様に「精神的国土防衛」を背景とした政治的な動機から生じた団体であるが[18]，時代の変化や，すでに見たような方言の勢力拡大と相まって，方言保護のかたちを変えながら現在に至る。

結成当時のBSTの主たる目的は，方言使用の奨励，良質な方言の振興，方言表記法の普及である。方言使用の促進とは，公的な場で方言を使う機会を増やすことをさしている。グッケンビュールは，BSTの設立に先立ち，著書『皆で話そうスイスドイツ語——我らの母語に対する軽視に抗して(*Warum nicht Schweizerdeutsch? Gegen die Missachtung unserer Muttersprache.*)』(Guggenbühl 1937)にて，方言が学校や大学でそれまで以上に，そして政治的な講演や議会，委員会，軍隊，教会，ラジオでは，それまでとは異なり新たに用いられるべきと主張した。Weber (1984: 66, 175)によると，このことはBSTがスイスドイツ語に文化政策的な意味を見出していたことの表れであり，実際にスイスドイツ語は，自分たちはドイツ人とは異なるということを見せつける手段となっていった。上述のようにDSSVは方言と標準ドイツ語の使用領域を明確に区別すべきと主張していたが，このこと自体はBSTも同様であった。しかし，公的な場を方言の使用領域としている点は，それを標準ドイツ語の領域としたDSSVと異なる点である。

良質な方言の奨励とは，方言どうしの混合や同化，あるいは標準ドイツ語による方言への影響を阻止することである。産業や交通の発達や教育制度の

変化に伴い人々の移動が活発になったことで，標準ドイツ語と方言，あるいは方言どうしが接触する機会が激増した[19),20)]。それを背景とした方言保護の活動は，第2次大戦後に進められた方言辞書や方言文法の編纂事業というかたちで現れている。スイスドイツ語の様々な方言を記述することを通じて，それらの語形を保持することがその目的であった[21)]。

　方言表記法の普及は，方言使用の促進と良質な方言の奨励とも関連している。その基盤となったのは，自身が所属する文化振興団体「新ヘルヴェティア協会[22)]（Neue Helvetische Gesellschaft）」の援助のもと，1938年にディートが公表した『スイスドイツ語の方言表記――全方言の統一的表記法の手引き（*Schwyzertütschi Dialäktschrift. Leitfaden einer einheitlichen Schreibweise für alle Dialekte*)』(Dieth 1938)である。このいわゆる「ディート表記法(Dieth-Schrift)」の特徴は「話すように書きましょう，聞いたり感じたりするように書きましょう。(Schreibe wie du sprichst, wie du es hörst und empfindest.)」という基本理念に則り，書記素のレベルで各地の方言のもつ音韻的な特徴を網羅している点にある(1.3を参照)。諸方言を統合するのではなく，それぞれの話される語形を尊重していたというのは，上述のベールの考え方と異なる点である。この表記法の普及を通じて，各方言の語形を保持しながら，手紙のような個人的な文書などでも方言が広く用いられることを目指した。また，のちにBSTが監修する方言辞書や方言文法で用いられ，普及が図られた。

　BSTの事業は，DSSVが専ら出版物を通じた言語保護に関する理論の展開に終始しているのとは異なり，設立当初から現在に至るまで実践的なものである[23)]。これはディートが関心を寄せていたことであるし，また，上述のプランタの考えを部分的に継承したものである。たとえば，方言についての質問を受け付ける案内窓口は1941年以来設置され，1960年代に活動が本格化した[24)]。また，スイス人の帰国者や，労働や結婚などを理由に移住してきた外国人のためのスイスドイツ語講座も1941年に始まり，1964年から定期的に初心者や中級者向けに半年間の講座が開かれるようになっている。他にも，会員および一般向けに，講演会や朗読会，あるいは小旅行などが随時開

催されている。さらに，方言研究も20世紀後半から推進されるようになった。後述のように，BSTは各地の方言の辞書や文法書の刊行事業にも従事している。

1960年代から様々な領域で方言使用の増加が顕著になってきたのに伴い，BSTにとっての方言保護のあり方は変化した。「精神的国土防衛」に加担していた頃のBSTは，方言使用を強く推奨する方針であったが，方言の地位があまりにも高められた現在，方言使用を強く呼びかけるという活動はもはや無用のものとなっている[25]。現在の方言保護における重要課題となっているのは，むしろ方言どうしの同化や標準ドイツ語からの方言への影響を食い止め，各方言の語形を保護することであるといえる。

10.4 方言研究

方言研究についてもまた，方言保護という枠組みで扱うこととしたい。というのは，個別の方言を記述すること，あるいは方言の様々な現象の地域分布を記述することは，方言の多様性やそれぞれの語形を保つことに寄与しうるからである。これは，方言保護にとって大きな意味をもつ。

スイスドイツ語研究はこれまで様々なアプローチから成果を挙げている。ここで見ていくのは，方言辞典・方言地図・方言文法・音声記録である。

10.4.1 方言辞典

スイスドイツ語の最初の包括的な辞典は，前出のフランツ・ヨーゼフ・シュタルダー（9.3.1を参照）によるものであるとされる。第1巻である『スイス方言辞典の試み——語源に関する注釈，およびスイス方言学の草案も含めて（*Versuch eines Schweizerischen Idiotikon, mit etymologischen Bemerkungen untermischt. Samt einer Skizze einer Schweizerischen Dialektologie.*）』(Stalder 1806)と第2巻『スイス方言辞典の試み——語源に関する注釈，および忘却された語と意味の拾遺とともに（*Versuch eines Schweizerischen Idiotikon mit etymologischen Bemerkungen untermischt, samt einer Nach-*

lese vergessener Wörter oder Bedeutungen.)』(Stalder 1812) は，語彙の古い言語からの歴史的発達に主眼を置いたものである。しかし，その信憑性についてはいくぶん問題があるといわれ，むしろ，方言学と歴史言語学を結びつける手法を確立したという点で評価されている[26]。

その後，シュタルダーの遺志を継いで編纂事業が開始されたのが『スイス方言辞典／スイスドイツ語辞典(*Schweizerisches Idiotikon. Wörterbuch der schweizerdeutschen Sprache.*)』である。この準備作業は「チューリヒ歴史・考古学会(Antiquarische Gesellschaft in Zürich)」による支援を受け，1862 年に開始された[27]。その手法は国内の教師や聖職者に支援を要請して，スイスドイツ語の各方言のあらゆる語を例証するというものであった[28]。1881 年，初代編集長フリードリヒ・シュタウプ(Friedrich Staub)のもと，第 1 巻(A, E, I, O, U, F/V)が刊行された。編纂作業は現在も継続中であり，2010 年 6 月現在，1999 年に刊行された第 15 巻(W bis W-m)が最新のものである。そして，2022 年に第 17 巻をもって完結が予定されている。

個別方言の辞書は BST が監修に携わっているものが多く，その『スイスドイツ語の文法書と辞書(*Grammatiken und Wörterbücher des Schweizerdeutschen*)』というシリーズに含まれるものとしては，バーデン方言(Meng 1986)，バーゼル方言(Fridolin ⁵1983, Muster/Bürkli-Flaig 2001, Suter ³2006)，ダヴォス方言(Schmid/Issler/Lorez/Lorez 1982)，ラインヴァルト方言(Lorez/Lorez 1987)，シャフハウゼン方言(Richli 2003)，ジンメンタール方言(Bratschi/Trüb 1991)，ウーリ方言(Aschwanden/Clauss ²1983)，ツーク方言(Bossard 1962)，チューリヒ方言(Weber/Bächtold ³1983)がある。また，BST のシリーズに属さないものでは，アッペンツェル方言(Sonderegger/Gadmer 1999)，ベルン方言(Greyerz/Bietenhard ⁹2008)，フリブール方言(Schmutz/Haas ²2004)，オプヴァルデン方言(Imfeld ²2001)，ヴァリス方言(Grichting ³2006)他多数の辞書がある[29]。

10.4.2 方言地図

スイスドイツ語研究において『スイス方言辞典／スイスドイツ語辞典』に

並ぶ大事業といえるのは,『ドイツ語圏スイス言語地図(*Sprachatlas der deutschen Schweiz; SDS*)』である。これはドイツ語圏スイス各地の方言の音韻・形態・語彙の地域分布を記述したもので,1939年から1958年の間にチューリヒ大学のルードルフ・ホッツェンケッヘレ(Rudolf Hotzenköcherle)教授の主導のもと,ドイツ語圏スイスの600を超える地点で1500人以上の情報提供者を対象とした調査に基づくものである[30]。1962年に第1巻が刊行され,1997年刊行の第8巻をもって完結している[31]。

近年ではスイスドイツ語の統語論的側面も研究者の注目を引くようになり,SDSを補完する試みがなされている。チューリヒ大学のエルヴィラ・グラーザー(Elvira Glaser)教授の主導による『ドイツ語圏スイス統語論地図(*Syntaktischer Atlas der Deutschen Schweiz; SADS*)』刊行のプロジェクトは,聞き取り調査から得られたデータを元にスイスドイツ語各方言の統語現象における地域差を記述することを目的とするものである。2000年1月に開始して以来現在も継続中で,2010年6月現在でドイツ語圏スイスの383の地域で3185人が翻訳や空所補充,選択肢問題といった形式による118項目の質問に回答している。

10.4.3 個別方言の記述

個別方言の記述の先駆けとなったのは,ヨースト・ヴィンテラー(Jost Winteler, 1846-1929)の『グラールス州のケレンツ方言——その特徴についての記述(*Die Kerenzer Mundart des Kantons Gralus, in ihren Grundzügen dargestellt.*)』(Winteler 1876)である。その手法は,個別の方言の音韻と形態を歴史的な発達という観点から論じたものである。

この流れを汲み1910年,当時の『スイス方言辞典／スイスドイツ語辞典』の編集長アルバート・バッハマン(Albert Bachmann, 1863-1934)が,学術論集『スイスドイツ語文法論集(*Beiträge zur schweizerdeutschen Grammatik; BSG*)』を創刊した。この各号でスイスドイツ語の様々な方言の記述がなされているが,特徴的なのは記述の書式・体裁が統一されていることである。これは各方言の比較を容易にするというバッハマンの意図によるもの

で，冒頭で音韻について，そして次に形態についてそれぞれ歴史的な発達を考慮に入れながら記述し，最後に言語地理学的な側面にも言及する注釈という形式がとられている[32]。

BSG は 1941 年まで継続され，のちに SDS の編纂事業を主導するホッツェンケッヘレが 1949 年に創刊した『スイスドイツ語方言研究論集 (*Beiträge zur schweizerdeutschen Mundartforschung; BSM*)』(1982 年まで継続)がこれを引き継いだ。BSM は，個別方言の音韻や形態を取り上げるだけではなく，言語構造の変遷や語彙，語形成，屈折などをテーマとした言語地理学的調査にも重点を置いている[33]。

個別方言の包括的な文法書では，BST の『スイスドイツ語の文法書と辞書(*Grammatiken und Wörterbücher des Schweizerdeutschen*)』シリーズにバーゼル方言(Suter ³1992)，ルツェルン方言(Fischer 1960)，ツーク方言(Bossard 1962)，チューリヒ方言(Weber ³1987)のものがある。それ以外では，アッペンツェル方言(Sonderegger/Gadmer 1999)，ベルン方言(Marti 1985, Hodler 1969)，チューリヒ方言(Schobinger ²2001, ⁴2003)などの文法書がある。方言辞典と一体化しているものもあるため，上で挙げた図書と一部重複している。

10.4.4 音声記録

方言の音声を記録した資料もまた，方言研究に際してきわめて重要な役割を果たす。1909 年にチューリヒ大学哲学部の付属機関として設立された音声記録保存館(Phonogrammarchiv)には，設立当初から現在にわたってスイス各地の方言を録音した資料が所蔵されている[34]。音声記録保存館の主な活動はこうした音声資料を収集・分析・補完することであるが，その成果は音声資料を活字化したテクストの出版を通じて公表されている。

使用される録音機器は技術の進歩に伴いレコード盤から磁気テープへと変化し，現在ではデジタル録音が行われている。近年では，古い資料のデジタル化も進み，その一部は市販され容易に入手できるようになっている。

10.5 公的な方言保護

　ここでは公的な方言保護という表現を用いているが，スイスドイツ語が憲法による言語としての規定や保護・振興の指示[35]，あるいは法律による使用領域の確保などといった，行政による直接的な方言保護を受けているということではない。すでに見たように，放送や学校といった公的な領域で方言が広く用いられるが，これは方言使用が明確に指示されているわけではなく，現場の判断によって方言を用いる余地が残されているということによる。

　国や自治体が関与することができる方言保護の形態は，専ら学術研究への資金援助である。たとえば『スイス方言辞典／スイスドイツ語辞典』は，個人・団体など各方面からの寄付に加え，連邦政府やドイツ語を公用語とする各州から助成を受けて事業を推進している。あるいは，地域的な個別方言の辞典や文法書の刊行については，寄付に加えて当該の州や市町村によって財政的な支援がなされる。

　また，「スイス科学研究振興財団(Schweizerischer Nationalfonds zur Förderung der wissenschaftlichen Forschung; SNF)」はスイスの主要な学術振興機関で，あらゆる分野の研究に財政援助を行っている。たとえばSDSやSADSの事業はSNFの助成によるものである。

10.6　ま　と　め

　以上，スイスドイツ語の方言保護について概観した。方言保護に関する手法や形態，主義・主張は様々であるが，方言を守りたいという考えが生まれ，実行に移されるというのは，それだけ人々が方言を大切にしているからこそである。これは，組織的に方言保護を実践する者や方言研究に従事する者だけでなく，その成果を享受する者にもあてはまることであろう。

　今後の課題としたいのは，方言の保護・振興に取り組む団体の活動を詳細に調査することである。その対象の一つは本章で取り上げたBSTで，結成

第10章　スイスドイツ語の社会的位置付け②　　215

以来，BST の取り組みが具体的にどの程度，そしてどのようなかたちで実を結んできたかということについて，資料収集や聞き取り調査などを通じて明らかにしてみたい。また，最新状況についても，聞き取り調査などを行いたい。

　そしてもう一つは，局地的な活動をする小規模な団体である。方言の保護・振興に特化しているものや，方言と標準ドイツ語の両方を保護・振興することに従事しているもの，あるいは文化振興という枠組みでの活動を展開しているものなど様々であるが，これらについても調査を行いたい。

1) Stäuble (1990: 53).
2) Schläpfer (1994: 17-18).
3) Stäuble (1990: 53).
4) Stäuble (1990: 53).
5) 1994 年にスイス国内ドイツ語協会(Schweizerischer Verein für die deutsche Sprache; SVDS)と改称している。本章では，DSSV という呼称に統一する。
6) Weber (1984: 5) によると，DSSV は元々スイスにおける標準ドイツ語の国語浄化という動機から結成された団体である。とりわけフランス語によるドイツ語への影響を阻止することに主眼が置かれていた。
7) こうした DSSV の見解を代表する著書に，アウグスト・シュタイガー(August Steiger)の『ドイツ語圏スイスにおける言語的祖国防衛(*Sprachlicher Heimatschutz in der deutschen Schweiz.*)』(Steiger 1931)がある。
8) Weber (1984: 56-57).
9) Weber (1984: 111) によると，この中でプランタが懸念を表明していたのは方言が文章語の影響によって希釈化してしまうことであり，そうした事態から方言を守ろうとプランタは呼びかけていた。かつてレトロマンス語の維持を訴える活動や，第1次大戦終結以来の方言の進出を目の当たりにしたプランタは，そのためには方言の使用領域を拡大し，また，各地の方言をある程度洗練して標準語の語彙を取り入れるべきと考えた。そのようにして作られたいくぶん統一的なスイスドイツ語をもってすれば標準ドイツ語に対抗することができるというのである。さらに彼は，方言の保護を目的とする団体の結成を呼びかけた。辞書や文法書の編纂，そして研究誌の発行や方言についての質問を受け付ける案内窓口の設置などがその使命であるとしていた。
10) Rash (2002: 100).
11) Baer (1936: 48).
12) Weber (1984: 114-115).
13) Weber (1984: 115) が指摘するところによると，約100名が参加した結成集会で決

議された規約では，標準ドイツ語もまた文章語として統一スイスドイツ語と同等の地位が認められている。この中ではSSBが「統一スイスドイツ語が『標準ドイツ語と並んで』スイスの文章語として正当と認められることを目指す団体」であると述べられており，統一スイスドイツ語を学校で用いられる言語，標準ドイツ語を外国語と位置づけるべきとしたベールの意向に沿うものではなかった。この点から，ベールの活動は当初から計画倒れであったことがうかがえる。

14) Weber (1984: 115).
15) 1990年にスイスドイツ語協会(Verein Schweizerdeutsch; VSD)と改称された。本章では呼称をBSTに統一する。
16) Weber (1984: 117).
17) Weber (1984: 114-115).
18) Weber (1984: 117)によると，ディートは1938年5月15日に行われたBSTの結成集会にて，方言保存のための団体を組織する構想をもったのは1933年からであると発言している。
19) Wanner (1957: 69) は，都市部あるいはその近郊への移住者の子供に生じる方言の変化のケースに言及している。それによると，移住者の子供は大体において現地の方言を習得するが，親の方言から語や言い回しが混入してしまう。それらは現地の方言の音韻的特徴を帯びたものではないため，逆にそれらが古くからの住民の方言に影響を及ぼしてしまう。Stäuble (1990: 51) によると，両親がそれぞれ異なる方言を話す場合には，子供は容易に両方の方言を受け入れることができる。
20) Weber (1984: 78-79) は19世紀後半の時期に見られた方言と標準ドイツ語の接触が頻繁になった要因として，A)学校における標準ドイツ語の読み書き教育，B)国際的な情報伝達(書籍・新聞・雑誌などの文書)や交通の向上，C)標準ドイツ語を母語とする人々の流入を挙げている。
21) 後述のBST監修による文法書のいくつかには「良い方言への道しるべ(ein Wegweizer zur guten Mundart)」という副題が付けられている。
22) 1914年に，当時のスイスにおけるドイツ語，フランス語両言語地域間の感情的な対立を背景として設立された全国組織。言語，宗教，出自，思想を問わず，文化振興などを通じてスイス国民の連帯を強めることを目的とし，現在に至る。
23) Weber (1984: 68).
24) Weber (1984: 120).
25) 現在のBSTの規約に記された目標は，1938年の結成時のものとほぼ同じ内容であるが，ダイグロシア的な状況について触れているという点が異なっている。様々な領域に方言が台頭している現代にあっては，方言使用をさらに推し進めるよりも，標準語の地位を下げることなく標準語との均衡を保つというかたちでの方言振興の方が時代の要請に合っているという意識が，ここからうかがい知れる。
26) Lötscher (1983: 18).
27) Wanner (1957: 66).

第 10 章　スイスドイツ語の社会的位置付け②　217

28) Rash (2002: 105-106).
29) 『スイス方言辞典／スイスドイツ語辞典』の公式サイト(http://www.idiotikon. ch/)で多数紹介されている。
30) Lötscher (1983: 25), Baur (1990: 23).
31) 各巻の内容は以下のとおりである。第1巻『母音』，第2巻『母音・子音』，第3巻『形態』，第4巻『語彙(1)：人間，不変化詞』，第5巻『語彙(2)：人々の社会・衣服・食物』，第6巻『語彙(3)：自然環境』，第7巻『語彙(4)：住居と農場』，第8巻『語彙(5)：牧畜・林業・農業』。
32) Lötscher (1983: 23).
33) Lötscher (1983: 24).
34) スイスドイツ語だけではなく，スイスの国語全体の地域変種が録音されている。たとえばフランス語のいわゆるパトワ，イタリア語ではティチーノやグラウビュンデンのロンバルディア方言，レトロマンス語の諸変種がこれに含まれる。
35) 現行のスイス憲法(2000年1月1日施行)では，言語に関して直接言及している条項は第4条「国語」，第18条「言語の自由」，第70条「言語」である。特定の言語の保護を明記しているのは第70条第5項で，この中では「連邦は，レトロマンス語とイタリア語の維持・振興のためにグラウビュンデン州とティチーノ州がとる諸対策を支援する。」と述べられている。

第11章　スイスドイツ語は「言語」か？

　以上，本書ではスイスドイツ語の諸相として，スイスドイツ語に関する様々なトピックを取り上げた。言語構造に関することだけでなく社会的な位置付けに関する事象からも観察することによって，スイスドイツ語の姿を鮮明に捉えることができたのではないかと思われる。

　これまで見てきたように，言語構造という「内面」においても，社会的位置付けという「外面」においても，スイスドイツ語はドイツ語圏全体の中で独特な状態を示しているわけであるが，このことは時折，ある議論の前提となる。それは，スイスドイツ語は一つの独立した言語であるのかというものである。たとえば Dieth (1943: 10) は「国語 (Nationalsprache)」という表現を用いてスイスドイツ語の特殊な位置付けに言及している。

> 独自の文章語をもつ国々では，方言は自動的に価値の低いものとみなされ（ドイツやフランス，イギリスがそうであるように），今や農民や教養のない者の粗野で耳障りな話し方と捉えられる。しかしスイスドイツ語には，帝国から分離し独立するに至った民族集団の言葉として，口頭でのみ用いられるにせよ，一つの国語であり続けるという崇高な使命が課されている。(Dieth 1943: 10)

　この最終章では，本書のまとめに代えて，スイスドイツ語を「言語」と認めることができるかどうか，そして，スイスドイツ語を「言語」とすることがもたらすのは何かということについて考察する。導き出される結論は至極

当然のものとなるが，一つの独立した「言語」であるという主張がなされても不思議ではないくらいの特殊性を示していることから，ここで整理しておきたいと考えた次第である。

　まず立ち入りたいのは，スイスドイツ語を一つの独立した「言語」と認めることは可能であるかという問題である。結論からいえば，それは不可能である。まず言語的な基準に照らしてみると，スイスドイツ語はあくまでドイツ語の一変種に数えられるためである。第2章で見たように，スイスドイツ語はドイツ語のアレマン方言に分類される。そしてこのアレマン方言は，使用領域がスイスだけでなくドイツやオーストリアなど近隣諸国にも達している。また，周囲のドイツ語方言との連続性を示しており，隔絶言語[1]の様相を呈しているわけでもない。したがって，まず言語的な面に関しては，スイスドイツ語を「一つの言語」と判定することは不可能である。

　また，社会的な基準からは，スイスドイツ語を含むアレマン方言の使用地域全体(ドイツ南西部やスイスなど)で標準ドイツ語が文章語として用いられるということがその要因として挙げられる。文章語として使用される変種は，規範や正書法を備えた標準変種として通用するものである。このことが示すのは，スイスドイツ語は，いわゆる「(標準)ドイツ語の屋根」に入るということであり，スイスドイツ語が独立した「言語」ではなく方言として位置付けられるということである。

　こうした状況下で方言，すなわち非標準変種を「言語」と定義付けられる可能性があるとすれば，それは「標準化」である。近隣諸国に目を向けると，たとえばルクセンブルクがそれを成し遂げた国家の一つである。つまり，言語的には西中部ドイツ語のモーゼルフランケン方言に分類される変種を，規範や正書法を整備することによって「ルクセンブルク語」という一つの独立した言語として確立させてきた。このことは法的にも認定されており，ルクセンブルク語はドイツ語・フランス語と並んでルクセンブルクの公用語という地位を与えられている。したがって，ルクセンブルク語はもはや「ドイツ語の屋根」には入らない。

　では，これを今後スイスで行うことは可能であろうか？　可能であるかど

うかについていえば，これは可能である。つまり，ルクセンブルクがそうであったように，使い手の意思や主張さえあれば，スイスドイツ語を文法規範や正書法の確立によって標準化し，それを公用語に制定することは可能である。こうすることでスイスドイツ語は一つの独立した言語という地位を得ることになるだろう。しかし，これは同時に無用でもあるため，実現することはないといってよい。というのは，スイスドイツ語の標準化は様々な不都合を引き起こすことが予測されるためである。以下では，仮にスイスドイツ語を「言語」とした場合，どのような問題が生じうるかということについて考察を加えてみたい。ここでは標準ドイツ語を保持しつつ，スイスドイツ語を標準化するケースを想定して話を進める。というのは，ドイツ語圏からの孤立を望まなかったということを要因の一つとして，方言色のある独自の文章語を放棄して新高ドイツ語の文章語を受け入れていったことや(9.2を参照)，「統一スイスドイツ語」を作り出して標準ドイツ語を排除しようという急進的な方言保護の活動が拒絶されたということ(10.3.2を参照)が歴史上すでに起こっているからである。つまり，ドイツ語圏からの離脱は想定しない。

　スイスドイツ語の文法的な規範や正書法を確立するということは，いわば統一的な言語を人工的に作り上げることである。第2章で述べたように，スイスドイツ語は地域ごとにきわめて多様に展開している。方言区分としてはアレマン方言に分類されるが，その中でも低地アレマン方言，高地アレマン方言，最高地アレマン方言へと区分される。そしてさらにチューリヒ方言，ベルン方言，バーゼル方言などといったように，その内部でも細かい区分がなされる。もしこの状態から一つの規範的な言語を作り出すとなると，どの方言を基盤とするか，もしくはどの方言からどの要素を取り入れるか，という問題に直面するはずである。そして，この問題が解決されたとしても，できあがった言語(仮に「標準スイスドイツ語」と呼ぶことにする)は，程度の違いはあるにせよ，どの方言とも完全には一致しないということになる。すなわち，ドイツ語圏スイスの人々は，習得すべき規範が一つ増えるという負担を強いられることになる。

　しかも，新たに「標準スイスドイツ語」を学習するという負担に見合わな

い汎用性の低さも想像に難くない。まずドイツ語圏スイス内部については，ほとんどの方言が互いに理解可能なものであるため，「標準スイスドイツ語」が口頭でのコミュニケーションにわざわざ用いられることは期待できない。すなわち，私的な場面では各自の方言が用いられる一方，「標準スイスドイツ語」はせいぜい文書や公的な場面で使用される余地があるのみということである。また，他のドイツ語圏諸国との交流に際しては，従来の標準ドイツ語がその役割を果たすため，「標準スイスドイツ語」はドイツ語圏スイスの住民のみならず全国民にとって不要のものとなる。このことが意味するのは，Rash (2002: 72) も述べているように，それを導入したところでダイグロシア的な状況が帳消しになるわけではないということである。

　さらにスイス全体で見れば，ドイツ語圏スイス以外の住民が不利益を被ることが予測される。公用語という地位が与えられたとなれば，「標準スイスドイツ語」の学校教育や公共放送での使用も排除されないからである。あるいは，職業上の必要や国内移住といった理由から，それを使用することや習得することを余儀なくされるという状況も十分考えられる。また，「標準スイスドイツ語」の公用語化は間違いなくドイツ語を母語としない住民の反発を招くであろう。というのは，それが母語ではない言語の方言に基づく上に，ドイツ語圏スイスおよび他のドイツ語圏諸国との交流のために不可欠なものではないからである。また，人口の上で多数を占め，さらに社会的にも実権が集中しているとされるドイツ語圏スイスの人々や，その言葉に対する反感という要素も関係してくると思われる。

　スイスドイツ語の言語構造に関して懸念されるのは，「標準スイスドイツ語」の影響により方言の多様性が損ねられることである。文書にせよ口頭にせよ，「標準スイスドイツ語」を様々な局面で用いることにより，それぞれの方言が徐々に「標準スイスドイツ語」に同化していくと予測される。その結果，方言の画一化が生じる。

　以上のように「標準スイスドイツ語」の弊害を考察したが，まとめると，これは無益であるどころか，住民の負担の増加とそれに対する反発，さらにはスイスドイツ語の多様性の損失をもたらすものと考えられる。そのため，

今後スイスドイツ語の標準化，そしてそれに伴う公用語化が実現されることは考えられない。

1) Kloss (^{2}1978: 24-25) の定義によると，隔絶言語 (Abstandsprache) とは言語構造があらゆる言語と異なっていることによって，一つの言語と認識されるものをいう。その典型例として挙げられるのはバスク語である。バスク語は，言語系統が不詳で明らかに他の言語と隔絶しており，一つの言語と判断できるものである。

参考文献

Ahokas, Carmela (2003): *Die Förderung der deutschen Sprache durch die Schweiz. Möglichkeiten und Einschränkungen.* Frankfurt am Main: Peter Lang.

Ammon, Ulrich (1995): *Die deusche Sprache in Deutschland, Österreich und der Schweiz. Das Problem der nationalen Varietäten.* Berlin/New York: Walter de Gruyter.

Aschwanden, Felix/Clauss, Walter (^{2}1983): *Urner Mundartwörterbuch.* Altdorf: Verlag Biblio- theksgesellschaft Uri.

Baer, Emil (1936): *Alemannisch. Die Rettung der eidgenössischen Seele.* Zürich: Rascher & Cie.

Baer, Emil/Baur, Arthur (1937): *Šribed wien er reded! Ifüerig id šwizer folchsšrift.* Zürich: Rigi-Verlag.

Baur, Arthur (1983): *Was ist eigentlich Schweizerdeutsch?* Winterthur: Gemsberg.

Baur, Arthur (1990): *Schweizerdeutsch—woher und wohin?* Zürich: Hans Rohr.

Baur, Arthur (^{12}2002): *Schwyzertüüisch »Grüezi mitenand«; Praktische Sprachlehre des Schweizer- deutschen für Kurse und den Selbstunterricht.* Winterthur: Gemsberg.

Behaghel, Otto (1924): *Deutsche Syntax. Eine geschichtliche Darstellung. Band II.* Heidelberg: Carl Winter's Universitätsbuchhandlung.

Behaghel, Otto (1928): *Deutsche Syntax. Eine geschichtliche Darstellung. Band III.* Heidelberg: Carl Winter.

Beilstein-Schaufelberger, Ann (2005): *Züritüütsch Schweizerdeutsch. Ein Lehrmittel für Fremdsprachige.* Greifensee: Beilstein-Schaufelberger.

Bossard, Hans (1962): *Zuger Mundartbuch.* Zürich: Schweizer Spiegel Verlag.

Bratschi, Armin/Trüb, Rudolf (1991): *Simmentaler Wortschatz. Wörterbuch der Mundart des Simmentals.* Thun: Ott.

Burger, Harald (^{2}1990): *Sprache der Massenmedien.* Berlin/New York: Walter de Gruyter.

Christ, Robert B. (^{4}1976): *E Baseldytsch-Sammlig; ygruumt in zwelf Fächli und in e Vytryne.* Basel: Schwabe.

Cooper, Kathrin (1999): 'On the nature and distribution of Zurich German pronominal clitics.' In: Riemsdijk, Hank van (ed.): *Clitics in the Languages of Europe.* Berlin/New York: Mouton de Gruyter, 711-730.

Dal, Ingerid (^{3}1966): *Kurze deutsche Syntax. Auf historischer Grundlage.* Tübingen: Max Niemeyer.

Dalcher, Peter (1963): 'Über Relativpronomen im Schweizerdeutschen.' In: Zinsli, Paul (ed.): *Sprachleben der Schweiz. Sprachwissenschaft, Namenforschung, Volkskunde.* Bern: Francke, 115-132.

Dieth, Eugen (1938): *Schwyzertütschi Dialäktschrift. Leitfaden einer einheitlichen Schreibweise für alle Dialekte.* Zürich: Orell Füssli Verlag.

Dieth, Eugen (1943): *Die Kulturpolitische Bedeutung der schweizerischen Mundarten.* Zürich: Schweizerischer Schriftstellerverein.

Dieth, Eugen (1950): *Vademekum der Phonetik. Phonetische Grundlagen für das wissenschaftliche und praktische Studium der Sprachen.* Bern/München: Francke.

Dieth, Eugen (^{2}1986): *Schwyzertütschi Dialäktschrift. Dieth-Schreibung.* 2. Aufl. bearbeitet und herausgegeben von Christian Schmid-Cadalbert. Aarau: Sauerländer.

Dieth, Eugen/Brunner, Rudolf (1943): 'Die Konsonanten und Geminaten des Schweizerdeutschen experimentell untersucht.' In: *Sache, Ort und Wort. Festschrift für Jakob Jud.* Genève: Droz, 737-762.

Duden (^{7}2005): *Die Grammatik. Unentbehrlich für richtiges Deutsch. 7., völlig neu erarbeitete und erweiterte Auflage. Herausgegeben von Dudenredaktion. Duden Band 4.* Mannheim/Leipzig/Wien/Zürich: Duden Verlag.

DWb. = *Deutsches Wörterbuch von Jacob und Wilhelm Grimm.* München: Deutscher Taschenbuch Verlag, 1984.

Ebert, Robert P. (^{2}1999): *Historische Syntax des Deutschen II. 1350-1750.* Berlin: Weidler Buchverlag.

Ferguson, Charles A. (1959): 'Diglossia.' In: *Word* 15, 325-340.

Fischer, Ludwig (1960): *Luzerndeutsche Grammatik. Ein Wegweiser zur guten Mundart.* Zürich: Schweizer Spiegel Verlag.

Fleischer, Jürg (2004a): 'A typology of relative clauses in German dialects.' In: Kortmann, Bernd (ed.): *Dialectology meets Typology; Dialect Grammar from a Cross-Linguistic Perspective.* Berlin/New York: Mouton de Gruyter, 211-243.

Fleischer, Jürg (2004b): 'Zur Typologie des Relativsatzes in den Dialekten des Deutschen.' In: Patocka, Franz/Wiesinger, Peter (eds.): *Morphologie und Syntax deutscher Dialekte und historische Dialektologie des Deutschen.* Wien: Edition Praesens, 60-83.

Fleischer, Jürg/Schmid, Stephan (2006): 'Illustrations of the IPA: Zurich German.' In: *Journal of the International Phonetic Association* 36, 243-253.

Fricker, Hans-Peter (1988): 'Zur Sprachwahl in Radio und Fernsehen. Von der Schwierigkeit, Publikumsgeschmack, Zeitgeist, Gestaltungsfreiraum der Programmschaffenden und bildungspolitische Forderungen miteinander in Einklang zu bringen.' In: *Mundart—Hochsprache in Schule und Medien. Referate und Diskussionsergebnisse des nationalen Forums, veranstaltet von der Schweizerischen*

Konferenz der kantonalen Erziehungsdirektoren und der Schweizerischen Radio- und Fernsehgesellschfat. Bern: EDK/SRG, 28-35.

Fridolin ([5]1983): *E Baseldytsch-Sammlig: ygruumt in zwelf Fächli und in e Vytryne.* Basel: Birkhäuser.

Gallmann, Peter (1996): 'Warum die Schweizer weiterhin kein Eszett schreiben.' In: *Sprachspiegel* 52, 124-130.

Glaser, Elvira (2003): 'Schweizerdeutsche Syntax. Phänomene und Entwicklungen.' In: Dittli, Beat et al. (eds.): *Gömmer Migro? Veränderungen und Entwicklungen im heutigen SchweizerDeutschen*, Fribourg: Universitätsverlag, 39-66.

Greyerz, Otto von/Bietenhard, Ruth ([9]2008): *Berndeutsches Wörterbuch.* Bern: Francke.

Grichting, Alois ([3]2006): *Wallissertitschi Weerter.* Visp: Rotten.

Guggenbühl, Adolf (1937): *Warum nicht Schweizerdeutsch? Gegen die Missachtung unserer Muttersprache.* Zürich: Schweizer Spiegel.

Haas, Walter ([2]2000a): 'Sprachgeschichtliche Grundlagen.' In: Bickel, Hans/Schläpfer, Robert (eds.): *Die viersprachige Schweiz.* Aarau: Sauerländer, 17-56.

Haas, Walter ([2]2000b): 'Die deutschsprachige Schweiz.' In: Bickel, Hans/Schläpfer, Robert (eds.): *Die viersprachige Schweiz.* Aarau: Sauerländer, 57-140.

Helbig, Gerhard/Buscha, Joachim (2001): *Deutsche Grammatik. ein Handbuch für den Ausländer- unterricht.* Berlin: Langenscheidt.

Hennig, Beate ([5]2007): *Kleines Mittelhochdeutsches Wörterbuch.* Tübingen: Max Niemeyer.

Hentschel, Elke/Weydt, Harald ([3]2003): *Handbuch der deutschen Grammatik.* Berlin/ New York: Walter de Gruyter.

Hodler, Werner (1969): *Berndeutsche Syntax.* Bern: Francke.

Hotzenköcherle, Rudolf (1984): *Die Sprachlandschten der deutschen Schweinz.* Aarau: Sauerländer.

Id. =*Schweizerisches Idiotikon. Wörterbuch der schweizerdeutschen Sprache.* Frauenfeld: Huber, 1881-.

Imfeld, Karl ([2]2001): *Obwaldner Mundart-Wörterbuch.* Kriens: Brunner.

Kaiser, Stephan (1969): *Die Besonderheiten der deutschen Schriftsprache in der Schweiz. Band 1: Wortgut und Wortgebrauch.* Manheim/Wien/Zürich: Dudenverlag.

Kaiser, Stephan (1970): *Die Besonderheiten der deutschen Schriftsprache in der Schweiz. Band 2: Wortbildung und Satzbildung.* Manheim/Wien/Zürich: Dudenverlag.

Keenan, Edward L./Comrie, Bernard (1977): 'Noun Phrase Accessibility and Universal Grammer.' In: *Linguistic Inquiry* 8, 63-99.

Keller, Rudolf E. (1961): *German Dialects. Phonology and morphology with selected texts.* Manchester: Manchester University Press.

Kloss, Heinz ([2]1978): *Die Entwicklung neuer germanischer Kultursprachen seit 1800.*

Dusseldorf: Pädagogischer Verlag Schwann.

Kumasaka, Ryo (2008): 'Zur „*zum*-Konstruktion" im Zürchdeutschen.' In: *Neue Beiträge zur Germanistik* 7/1, 60-74.

Kuno, Susumu (1976): 'Subject, theme, and the speaker's empathy—a reexamination of relativization phenomena.' In: Li, Charles N. (ed.): *Subject and Topic*. New York/ San Francisco/London: Academic Press, 417-444.

Lexer, Matthias (1979): *Mittelhochdeutsches Handwörterbuch*. 3. Bde. Stuttgart: S. Hirzel Verlag.

Lockwood, William B. (1968): *Historical German Syntax*. Oxford: Clarendon Press.

Lorez, Christian/Lorez, Tilly (1987): *Rheinwalder Mundartwörterbuch*. Chur: Terra Grischuna Buchverlag.

Lötscher, Andreas (1983): *Schweizerdeutsch; Geschichte, Dialekte, Gebrauch*. Frauenfeld: Huber.

Lötscher, Andreas (1993): 'Zur Genese der Verbverdopplung bei *gaa, choo, laa, aafaa* („gehen", „kommen", „lassen", „anfangen") im Schweizerdeutschen.' In: Abraham, Werner/Bayer, Josef (eds.): *Dialektsyntax* (=*Linguistische Berichte, Sonderheft 5/ 1993*), 180-200.

Marti, Werner (1985): *Berndeutsch-Grammatik*. Bern: Francke.

Maxwell, Daniel N. (1979): 'Strategies of relativization and NP accessibility.' In: *Language* 55, 352-371.

Meng, Heinrich (1986): *Mundartwörterbuch der Landschaft Baden im Aargau*. Baden: Baden Verlag.

Meyer, Kurt (1989): *Wie sagt man in der Schweiz? Wörterbuch der schweizerischen Besonderheiten*. Manheim/Wien/Zürich: Dudenverlag.

Meyer, Kurt (1994): 'Das Deutsch der Schweizer.' In: *Terminologie et Traduction* 1, 9-39.

Mörikofer, Johann Casper (1838): *Die Schweizerische Mundart im Verhältniß zur hochdeutschen Schriftsprache, aus dem Gesichtspunkte der Landesbeschaffenheit, der Sprache, des Unterrichtes, der Nationalität und der Literatur*. Frauenfeld: Ch. Beyel.

Muster, Hans Peter/Bürkli-Flaig, Beatrice (2001): *Baselbieter Wörterbuch*. Basel: Christoph Merian Verlag.

Oppenheim, Roy (1990): 'Radio und Fernsehen und die schweizerische Sprachkultur.' In: Vouga, Jean-Pierre/Hodel, Max E. (eds.): *Die Schweiz im Spiegel ihrer Sprachen*. Aarau: Sauerländer, 158-164.

Orel, Vladimir E. (2003): *A Handbook of Germanic Etymology*. Leiden: Brill.

Paul, Hermann (1919): *Deutsche Grammatik. Band III, Teil IV: Syntax (Erste Hälfte)*. Halle a.S.: Max Niemeyer.

Paul, Hermann (1920): *Deutsche Grammatik. Band IV, Teil IV: Syntax (Zweite Hälfte)*. Halle a.S.: Max Niemeyer.
Paul, Hermann (^{25}2007): *Mittelhochdeutsche Grammatik*. Tübingen: Max Niemeyer.
Pfeifer, Wolfgang (^{7}2004): *Etymologisches Wörterbuch des Deutschen*. München: Deutscher Taschenbuch Verlag.
Radford, Andrew (2004): *English Syntax. An Introduction*. Cambridge: Cambridge University Press.
Ramseier, Markus (1988): *Mundart und Standardsprache im Radio der deutschen und rätoromanischen Schweiz. Sprachformgebrauch, Sprach- und Sprechstil im Vergleich*. Aarau: Sauerländer.
Rash, Felicity (2002): *Die deutsche Sprache in der Schweiz. Mehrsprachigkeit, Diglossie und Veränderung*. Bern: Peter Lang.
Rash, Felicity (2003): 'Language and Communication in German-speaking Switzerland.' In: Charnley, Joy/Pender, Malcom (eds.): *Living with Languages. The contemporary Swiss Model*. Bern: Peter Lang.
Richli, Alfred (2003): *Schaffhauser Mundartwörterbuch*. Schaffhausen: Meier Buchverlag.
Ris, Roland (1979): 'Dialekte und Einheitssprache in der deutschen Schweiz.' In: *International Journal of the Sociology of Language* 21, 41-61.
Russ, Charles V. J. (1987): 'Language and society in German Switzerland. Multilingualism, Diglossia and Variation.' In: Russ, Charles/Volkmar, Claudia (eds.): *Sprache und Gesellschaft in deutschsprachigen Ländern*. München: Goethe-Institut, 94-121.
Russ, Charles V. J. (1990): 'High Alemannic.' In: Russ, Charles V. J. (ed.): *The Dialects of modern German*. London: Routledge, 364-393.
Russ, Charles V. J. (1994): *The German Language Today. A Linguistic Introduction*. London/New York: Routledge.
Salzmann, Martin (2006): 'Long relativization in Zurich German as resumptive prolepsis.' In: Hartmann, Jutta M./Molnárfi, László (eds.): *Comparative Studies in Germanic Syntax. From Afrikaans to Zurich German*. Amsterdam: John Benjamins, 201-234.
Schläpfer, Robert (1994): 'Das Spannungsfeld zwischen Standard und Dialekt in der deutschen Schweiz.' In: Burger, Harald/Häcki-Buhofer, Annelies (eds.): *Spracherwerb im Spannungsfeld von Dialekt und Hochsprache*. Bern: Peter Lang, 15-28.
Schläpfer, Robert/Gutzwiller, Jürg/Schmid, Beat (1991): *Das Spannungsfeld zwischen Mundart und Standardsprache in der deutschen Schweiz. Spracheinstellungen junger Deutsch- und Welschschweizer. Eine Auswertung der Pädagogischen Rekrutenprüfungen 1985*. Aarau: Sauerländer.

Schmid, Martin/Issler, Gaudenz/Lorez, Christian/Lorez, Tilly (1982): *Davoserdeutsches Wörterbuch*. Chur: Verlag Walservereinigung Graubünden.

Schmidt, Wilhelm (2000): *Geschichte der deutschen Sprache*. Stuttgart: S. Hirzel Verlag.

Schmutz, Christian/Haas, Walter (²2004): *Senslerdeutsches Wörterbuch. Mundartwörterbuch des Sensebezirks im Kanton Freiburg mit Einschluss der Stadt Freiburg und der Pfarrei Gurmels*. Fribourg: Paulusverlag.

Schobinger, Viktor (²2001): *Zürichdeutsche Kurzgrammatik*. Zürich: Schobinger-Verlag.

Schobinger, Viktor (⁴2003): *Säit me soo oder andersch? Dialäkt zum naaschlaa wien im wörterbuech*. Zürich: Schobinger-Verlag.

Schützeichel, Rudolf (⁶2006): *Althochdeutsches Wörterbuch*. Tübingen: Max Niemeyer.

Schwarzenbach, Rudolf (1969): *Die Stellung der Mundart in der deutschsprachigen Schweiz. Studien zum Sprachgebrauch der Gegenwart*. Frauenfeld: Huber.

Schwarzenbach, Rudolf (1983): 'Schweizerdeutsch im Sprachgebrauch von Radio und Fernsehen DRS—Von der Analyse zur Norm.' In: Haas, Walter/Näf, Anton (eds.): *Wortschatzprobleme im Alemannischen. 7. Arbeitstagung alemannischer Dialektologen, Freiburg i.Ü., 1.-3. Okt. 1981*. Fribourg: Universitätsvlg, 201-210.

SDS = *Sprachatlas der deutschen Schweiz*. Bern: Francke, 1962-2003.

Seiler, Guido (2005): 'Wie verlaufen syntaktische Isoglossen, und welche Konsequenzen sind daraus zu ziehen?' In: Eggers, Eckhard et al. (eds.): *Moderne Dialekte—Neue Dialektologie* (= *Zeitschrift für Dialektologie und Linguistik, Beiheft 130.*), 313-341.

Sieber, Peter/Sitta, Horst (1986): *Mundart und Standardsprache als Problem der Schule*. Aarau: Sauerländer.

Sieber, Peter/Sitta, Horst (1994): 'Zur Rolle der Schule beim Aufbau von Einstellungen zu Dialekt und Standardsprache.' In: Burger, Harald/Häcki Buhofer, Annelies (eds.): *Spracherwerb im Spannungsfeld von Dialekt und Hochsprache*. Bern: Peter Lang, 199-213.

Sonderegger, Stefan (1985): 'Die Entwicklung des Verhältnisses von Standardsprache und Mundarten in der deutschen Schweiz.' In: Besch, Werner/Reichmann, Osker/ Sonderegger, Stefan (eds.): *Sprachgeschichte. Ein Handbuch zur Geschichte der deutschen Sprache und ihre Erforschung* (= *Handbücher zur Sprach- und Kommunikationswissenschaft* 2. 2). Berlin/New York: Walter de Gruyter, 1873-1938.

Sonderegger, Stefan/Gadmer, Thomas (1999): *Appenzeller Sprachbuch. Der Appenzeller Dialekt in seiner Vielfalt*. Herisau: Appenzeller Verlag.

Stalder, Franz Joseph (1806): *Versuch eines Schweizerischen Idiotikon, mit etymologischen Bemerkungen untermischt. Samt einer Skizze einer Schweizerischen Dialektologie*. Aarau: Sauerländer.

Stalder, Franz Joseph (1812): *Versuch eines Schweizerischen Idiotikon mit etymologischen Bemerkungen untermischt, samt einer Nachlese vergessener Wörter oder*

Bedeutungen. Aarau: Sauerländer.

Stalder, Franz Joseph (1819): *Die Landessprachen der Schweiz oder Schweizerische Dialektologie, mit kritischen Sprachbemerkungen beleuchtet, nebst der Gleichnisrede von dem verlorenen Sohne in allen Schweizermundarten.* Aarau: Sauerländer.

Stäuble, Eduard (1990): '«Muttetsprache» und «Vatersprache»'. In: Vouga, Jean-Pierre/ Hodel, Max E. (eds.): *Die Schweiz im Spiegel ihrer Sprachen.* Aarau: Sauerländer, 50-57.

Steiger, August (1931): *Sprachlicher Heimatschutz in der deutschen Schweiz.* Erlenbach: Eugen Rentsch.

Steiner, Emil (1921): *Die französischen Lehnwörter in den alemannischen Mundarten der Schweiz. Kulturhistorisch-linguistische Untersuchung mit etymologischem Wörterbuch.* Wien: Adolf Holzhausen.

Suter, Rudolf (³1992): *Baseldeutsch-Grammatik.* Basel: Christoph Merian Verlag.

Suter, Rudolf (³2006): *Baseldeutsch-Wörterbuch.* Basel: Christoph Merian Verlag.

Tappolet, Ernst (1901): *Ueber den Stand der Mundarten in der deutschen und französischen Schweiz.* Züchich: Zürcher & Furrer.

Van den Bulck, Hilde/Van Poecke, Luc (1996): 'National Language, Identity Formation, and Broadcasting: The Flemish and German-Swiss Communities.' In: Annabelle Braman, Sandra/Sreberny-Mohammadi (eds.): *Globalization, Communication and Transnational Civil Society.* Crisskill (New Jersey): Hampton Press, 157-177.

Wanner, Hans (1957): 'Mundartforschung und Mundartpflege.' In: *Sprachspiegel* 13, 65-79.

Weber, Albert (1923): *Die Mundart des Zürcher Oberlandes.* Frauenfeld: Huber.

Weber, Albert (³1987): *Zürichdeutsche Grammatik. Ein Wegweiser zur guten Mundart.* Zürich: Hans Rohr.

Weber, Albert/Bächtold, Jacques M. (³1983): *Zürichdeutsches Wörterbuch.* Zürich: Hans Rohr.

Weber, Daniel Erich (1984): *Sprach- und Mundartpflege in der deutschsprachigen Schweiz. Sprachnorm und Sprachdidaktik im zweisprachformigen Staat.* Frauenfeld: Huber.

Weise, Oskar (1917): 'Die Relativpronomina in den deutschen Mundarten.' In: *Zeitschrift für Deutsche Mundarten,* 64-71.

Werner, Ingegerd (1999): *Die Personalpronomen im Zürichdeutschen.* Stockholm: Almqvist & Wiksell International.

Willi, Urs (1995): '„Lenis" und „fortis" im Zürichdeutschen aus phonetischer Sicht. Eine akustische und perzeptorische Untersuchung von intervokalischen Plosiven.' In. Löffler, Heinrich (ed.): *Alemannische Dialektforschung. Bilanz und Perspektiven.*

Basel: Francke, 253-265.
Wilmanns, Wilhelm (1906): *Deutsche Grammatik. Gotisch, Alt-, Mittel- und Neuhochdeutsch. Dritte Abtelung: Flexion. 1. Hälfte: Verbum.* Strassburg: Verlag von Karl J. Trübner.
Winteler, Jost (1876): *Die Kerenzer Mundart des Kantons Gralus, in ihren Grundzügen dargestellt.* Leipzig/Heidelberg: C. F. Winter'sche Verlagshandlung.
熊坂亮(2004):「ドイツ語圏スイスの言語状況──方言意識と言語使用」,北海道大学ドイツ語学・文学研究会『独語独文学研究年報』第31号,30-46。
熊坂亮(2005):「スイス=ドイツ語チューリヒ方言の音韻について」,北海道大学大学院文学研究科『研究論集』第5号,143-165。
熊坂亮(2009a):「スイスドイツ語の wo 関係節の構造について」,ドイツ文法理論研究会『エネルゲイア』第34号,63-82。
熊坂亮(2009b):「スイスのドイツ語──方言と標準変種の接点」,北海道大学ドイツ語学・文学研究会『独語独文学研究年報』第36号,22-40。
田中泰三(1985):『スイスのドイツ語』,クロノス。

古高ドイツ語〜初期新高ドイツ語の例文の出典
Goethe=*Goethes Werke. Herausgegeben im Auftrage der Großherzogin Sophie von Sachsen. 19. Band.* Weimar: Hermann Böhlaus Nachfolger, 1887-1919.
Hebel=*Hebels Werke. Zweiter Teil. Schatzkästlein des rheinischen Hausfreundes. Herausgegeben von O. Behaghel.* (=Deutsche National-Literatur 142.2)
Heinrich=*Der arme Heinrich.* In: Bibliothek deutsche Klassiker 189. Frankfurt am Main: Deutscher Klassiker Verlag, 2004.
Iwein=*Iwein. Aus dem Mittelhochdeutschen übertragen, mit Anmerkungen und einem Nachwort versehen von Max Wehrli.* Zürich: Manesse Verlag, 1988.
Luther=*Die gantze Heilige Schrifft Deudsch: Wittenberg 1545. Letzte zu Luthers Lebzeiten erschienene Ausgabe. Herausgegeben von Hans Volz unter Mitarbeit von Heinz Blanke. Textredaktion Friedrich Kur.* München: Rogner & Bernhard, 1972. (現代語訳は Deutsche Bibelgesellschaft による。)
Nibelungenlied=*Das Nibelungenlied. Nach der Ausgabe von Karl Bartsch, herausgegeben von Helmut de Boor. Neunzehnte Auflage.* Wiesbaden: F. A. Brockhaus, 1979.
Otfrid=*Otfrids Evangelienbuch. Herausgegeben von Oskar Erdmann. Sechste Auflage, besorgt von Ludwig Wolff.* Tübingen: Max Niemeyer, 1973.
Parzival=*Wolfram von Eschenbach, Parzival. Text, Nacherzählung, Worterklärungen.* Hrsg. von Gottfried Weber. 4., durchgesehene und erg. Aufl. Darmstadt: Wissenschaftliche Buchgesellschaft, 1981.
Sachs=*Elf Fastnachtspiele aus den Jahren 1557 bis 1560. Herausgegeben von Edmund*

Goetze. Unveränderter Nachdruck der 1. Auflage. Halle (Saale): Veb Max Niemeyer, 1966.

Schiller=*Schillers Werke. Dritter Teil. Die Räuber, Fiesco. Herausgegeben von R. Boxberger.* (=Deutsche National-Literatur 120)

Tatian=*Tatian. Lateinisch und altdeutsch mit ausführlichem Glossar, herausgegeben von Eduard Sievers. Zweite neubearbeitete Ausgabe. Unveränderter Nachdruck.* Paderborn: Ferdinand Schöningh, 1966.

あとがき

　スイスドイツ語との出会いは，大学2年の時でした。植木迪子先生の「ドイツ語学概論」の授業で，スイスドイツ語を話す人の映像を見たのが始まりです。こんなドイツ語もあるのか。普段習っているドイツ語とは全然違う。これがそのときの印象です。それ以来，一口にドイツ語といっても様々な方言があるということ，そして，中でもスイスドイツ語は，標準ドイツ語とは構造が大きく異なるということに関心を寄せるようになりました。

　そして時を同じくして，ドイツより来日していた著名な社会言語学者の講演を拝聴する機会が訪れました。私は，そこではじめて社会言語学というアプローチに触れ，方言と社会，方言と使用者という事柄も言語研究の対象になるということを知ったのです。

　こうした経験もあり，音韻や形態，あるいは文法のような言語内の側面と，言語と社会の関連という言語外の側面の両方が，スイスドイツ語研究に不可欠であると認識しています。そして本書も，その両面からスイスドイツ語について論じています。少々欲張りに映るかもしれませんが，言語というものを扱う以上は，その構造だけでなくそれを取り巻く環境，すなわち社会との関係にも目を向けるべきであり，また逆に，言語と社会の関係を語るのであれば，その言語を知っている必要があると考えるわけです。

　本書を送り出すにあたり，まず大学院博士課程在籍時の指導教授である清水誠先生に深く感謝の意を表します。私が本格的にスイスドイツ語研究に取りかかったのは博士課程に進学してからなのですが，学部生の頃から授業の枠組みで，現地で出版されている教材を用いたスイスドイツ語学習の機会を与えてくださいました。当時，私はたしかにスイスドイツ語が興味深い対象であるということは認識していたのですが，実際に研究するとなると，標準ドイツ語ではないものを研究してもよいのだろうかという，今思えば理解し

難い疑問を抱いておりました。そうした中，清水先生は，方言だからといって研究対象にしてはいけないということはないということ，スイスドイツ語研究が国内のドイツ語学では未開拓であることを教えてくださいました。その言葉に背中を押されるようにして，現在に至ります。先生には，博士論文および本書の完成に至るまで終始あたたかいご指導，ご鞭撻を賜りました。そしてまた，私が思い悩んでいるとき，自信を失いかけているとき，いつも心強いお言葉で励ましてくださいました。

また，スイス政府奨学金給付生としてチューリヒ大学に留学中，貴重なご指導，ご助言を賜ったエルヴィラ・グラーザー先生に厚く御礼申し上げたいと思います。先生は，私の拙いドイツ語力と乏しい表現力にもかかわらず，研究内容に関する相談に親身に耳を傾けてくださいました。時には，珍妙な着想を持ち込んでは困らせてしまったことと思います。

そして，植木迪子先生に深く感謝申し上げます。先生は私がスイスドイツ語に出会うきっかけを与えてくださり，また，修士課程修了まで指導教授としてご指導を賜りました。私の当時の研究分野は語用論で，スイスドイツ語研究と直接関連するものではありませんが，言語を研究する上での基礎や心構え，研究の進め方などの貴重な手ほどきをいただきました。

さらに，博士論文の副査として貴重なご指導，ご意見を賜りました山田貞三先生，藤田健先生，スイスドイツ語の例文の訳として本書で使用した，きわめて多数の標準ドイツ語の文を快く，辛抱強く添削してくださったクリスティーネ・キューン先生，度重なる懇切丁寧なご助言，ご指摘をくださった，本書の元になっている各論文の査読者の皆様，インフォーマントとしてご協力いただき，また，言語学的な側面からのご助言を与えてくださったチューリヒ大学のアンドレアス・ニーファーゲルト先生，現在はマールブルク大学に勤めておられるユルグ・フライシャー先生，スイスドイツ語協会のアルフレッド・エグリ氏，ユルグ・ブライカー氏，ヴァルター・グフェラー氏に深く感謝いたします。

本書は，北海道大学大学院文学研究科より刊行助成を賜りました。そして発刊にあたり，北海道大学出版会の今中智佳子氏には細部にわたる校正に多

大なご尽力をいただきました．ここに厚く御礼申し上げます．
　そして最後に，このような本が出せてしまうほどに好き放題やらせてくれた両親に，心から感謝したいと思います．

　2011 年 7 月

　　　　　　　　　　　　　　　　　　　　　　　　　　　熊坂　亮

熊坂　亮（くまさか　りょう）

1976年，札幌市生まれ。北海道大学大学院文学研究科言語文学専攻博士後期課程修了。2007年度から2010年度まで室蘭工業大学非常勤講師。現在，北海学園大学准教授。専門，ドイツ語学。主要論文："Zur „zum-Konstruktion" im Zürichdeutschen"『ドイツ文学』第137号，2008年，pp. 60-74（第49回財団法人ドイツ語学文学振興会奨励賞受賞論文）

北海道大学大学院文学研究科 研究叢書 20
スイスドイツ語
——言語構造と社会的地位
2011年8月31日　第1刷発行

著　者　　熊　坂　　亮
発 行 者　　吉　田　克　己

発 行 所　北海道大学出版会
札幌市北区北9条西8丁目　北海道大学構内（〒060-0809）
Tel. 011(747)2308・Fax. 011(736)8605・http://www.hup.gr.jp/

アイワード/石田製本　　　　　　　　　　　© 2011　熊　坂　亮
ISBN978-4-8329-6755-7

北海道大学大学院文学研究科 研究叢書

1	ピンダロス研究 ——詩人と祝勝歌の話者——	安西　眞著	A5判・306頁 定価 8500円
2	万葉歌人大伴家持 ——作品とその方法——	廣川晶輝著	A5判・330頁 定価 5000円
3	藝術解釈学 ——ポール・リクールの主題による変奏——	北村清彦著	A5判・310頁 定価 6000円
4	海音と近松 ——その表現と趣向——	冨田康之著	A5判・294頁 定価 6000円
5	19世紀パリ社会史 ——労働・家族・文化——	赤司道和著	A5判・266頁 定価 4500円
6	環オホーツク海古代文化の研究	菊池俊彦著	A5判・300頁 定価 4700円
7	人麻呂の方法 ——時間・空間・「語り手」——	身﨑　壽著	A5判・298頁 定価 4700円
8	東北タイの開発と文化再編	櫻井義秀著	A5判・314頁 定価 5500円
9	Nitobe Inazo ——From *Bushido* to the League of Nations——	長尾輝彦編著	A5判・240頁 定価 10000円
10	ティリッヒの宗教芸術論	石川明人著	A5判・234頁 定価 4800円
11	北魏胡族体制論	松下憲一著	A5判・250頁 定価 5000円
12	訳注『名公書判清明集』官吏門・賦役門・文事門	高橋芳郎著	A5判・272頁 定価 5000円
13	日本書紀における中国口語起源二字漢語の訓読	唐　煒著	A5判・230頁 定価 7000円
14	ロマンス語再帰代名詞の研究 ——クリティックとしての統語的特性——	藤田　健著	A5判・254頁 定価 7500円
15	民間人保護の倫理 ——戦争における道徳の探求——	眞嶋俊造著	A5判・186頁 定価 3000円
16	宋代官僚制度の研究	宮崎聖明著	A5判・330頁 定価 7200円
17	現代本格ミステリの研究 ——「後期クイーン的問題」をめぐって——	諸岡卓真著	A5判・254頁 定価 3200円
18	陳啓源の詩経学 ——『毛詩稽古編』研究——	江尻徹誠著	A5判・216頁 定価 5600円
19	中世後期ドイツの犯罪と刑罰 ——ニュルンベルクの暴力紛争を中心に——	池田利昭著	A5判・256頁 定価 4800円

〈定価は消費税含まず〉

北海道大学出版会刊